VINGT ÉTUDES SUR PRÉVOST D'EXILES

VINGT ÉTUDES SUR PRÉVOST D'EXILES

Jean Sgard

ELLUG
GRENOBLE
1995

Eléments de catalogage avant publication

SGARD Jean
Vingt études sur Prévost d'Exiles / Jean Sgard.
— Grenoble : ELLUG, 1995.
316 p. : couv. ill. en couleur, 14 ill. ; 21 cm.
Broché ou relié avec jaquette. — Notes bibliogr.
ISBN 2-902709-92-7

Illustrations

Portrait de Prévost, gravures du chapitre « La belle Marina », plan de Calais : collection privée.
Édition de 1753 de l'*Histoire du chevalier...* : Bibliothèque nationale, réserve.

© ELLUG
UNIVERSITÉ STENDHAL
GRENOBLE
ISBN 2 902709 92 7

PRÉFACE

Ce recueil rassemble pour l'essentiel des articles récents, publiés dans les *Cahiers Prévost d'Exiles*, petite revue qui fut pour notre centre de recherche un excellent instrument de travail et de réflexion.[1] S'y ajoutent quelques communications plus anciennes, relatives aux mêmes sujets,[2] et enfin trois études nouvelles : « Le dossier bénédictin de Dom Prévost », « L'allégorie païenne dans *Manon Lescaut* » et une conclusion générale sur l'exil et les voyages : « A l'enseigne du *Lion d'or* ». Quatre aspects de Prévost ont été privilégiés : un portrait de l'écrivain par lui-même, par ses contemporains ou par les archives (*La vie*) ; une confrontation de son génie avec d'autres esthétiques, d'autres pensées (*Le siècle*) ; une

---

1. *Cahiers Prévost d'Exiles*, Centre de recherche sur les sensibilités, Université Stendhal, Grenoble, 1984-1994, 10 numéros : « Antoine Prévost d'Exiles », « Prévost et Diderot : les rendez-vous manqués » (n° 1) ; « Mémoires pour servir à l'histoire du chevalier Des Grieux » (n° 2) ; « Le temps narratif dans l'*Histoire d'une Grecque moderne* » (n° 4) ; « Prévost romancier et journaliste » (n° 6) ; « Les vies de Prévost » (n° 7) ; « Manon sur scène » (n° 8) ; « Prévost et le problème du libertinage » (n° 9) ; « Le récit prévostien dans l'*Histoire des voyages* : la belle Marina » (n° 10).

2. « Le spectre et la mort chez Prévost », dans *Saggi et ricerche di letteratura francese*, vol. XIII, 1974, p. 99-111 ; « Prévost et l'espérance américaine », dans *L'Amérique*

présentation du personnage qui a le plus contribué à le faire connaître (*L'image de Manon*) ; une réflexion sur son génie narratif à travers des œuvres aussi différentes que *Le Pour et Contre*, l'*Histoire d'une Grecque moderne*, les *Mémoires de Malte* ou l'*Histoire des voyages* (*Le temps*). Sans prétendre, dans chacune de ces parties, à la moindre exhaustivité, ces vingt études dessinent autour de l'écrivain une ligne de partage ou de reconnaissance ; elles tentent de délimiter son emprise et son influence. Voici donc encore une fois évoquée, à la veille du tricentenaire de sa naissance, l'ombre immense de Prévost.

L'occasion de ce livre m'a été offerte par l'Université Stendhal pour mon départ à la retraite. Sa réalisation a été assurée par les Editions littéraires et linguistiques de l'Université de Grenoble, que je quitte ainsi après les avoir dirigées depuis leur fondation. Et tout le travail en a incombé, comme d'habitude, à la diligente Denise Pierrot ainsi qu'à sa fidèle équipe. Merci à toutes, et au revoir !

Jean Sgard

---

des Lumières, Droz, Genève, 1977, p. 51-59 ; « Manon et les filles de joie », *Saggi et ricerche di letteratura francese*, vol. XXV, 1986, p. 241-253 ; « Manon avec ou sans camélias », dans *Littérature et opéra*, éd. par Philippe Berthier et Kurt Ringger, PUG, Grenoble, 1987, p. 81-91 ; « Prévost et le génie allemand », dans *Cosmopolitisme, patriotisme et xénophobie*, Université de Strasbourg, 1987, p. 9 ; « Prévost et Sade », dans *Eighteenth Century Fiction*, n° 1, 1988, p. 25-35 ; « Les figures de Manon Lescaut en 1753 », dans *Studies in French Fiction, in honour of Vivienne Mylne*, Grant & Cutler, Londres, 1988, p. 277-287 ; « Trois "philosophes" de 1734, Marivaux, Prévost et Voltaire », dans *Études littéraires*, *Vérités à la Marivaux*, vol. 24, n° 1, 1991, Université Laval, p. 31-38. Nous remercions les éditeurs d'avoir bien voulu nous autoriser à reproduire ces articles.

ABRÉVIATIONS

ŒUVRES DE PRÉVOST CITÉES

MHQ   *Mémoires et aventures d'un homme de qualité*
C   *Cleveland*
DK   *Le Doyen de Killerine*
GM   *Histoire d'une Grecque moderne*
JC   *Histoire de la jeunesse du Commandeur*
       (Mémoires de Malte)
CP   *Campagnes philosophiques*
       (Mémoires de M. de Montcal)
MHH   *Mémoires d'un honnête homme*
RL   *Voyages de Robert Lade*
MM   *Le Monde moral*
PC   *Le Pour et Contre*

ÉDITIONS DE PRÉVOST CITÉES

Œuvres de Prévost — sous la direction de Jean Sgard, PUG, Grenoble, 1977-1986, huit tomes. Le tome VIII contient les notes.
Manon Lescaut — Abbé Prévost, *Histoire du chevalier Des Grieux et de Manon Lescaut*, édition de Frédéric Deloffre et Raymond Picard, Classiques Garnier, Paris, 1965.

LA VIE

ANTOINE PRÉVOST D'EXILES

En ouvrant ce livre sur le nom de « Prévost d'Exiles », on ne fera que rendre à l'écrivain son bien, car tel est le nom qu'il s'est choisi. L'usage est de respecter le titre de noblesse, réelle ou fictive, adopté par l'écrivain, qu'il se nomme Secondat de Montesquieu, ou Le Bovier de Fontenelle ou Carlet de Chamblain de Marivaux. S'agissant de noms de plume on accepte sans réticences Molière, Voltaire, Stendhal, Sand ou Lautréamont. Pourquoi pas d'Exiles ? Sans doute ce nom tiré d'une terre imaginaire est-il en lui-même provoquant, et comme dénué de vraisemblance ; peut-être des circonstances indépendantes de la volonté de l'auteur l'ont-elles amené à accepter bon gré mal gré de se laisser nommer « l'abbé Prévost » : c'est ce dont il sera question ici. Le nom de l'écrivain résume parfois l'idée qu'on se fait de lui, et celle qu'il s'est faite de lui-même. Autant de raisons de voir comment il s'est nommé, comment on l'a nommé ; après quoi l'on cherchera les raisons de ce très beau et très insolent nom de plume.

Par l'état-civil, il se nomme « Antoine François Prévost ». Le prénom n'étant pas composé, on le nomme « Antoine Prévost » dès qu'il s'agit de le rendre à son identité nue, par exemple dans la lettre de cachet du 6 novembre 1728. En religion, il est « Dom

Antoine Prévost », et il signera sa première œuvre, l'ode « A la gloire de Saint François Xavier » (1727), du nom de « R.P. Dom Antoine Prévost, Bénédictin de Saint-Germain-des-Prés ». Ce nom extrêmement courant et populaire ne lui a pourtant jamais plu beaucoup. Dès 1721, on le voit inscrit dans les matricules bénédictins de Jumièges comme « Le Prévost » : tente-t-il déjà d'échapper à son état de moine et de permettre l'invalidation de ses vœux ? En 1728, après avoir défroqué, il se présente au pasteur Dumont sous un premier nom de son choix : « Il était connu dans son ordre sous le nom de Dom Le Prévost et il s'appelle de L'Islebourg, d'une bonne maison des Flandres ».[1] Tout se passe comme si, dans la présentation de Prévost, son nom de moine avait été un pseudonyme, tandis que le nom noble est donné comme vrai : première trace d'un souci de noblesse qu'on retrouvera dans toute sa famille, mais surtout d'un malaise quant à son nom et à son identité publique.

Quand prend-il le nom de « Prévost d'Exiles » ? Officiellement, peut-on dire, au début de 1731, quand il signe la « Lettre de l'éditeur à Messieurs de la Compagnie des Libraires d'Amsterdam » en tête du tome V des *Mémoires d'un homme de qualité* : l'éditeur est incontestablement Prévost, qui signe simplement « Votre etc. D'Exiles ». Cette signature ne figurera jamais dans les éditions françaises. Elle dut cependant attirer l'attention, car dans plusieurs comptes rendus des *Lettres sérieuses et badines*, de la *Bibliothèque française* et de la *Bibliothèque raisonnée*, il est désormais question de « M. d'Exiles », de « Mr. Prévost connu sous le nom de Mr. d'Exiles », ou de « Mr. Prévost d'Exilles ».[2] Prévost, dans sa correspondance hollandaise, adopte lui-même cette signature : ses lettres de 1731-1732 à Prosper Marchand, de même que les lettres à Etienne Néaulme, publiées à la fin de 1732, sont toutes signées « D'Exiles ». Le seul ouvrage qu'il avoue publiquement à cette époque, la traduc-

1. Lettre du 30 novembre 1728, reproduite par Claire-Éliane Engel dans *Le Véritable Abbé Prévost*, Éditions du Rocher, Monaco, 1958, p. 38-39.
2. Voir en particulier *LSB*, t. V, p. 443-445 ; *BF*, t. XVIII, 2e partie, p. 360 ; *BROS*, t. XII, 1e partie, p. 232.

tion de l'*Historia sui temporis* de Jacques Auguste de Thou, publiée au début de 1733, est présentée avec une préface de « Prévost d'Exiles ». Quand on sait que l'ouvrage est dédié à l'Impératrice de Russie, on comprend que Prévost a choisi son nom définitif. Il ne fait pas de doute qu'en Hollande, de 1731 à 1733, au moment où il décidait de s'imposer à l'étranger et de se consacrer à la carrière d'écrivain, il a adopté ce beau nom de plume. On sait aussi que ses ambitions se sont effondrées à la suite de la faillite de janvier 1733, et plus encore à la suite de son arrestation à Londres à la fin de 1733. Contraint de rentrer en France en 1734, il déchoit de toutes ses prétentions. On suivrait sans mal à travers les correspondances privées et les comptes rendus de journaux les avatars de sa dénomination : c'est d'abord « Le Sr. Prévost, autrement dit d'Exiles », ou « Dom Prévost, moine bénédictin, connu ici sous le nom de Prévost d'Exiles ».[3] Une fois connue son équipée anglaise, ce n'est plus que « le Dom Prévost », « le P. Prévost », ou pis encore, cette formule lapidaire de l'abbé Le Blanc : « Le Mr. Prévost d'Exiles a pensé se faire pendre en Angleterre en faisant de fausses lettres de change ».[4]

On remarque toutefois que la dénomination de l'écrivain, à travers les correspondances, procède souvent de l'idée que l'on se fait de lui et de son œuvre. Marais, esprit caustique, parle toujours d'« un certain Prévost ex-bénédictin », ou de « Dom Prévost qui n'est plus moine » ; le pasteur Daudé ou Pierre Goujet, qui respectent l'écrivain, diront plutôt « Le Sr. Prévost d'Exiles » ; et d'Argens, qui a toujours admiré le romancier, le nomme, dans ses *Lettres juives* ou dans les *Lettres chinoises*, « Prévost d'Exiles ».[5] La *Bibliothèque*

---

3. Voir les lettres de Bruys à Desmaizeaux du 15 juillet 1731 (British Library, add. mss. 4281, f° 357) et de La Martinière à Desmaizeaux du 23 janvier 1733 (BL, add. mss. 4285, f° 191).

4. Lettre de Le Blanc à Bouhier du 4 février 1734 (éd. Monod-Cassidy, lettre XXIII, p. 196).

5. Lettres de Marais à Bouhier du 11 juillet 1733 et du 23 novembre 1734 ; lettre de Daudé à Desmaizeaux du 27 février 1735 (BL, add. mss. 4283, f° 58) ; lettre de Goujet à Bouhier de février 1738 ; *Lettres juives*, 1738 et *Lettres chinoises*, 1740, passim.

française, qui lui accorde toujours le « Mr. », parlera même du « pauvre Mr. d'Exiles » (avril-mai 1735). « L'abbé Prévost d'Exiles » réapparaît à plusieurs reprises dans les *Amusements littéraires* de La Barre de Beaumarchais (1738) et dans la *Gazette d'Utrecht* (24 mars 1739). Un clivage se produit donc, entre 1733 et 1740, entre « Mr. d'Exiles », historien et romancier, et le « fripon de Prévost » qui hante la chronique scandaleuse. On pourrait croire qu'à partir de 1740, la fortune de l'écrivain va l'emporter sur la mauvaise réputation de l'homme privé ; il n'en est rien, et Prévost lui-même va tendre à redorer, sous les titres d'abbé et d'aumônier, son nom privé, tandis que le pseudonyme éclatant s'efface avec le passé.

Notons tout d'abord que dans sa correspondance privée, en dehors de la période 1731-1733, il a toujours signé « l'abbé Prévost ». Qu'il s'agisse de correspondants familiaux, ou de vieux amis comme Thieriot ou Boucher de l'Estang, ou de relations éminentes comme Voltaire, La Chalotais ou le Lieutenant de police, il reste « l'abbé ». Réintégré non sans peine dans l'ordre de Cluny, puis aumônier du Prince de Conti, c'est bien à sa qualité ecclésiastique qu'il va devoir, bon gré mal gré, sa réhabilitation. Quand il signe, en 1740, une œuvre pleinement avouable comme l'*Histoire de Marguerite d'Anjou*, donnée comme un livre d'histoire et non un roman, la page de titre décline sa nouvelle qualité : « Par M. l'abbé Prévost, aumônier de Son Altesse Sérénissime Monseigneur le Prince de Conty ». La page de titre de l'*Histoire de Guillaume le Conquérant* dira seulement : « Par M. l'abbé P*** » ; il est vrai qu'au moment de recevoir l'approbation, Prévost était de nouveau en fuite… Les œuvres qui suivent renforcent la qualité honorable qu'il a conquise : les *Lettres de Cicéron* sont traduites « par M. l'abbé Prévost, aumônier de S.A.S. Mgr. le Prince de Conti » ; les traductions de Richardson et de l'*Histoire des voyages* sont encore de « l'abbé Prévost ». Ne nous étonnons pas qu'à la même époque, la dénomination d'« abbé Prévost » domine dans les comptes rendus, dans les correspondances privées ou dans la *Correspondance littéraire*. Prévost a réussi à donner de lui l'image débonnaire, rassurante et quasiment bourgeoise qui se fixe en 1745 dans le portrait gravé de Schmidt, en

frontispice de l'*Histoire des voyages*, et l'appellation qui le fixe aux yeux de la postérité est bien « Antoine François Prévost, aumônier de S.A.S. Mgr le Prince de Conti ».

Pourtant, quand paraîtront à sa mort les premières notices nécrologiques et un peu plus tard, les articles biographiques, c'est « Prévost d'Exiles » qui réapparaît partiellement. Ainsi, l'*Encyclopédie* mentionne tardivement, dans l'article « Hesdin » du Supplément (tome III), « l'abbé Prévost d'Exiles » ; Pierre Bernard présente l'auteur, dans la collection des *Œuvres choisies*, sous le nom d'« Antoine-François Prévost d'Exiles » ; *La France littéraire* de 1769 résume la carrière de l'écrivain sous « Prévost d'Exiles (Antoine François) » ; le dictionnaire de Feller précise : « Prévost, plutôt Prévost d'Exiles, Antoine François ». Jusqu'à la *Bibliographie de la littérature française* de Cioranescu, le nom de plume reste donc dans les mémoires, et d'autant plus que l'œuvre du romancier l'emporte de plus en plus sur l'œuvre de l'historien, ou sur la carrière officielle de l'aumônier de Conti. Placer le nom de « Prévost d'Exiles » en tête d'un livre consacré à l'œuvre du romancier constitue donc encore un choix. Il nous reste à chercher les raisons de ce nom romanesque, à deviner par quelles connotations Prévost choisit d'avance ses lecteurs.

Il ne s'agit pas d'« exil », mais d'« Exiles », une sorte de nom de lieu qui créerait un fief, un pays d'origine en partie imaginaire. En partie seulement, car on pense d'abord au seul nom géographique qui s'écrive de cette façon. Exilles, petit village connu par une importante citadelle, appartenait au Briançonnais et fut cédé à la Maison de Savoie en 1713, après une campagne décevante menée par le maréchal de Berwick. A cette campagne, Prévost a sans doute participé, il a écrit lui-même dans *Le Pour et Contre* (tome IV, page 38) : « Il est vrai que me destinant au service, après avoir été quelques mois chez les RR. PP. JJ. que je quittai à l'âge de seize ans, j'ai porté les armes dans différents dégrez, & d'abord en qualité de simple Volontaire, dans un tems où les Emplois étoient très-rares, (c'étoit la fin de la dernière guerre)... » A seize ans, en 1712, il ne pouvait guère participer à d'autre campagne que celle-là, et le nom d'Exilles lui est sans doute resté en mémoire : ce lieu perdu en pleine montagne, ni italien ni français, ou successivement l'un et l'autre, était vraiment lieu de nulle part.

Quand il choisit ce lieu pour en faire un nom de plume, nous sommes en 1731. Il a quitté successivement la France et l'Angleterre et vient de s'établir à Amsterdam où, pendant trois ou quatre mois, il ne fait plus qu'écrire. Faut-il croire qu'à cette époque, il éprouve profondément le sentiment d'exil ? Rien n'est moins sûr. Lui qui dans tous ses romans sans exception a peint des héros expatriés, on ne le voit pas exprimer le sentiment de l'exil. On chercherait en vain dans les *Mémoires d'un homme de qualité,* cette histoire d'un éternel exilé, le moindre regret du pays natal ou familial, la moindre nostalgie. De Cleveland même, si l'on excepte le regret du refuge maternel, on ne saura dire s'il regrette l'Angleterre, l'Amérique ou la France. Pour ces grands personnages là n'est pas la question. Le narrateur du *Monde moral* écrira plus tard, à propos d'un paysan revenu dans son village natal : « ... il ne put résister à l'amour de la patrie, qui a des charmes pour tout le monde, suivant le langage du poète, mais des charmes invincibles pour les âmes du commun ».[6] S'il est vrai qu'en 1760, l'amour de la patrie commence à s'exprimer, et notamment dans *Tancrède*, pièce à laquelle il est sans doute fait allusion ici, cet amour élevé ne peut se confondre avec des sentiments irrationnels d'attachement, de regret ou de nostalgie. Servir sa patrie, c'est avant tout servir son roi et sa foi, ce que l'on fera à la Cour ou sur les frontières ; mais se trouver renfermé chez soi et exclu de la grande politique, c'est plutôt ce qu'un grand aristocrate appellerait exil. Seuls les gens du commun paraissent viscéralement attachés au lieu où ils sont nés, à leur petite « patrie ». Ce sentiment profond mais obscur, on le nommait, vers 1760, nostalgie, et l'on en voyait un exemple frappant chez les mercenaires suisses ou chez les paysans savoyards qui dépérissaient dans

---

6. Nous renvoyons au tome VI des *Œuvres de Prévost*, p. 302, et à la note de Robert Favre dans le tome VIII p. 486 ; il n'est pas sûr que Prévost ait pu avoir connaissance de la tragédie de Voltaire au moment où il rédigeait *Le Monde moral,* au début de 1760.

l'attente du retour.[7] Les héros de Prévost ne souffrent pas de cette maladie ; s'ils s'expatrient, c'est pour s'établir, faire fortune, comme les quatre Irlandais du *Doyen de Killerine*, ou pour « servir Dieu en liberté », comme les Rochelois de *Cleveland*, ou pour continuer de servir leur roi sous d'autres cieux quand un malheureux destin les a exclus de leur succession – c'est le cas de Renoncour. Celui-ci ne craint pas l'exil proprement dit, mais « la multitude de courses et d'aventures bonnes et mauvaises qui sont inévitables à une personne qui s'expatrie » (I, 51). Des Grieux est plus résolu encore : « Vivre en Europe, vivre en Amérique, que m'importait-il en quel endroit vivre, si j'étais sûr d'y être heureux en vivant avec ma maîtresse ? Tout l'univers n'est-il pas la patrie de deux amants fidèles ? » (I, 432). Cleveland, Patrice, Ferriol, Brenner n'ont jamais pensé autre chose : tous sont plus ou moins des expatriés, des exilés, mais ce n'est pas de cela qu'ils souffrent.

De Prévost lui-même, peut-on penser qu'il a souffert de l'exil ? On ne peut évidemment l'exclure, car il est toujours resté attaché à Hesdin et à sa famille ; mais quand il nous parle de ses sentiments, il n'est question que de cette autre patrie que trouvent dans toute l'Europe les gens de qualité, les hommes cultivés, les citoyens du monde éclairé. Londres lui est apparu comme « une espèce de centre, où les richesses du monde entier viennent aboutir »,[8] et il ne cesse de se féliciter, dans *Le Pour et Contre*, d'être au centre de ce centre. A Amsterdam, il semble une fois trouver des accents pathétiques pour exprimer une solitude dont divers témoignages laissent à penser qu'elle fut très passagère. A bien l'entendre, on verra qu'il ne s'agit pas d'un sentiment d'exil. De façon assez inattendue, il

---

7. Voir sur ce point la contribution de Jean Starobinski au 1er Congrès international des Lumières (*Studies on Voltaire*, vol. 27, 1963, p. 1505-1518) : « La nostalgie : théories médicales et expression littéraire ».

8. *MHQ*, I, 273. On pourra évidemment penser qu'il fait contre mauvaise fortune bon cœur. Holtzbecher, lecteur plus prosaïque, écrira en 1732 : « Pour demeurer inconnu, il se fit appeler d'Exil ; il a choisi ce nom pour montrer qu'il n'est pas disposé à revoir sa patrie... » (*Manon Lescaut*, p. 282).

écrit dans la préface de sa traduction de l'*Histoire de M. de Thou* : « Suis-je assez libre de passions et de préjugés pour prendre le ton d'un écrivain désintéressé ? Expatrié, séparé de mes amis et de mes proches, abandonné du plus grand nombre, qui croira que mon cœur ignore ce que c'est que la haine, et que je puisse me défendre d'en faire passer quelque chose dans mes notes ? » Mais c'est pour conclure aussitôt : « Non, je suis l'ami du genre humain ». S'il s'est plaint un instant, c'est d'avoir été contraint de s'expatrier, ce qui entraîne un ressentiment – et naturellement la tentation d'orner sa traduction de notes virulentes, comme le lecteur peut l'espérer. Mais à Amsterdam ou à La Haye comme à Londres, il se retrouve au centre de l'humanité, au cœur des choses, et c'est là enfin qu'il peut écrire.

Ainsi les exilés de Prévost et le romancier lui-même ont un trait en commun : ils trouvent leur patrie là où il leur est permis de vivre selon leurs principes et leur vocation, qu'il s'agisse de la foi, du service de la monarchie et de la littérature. Et Prévost signe pour la première fois du nom d'« Exiles » la *Suite des Mémoires d'un homme de qualité*, qu'il a décidé de publier librement en Hollande. Sans doute exprime-t-il par là un certain ressentiment contre les « inquisiteurs » de Paris qui l'ont poursuivi d'une lettre de cachet, mais il n'entre certainement pas dans son esprit de nostalgie ; car les vrais ennuis ne lui sont venus qu'au retour, comme il arrive aussi à ses héros.

Il est donc Prévost d'Exiles comme d'autres furent rois sans terres ou rois de leurs misères. Il ne règne que sur ces terres qu'on ne peut lui enlever : ses romans. Là où nous serions tentés de voir l'expression d'une nostalgie préromantique, il affirme son autonomie de romancier. Pour exprimer la solitude du créateur, il use de termes qui annoncent Jean-Jacques Rousseau : « expatrié », « séparé de mes amis », « abandonné du plus grand nombre » ; comme lui, il découvre en lui-même l'absence de haine et même une sorte de communion avec le « genre humain », comme si, pour atteindre à l'humanité profonde, l'écrivain devait rompre d'abord le cercle contraignant des relations sociales. Cette rupture avec le public immédiat, on la retrouverait dès les premières lignes des *Mémoires d'un homme de qualité* : « Je n'ai aucun intérêt à prévenir le lecteur sur le récit que je vais faire des principaux événements de ma vie. On lira cette histoire si l'on trouve qu'elle mérite d'être lue. Je n'écris mes malheurs que pour ma propre satisfaction... » (I, 13). Jamais encore l'on n'avait exprimé avec autant de force l'autarcie du romancier, et cette plongée dans l'imaginaire ; ainsi de Cleveland : « J'entre dans la mer immense de mes infortunes » (II, 85). Dans le labyrinthe de ses propres raisons, le romancier entre avec une sorte de volupté ; il ne doit de justifications à personne.

En se nommant « d'Exiles », Prévost cherche donc à imposer sa liberté de romancier. Il n'a pas signé ses romans ; personne avant Rousseau ne s'y est risqué. Mais il a usé d'une autre stratégie qui visait au même résultat. Il s'est pendant longtemps présenté comme « l'auteur des *Mémoires d'un homme de qualité* » : *Cleveland, Le Doyen de Killerine, Le Pour et Contre*, les *Mémoires pour servir à l'histoire de Malte*, les *Campagnes philosophiques* sont attribués à « l'auteur des *Mémoires d'un homme de qualité* ». C'est naturellement pour Prévost une façon de rappeler un succès qui ne s'est jamais démenti de son vivant ; mais cette dénomination s'est imposée peu à peu et de façon singulière. L'auteur des *Mémoires d'un homme de qualité*, c'était en effet, dans l'ordre de la fiction, l'homme de qualité lui-même, et Prévost ne pouvait en être que l'« éditeur ». Et c'est encore Renoncour qui est censé traduire *Le Philosophe anglais*. On lira, non sans étonnement, dans la Préface, que le fils de Cleveland a rencontré Renoncour à Londres (vraisemblablement lors du voyage de Renoncour en 1716) : « Il avait lu mes *Mémoires*, écrit Renoncour, et ce fut la plus forte raison qui le porta à me parler de ceux de son père » (II, 9). C'est ainsi que Renoncour, auteur des *Mémoires*, devient l'éditeur de ceux de Cleveland, par sympathie, et parce que leurs cœurs étaient « de la même trempe et sortis du même moule ». La présence du romancier, responsable du moule commun, est pour ainsi dire laissée en creux : nous n'avons affaire qu'à des personnages préfaciers. Les lecteurs de 1731 pouvaient pourtant savoir que Renoncour était mort en 1727, avant la publication du tome V de ses Mémoires, et que le reste de son œuvre était donné comme posthume ; mais ils l'ont oublié, et c'est tout naturellement qu'ils en sont venus à confondre l'« auteur » et l'« éditeur » des *Mémoires d'un homme de qualité*. Ils y étaient d'autant plus portés que, peu à peu, Renoncour se faisait homme de lettres, jusqu'à donner, dans l'Avis au lecteur, en tête de *Manon Lescaut*, un abrégé de son esthétique. Prévost, sans jamais écrire son nom au bas d'une page de titre, s'est donc imposé progressivement comme une sorte de personnage-romancier, qui émerge de ses propres récits ; et le nom d'« Exiles » qui apparaît au bas de la Lettre de l'éditeur en 1731 est la première affirmation de cette existence mi-fictive, mi-réelle.

De ces variations sur un nom propre, on retiendra que le nom de l'écrivain n'est pas chose indifférente, et qu'il peut cerner, d'une certaine façon, les différents degrés d'existence de ce qu'on appelle l'auteur. Dans le cas de Prévost, l'auteur apparaît sous quatre formes.

1. Selon l'état-civil, en tant que personne réelle et attestée, il est « Antoine François Prévost » ou « Antoine Prévost », nom que l'on réduira souvent à « Prévost » ou « Prévot » : en quelque sorte un nom commun. Dès qu'il se retrouve nu devant l'autorité, ou devant sa famille, il retourne à son nom d'origine, dont il n'est pas fier. Il lui faut donc se faire un nom.

2. Selon l'état social, il est tour à tour « Dom Antoine Prévost », « Prévost B. », puis « l'abbé Prévost, aumônier de S.A.S. Mgr le Prince de Conti ». S'il se fait figurer dans un portrait *in aeternum*, encadré d'un ovale de pierre, il décline ce nom fort modeste jusqu'à en faire deux lignes... Sa pierre tombale, plus modeste, dira avec autant de respect que d'exactitude : *Hic jacet D. Ant. Prevost sacerd., maj. ord. S. Benedicti monachus professus, quamplurimis voluminibus in lucem editis insignitus*. Mais il n'est pas sûr qu'il eût voulu voir réunies dans une même formule sa carrière ecclésiastique et sa carrière littéraire.

3. La forme colportée du nom peut elle-même varier selon les circuits de communication. Pour les malveillants domine la qualité monastique : Prévost restera, malgré qu'il en ait, « Dom Prévost », parfois « ex-bénédictin », quand ce n'est pas « moine renié » ou

« fripon de moine ». Pour les amis et pour les proches, la qualité d'abbé ou d'aumônier vient connoter plus noblement le patronyme ; les confrères bienveillants parleront même de « Prévost d'Exiles », mais l'étiquette d'abbé domine de plus en plus, on peut dire définitivement à partir de 1734, jusque sous la plume de Prévost. Il l'admettait fort bien pour son œuvre officielle, c'est-à-dire pour ses ouvrages d'histoire et pour ses traductions, non pas pour ses romans. C'est finalement la rumeur, développée en fortune littéraire, qui impose la formulation finale, un peu caricaturale mais tellement lourde de jugements : « ce bon abbé Prévost, l'auteur de *Manon Lescaut* » (titre d'un ouvrage de Maricourt en 1932). Le nom de l'écrivain, c'est aussi son statut, tel qu'il résulte de deux siècles et demi de lectures, et de partis pris moraux, religieux ou politiques. Aujourd'hui encore, nous lisons sur toutes les couvertures des éditions de poche, « *Manon Lescaut* », par « l'abbé Prévost », deux formulations aussi inexactes que partiales : serait-ce que le contraste entre l'histoire d'une femme légère et un auteur ecclésiastique garde son parfum de scandale ?

4. Le nom d'auteur de Prévost est assurément « d'Exiles », et c'est le seul nom précis qu'on puisse substituer à l'expression d'« auteur des *Mémoires d'un homme de qualité* », à laquelle il s'est tenu pendant plus de dix ans. Mais il y avait de la duplicité dans ce nom : il cumule tout d'abord une sorte de noblesse usurpée et un attrait romanesque, ce qui rend la dénomination instable. Il est d'autre part visible qu'après 1734, Prévost joue à la fois de sa qualité sociale d'aumônier et de son prestige de romancier ; il veut être à la fois Prévost et d'Exiles, et ses aventures d'homme privé ternissent cette noblesse étrange mais incontestable que lui avaient conférée ses romans. Il a pu rêver peut-être de la réputation de romancier chrétien, à la façon de Huet ou de Fénelon ; il a eu plus souvent celle d'un abbé aventureux ou d'un défroqué dont l'histoire misérable transparaissait dans ses écrits.

Reconnaissons, en lui rendant pour un moment son nom de plume, qu'il est avant tout, pour nous, l'auteur de romans incomparables, et qu'il gouverne ainsi une vaste province de l'imaginaire.

Tout écrivain se condamne, dès qu'il prend la plume, à une identité nouvelle, qui n'est ni tout à fait fictive, ni tout à fait réelle. A la première ligne de son œuvre, il franchit une frontière et gagne ce lieu de nulle part où commence la création. A ce lieu, Prévost a su le premier donner un nom.

LES VIES DE PRÉVOST
AU XVIIIe SIÈCLE

ON SE PROPOSE d'étudier ici les vies de Prévost rédigées entre 1732 et 1783. Les unes sont de brefs résumés malveillants, généralement diffusés dans des nouvelles à la main au lendemain de la publication des *Mémoires d'un homme de qualité* ; les autres sont des biographies officielles, publiées pour la plupart dans les années qui suivent la mort de Prévost en 1763. Toutes rassemblent la demi-douzaine de séquences narratives qui constitueront pour longtemps la vie imprimée de Prévost ; mais si les faits sont à peu de chose près les mêmes, les discours s'opposent totalement ; satire, agressivité, sous-entendus ironiques d'un côté, conformisme et apologie de l'autre. En rapprochant ces courtes biographies, on verra comment s'établit peu à peu la vie de Prévost, une vulgate dont toutes les notices à venir resteront malgré tout tributaires. On constatera aussi que Prévost lui-même a fixé le sens de cette vie, qu'il nous conduit à considérer comme un roman. Mais à travers les modes de discours et leurs interférences, on verra aussi comment évolue le discours biographique, comment il finit par prendre en charge ce qu'il avait pendant longtemps condamné. Pour expliquer ce déplacement, il fallait mettre en regard les notices biographiques et les nouvelles à la main, qui ne nous donnent qu'une biographie partielle ; je n'ai tenu compte que des narrations cohérentes, qui mettent en forme deux ou trois séquences au moins de la vie de Prévost, en s'efforçant de leur donner un sens. Les voici en ordre chronologique.

A. Préface de Holtzbecher à la traduction allemande des tomes V-VII des *Mémoires d'un homme de qualité* (Hamburg, König und Richter, 1732), 1er mai 1732.[1]

B. *Journal de la Cour et de Paris*, nouvelles à la main, bulletin en date du 13 février 1733.[2]

C. Deux fragments biographiques publiés par Lenglet-Dufresnoy dans la *Bibliothèque des romans* (Amsterdam, 1734) : articles « Le Philosophe anglais », p. 116, et « Suite des Mémoires d'un homme de qualité », p. 360, février 1734.[3]

D. « Anecdotes sur l'auteur de l'ouvrage du *Pour et Contre* » dans les *Mélanges historiques, satiriques et anecdotiques de M. de B... Jourdain*, tome III, 1807, p. 149-152, avec datation en bas de la p. 152 : « Ceci a été écrit en 1737 » ; cette date, donnée par l'éditeur, est sans doute erronée ; les « anecdotes » semblent de peu postérieures au retour de Prévost en France en 1734.

E. *Lettres sérieuses et badines*, tome VIII, 2e partie, lettre 16e, p. 253-254. Le tome VIII, publié en 1740, comprend une 1re partie datée de 1733, et une 2e datée de 1740, en partie composée de textes gardés en portefeuille ; la biographie de Prévost, due très probablement à la plume de La Barre de Beaumarchais, rassemble des faits antérieurs à février 1734 ; Beaumarchais, comme Boisjourdain, ne mentionne pas l'apologie du *Pour et Contre*.

---

1. Texte et traduction dans *Manon Lescaut*, p. 272-277.
2. BN, ms. fr. 25000. Édité par Henri Duranton, Université de Saint-Étienne, 1981, p. 117.
3. Avec additions manuscrites de la main de L.-D. dans l'exemplaire de la Réserve de la BN Y2 1217-1218.

F. Apologie de Prévost, en réponse à Lenglet-Dufresnoy, dans *Le Pour et Contre*, n° 48, t. IV, p. 38-39, [juillet] 1734.

G. « Lettres sur les affaires du temps » nouvelles à la main de Gastelier (coll. part.), bulletin du 3 juillet 1738.[4]

H. *Journal et mémoires de Charles Collé*, édité par H. Bonhomme, 1868, rubrique nécrologique de Prévost datée de décembre 1763, tome II, p. 325-326.

I. « Abrégé de la vie de M. l'Abbé Prévôt », en tête des *Pensées de M. l'Abbé Prévôt*, [éditées par Alexandre Nicolas Dupuis],[5] Arské et Merckus, Amsterdam, 1764, p. V-XLVIII.

J. « Éloge de M. l'Abbé Prévôt » par Charles Palissot dans *Le Nécrologe des hommes célèbres de France*, année 1764, édition J.-F. Dufour, Maestricht, 1765, p. 15-32.

K. Notice « Prévot d'Exiles (Antoine-François) » dans le *Nouveau Dictionnaire historique* de Mayeul-Chaudon, 1766.

L. « Discours préliminaire » du tome XVIII de l'*Histoire des voyages*, par Meunier de Querlon, janvier 1768, p. XXXII-XXXVII.

M. « L'Abbé Prévost », dans la *Galerie françoise* « ou Portraits des hommes & des femmes célèbres qui ont paru en France [...] avec un Abrégé de leur vie par une Société de gens de lettres », Héris-

---

4. Édité par Jean Sgard, *Cahiers Prévost d'Exiles*, n° 1, 1984, p. 99-107 ; Jacques-Elie Gastelier, *Lettres sur les affaires du temps (1738-1741)*, recueil édité par Henri Duranton, Champion-Slatkine, Paris, coll. « Correspondances littéraires », IV, 1, 1993, p. 105-106.

5. L'attribution à Dupuis nous vient de Pierre Bernard, qui ne mentionne pas de prénom (« Essai », p. 88). Il pourrait s'agir d'Alexandre-Nicolas Dupuis, « Religieux de l'Ordre de Citeaux, né à Paris », collaborateur de la *Gallia christiana* et auteur d'un *Nouvel Almanach de Paris, ou Calendrier des Parisiens illustres* (1757) d'après la *France littéraire* de 1769 (t. I, p. 251).

sant, Paris, tome I, 1771, p. 1-10 (avec portrait par J.-E. Schmidt, gravé par T. Le Vaux), notice de Dupoirier.

N. « Prevot d'Exiles (Antoine-François) », dans le *Dictionnaire des portraits historiques, anecdotes et traits remarquables des hommes illustres*, Lacombe, Paris, 1773, tome III, p. 198-202.

O. « Prévot d'Exiles (Antoine-François) » dans *Les Trois Siècles de notre littérature* de Sabatier de Castres, Amsterdam et Paris, 1772, tome III, p. 105-109.

P. Article « Hesdin » du *Supplément* à l'*Encyclopédie*, tome III, 1777, p. 368, signature C. [Pestré].

Q. « Anecdotes littéraires, historiques et critiques sur les Auteurs les plus connus », dans les *Œuvres complètes de M. l'Abbé de Voisenon*, tome IV, 1781, p. 95.

R. Article « Prévot d'Exiles » dans le *Dictionnaire historique* de François-Xavier de Feller, Augsbourg, 1783.

S. « Essai sur la vie et les ouvrages de l'Abbé Prévost », en tête des *Œuvres choisies de Prévost*, Amsterdam et Paris, tome I, 1783, réédition Leblanc, Paris, 1810, p. [1]-90, par Pierre Bernard d'Héry.

*

Puisque notre lecture de Prévost est tributaire, depuis lors, de cette vulgate élaborée au cours d'un demi-siècle, il convient de se pencher sur ce qu'elle nous apprend, et sur la façon dont elle est structurée. Huit séquences sont aisément identifiables (les notices seront rappelées par la lettre qui leur est attribuée dans notre classement) :

1. *Un fils de famille*. Antoine-François Prévôt ou Prévost ou Prévost d'Exiles est issu d'une très bonne famille de Hesdin (A) ; il est fils d'un procureur du Roi (B, R), d'un lieutenant du Roi (D), homme de « judicature » (G) ; il est « d'une des plus anciennes familles du

pays » (I, M). Parfois, on le croira natif de Normandie (C, G). Dupuis précise que Prévost est le second de cinq fils, et qu'il est né le 1er avril 1697 ; Bernard donne le nom de sa mère, Marie Duclaie, et la profession exacte du père, « procureur du Roi au bailliage ». Le pseudonyme « d'Exiles » est explicité dès le début (A, B). On peut hésiter sur le degré d'ancienneté de la famille, mais on note toujours cette bonne origine suivie d'une excellente éducation ; ce bon départ dans la vie donne plus de relief aux séquences suivantes.

2. *Le jeune aventurier.* Prévost annonce très tôt un génie tumultueux. Il « entre dans l'ordre des Jésuites à 15 ans » (B), voire à « quatorze ans » (G) et fournit tous les « présages » d'un « génie » aisé (K). Prévost précisera lui-même qu'il a quitté les Jésuites à « seize ans ». Suit un premier engagement dans l'armée, et un retour chez les Jésuites (D), chez qui il prononce ses vœux au terme d'un noviciat (G) ; il les quitte peu après et va courir le monde. D'où les vicissitudes si souvent mentionnées (B, D, G, I, etc.) ; mais sur la nature des errances de Prévost, on hésite ; à l'époque de son second séjour chez les Jésuites, on croit qu'il est refusé par eux, et « entreprend d'aller en demander l'ordre à Rome au général » (B) ; c'est alors qu'il tombe entre les mains d'un officier recruteur, est engagé malgré lui, déserte et s'enfuit en Hollande (B, G) ; l'apologie du *Pour et Contre*, très évasive sur ce chapitre, fait néanmoins allusion à un voyage en Hollande « avec un ami qui fournissoit à la plus grande partie des frais » (l'officier recruteur ?). Il y a là un mystère que ni Dupuis ni Bernard n'essaient d'éclairer. Ce qui est admis très généralement, c'est qu'au cours de ce premier séjour en Hollande, Prévost mène une carrière un peu louche d'aventurier-écrivain. Gastelier le dit établi comme « garçon Caffetier » ; selon Dupuis, qui marche ici sur la pointe des pieds, le fugitif est introduit dans les « meilleures maisons », et se distingue par « plusieurs productions d'esprit, soit en vers, soit en prose ». L'apologie du *Pour et Contre* évoque l'épisode par prétérition ; la « malheureuse fin d'un engagement trop tendre » précipite Prévost au « tombeau »... Deux nouvellistes ajoutent ici un détail curieux : selon le *Journal de la Cour et de*

Paris et Gastelier, Prévost revient de Hollande en France grâce à l'amnistie décrétée par le Régent ; mais est-ce pour entrer chez les Jésuites, vers 1717, ou chez les Bénédictins en 1720 ? On pencherait pour la première hypothèse, mais dans nos biographies, les dates font toujours défaut. Ces cinq ou six années de la vie de Prévost se réduisent à un schéma connu : la carrière d'un jeune aventurier hésitant entre le rouge et le noir.

3. *Le moine noir.* La carrière bénédictine de Prévost est assurément mieux connue des biographes. Boisjourdain évoque ses passages à Saint-Germer, aux Blancs-Manteaux de Paris et à Saint-Germain-des-Prés ; Dupuis mentionne, avec une relative précision, les séjours à Saint-Ouen de Rouen, au Bec, à Saint-Germer, à Saint-Germain ; Chaudon ajoute à la liste Fécamp, et Dupoirier le carême prêché à Évreux. Les biographes « autorisés » insistent sur le travail d'érudit de Prévost, et notamment sur sa collaboration à la *Gallia christiana* (I, Q) ; mais on reprend les termes du *Pour et Contre* pour évoquer le « cœur sous la cendre » et le réveil imminent des passions (I, K, M, N, S). Seuls les nouvellistes parlent de l'élaboration des *Mémoires d'un homme de qualité* : selon le *Journal de la Cour et de Paris*, Prévost les aurait commencés chez les Jésuites et continués chez les Bénédictins ; Boisjourdain estime que Prévost « ne fit rien sur la *Gallia christiana* », et s'occupait à « faire les *Mémoires d'un homme de qualité* » ; Gastelier est affirmatif : « C'est pendant ce second noviciat [1717] qu'il a commencé son roman intitulé *Mémoires d'un homme de qualité* » ; selon Pierre Bernard, « il passe pour constant que les deux premiers volumes des Mémoires d'un homme de qualité furent écrits à Saint-Germain-des-Prés ». Ce n'est guère s'avancer puisque Prévost en donna le manuscrit à la veuve Duchesne au lendemain de son évasion... Celle-ci fit du bruit. Du jour au lendemain, Prévost, devenu auteur à la mode, est noté comme bénédictin défroqué, « moine vagabond » ; et comme l'image du défroqué à cours d'expédients, réfugié en Hollande, mi-homme de lettres, mi-aventurier, est dans tous les romans satiriques, ses aventures sont comme écrites d'avance. Que ce moine noir ait passé son temps à

se créer des relations dans le monde, ou à se faire un nom dans la querelle de l'*Unigenitus*, c'est ce qu'on ne paraît pas soupçonner.

4. *L'esclave des passions.* Personne ne peut imaginer que Prévost se préoccupe d'organiser sa carrière en Angleterre. On veut qu'il soit allé droit en Hollande, qu'il ait tenté d'y vivre en écrivant des comédies (B), qu'il ait connu « le bas-peuple de Cithère » (C), qu'il ait tenu une sorte de café-théâtre (G). Rien de cela n'est impossible : l'apologie du *Pour et Contre* est, sur ce point, lourde de sous-entendus : « Quelques années se passèrent. Vif et sensible au plaisir, j'avouerai dans les termes de M. de Cambray, que la sagesse demandoit des précautions qui m'échappèrent »... Mais il est vrai que sur ces quelques années, nous ne savons strictement rien. Le second séjour en Hollande, de la fin de 1730 à janvier 1733, est mieux connu et fit plus de bruit ; il n'est pas rare que les biographes du temps confondent les deux séjours. Le thème des amours hollandaises prend, durant le second séjour, avec la rencontre de Lenki Eckhart, la banqueroute et la fuite, un nouveau relief : Boisjourdain évoque Prévost « habillé comme un officier de cavalerie », amant de « la nommée Eccard, qui a été douze ans à M. Goumoin, colonel suisse » ; La Barre de Beaumarchais fait le portrait cruel du « moine noir » devenu « galant homme », mais voleur de manuscrits, aventurier de librairie. Gastelier rappelle discrètement l'« affaire d'intérêt » qui l'oppose à ses libraires, et l'affaire d'amour qui l'amène à fuir en Angleterre avec « une jolie fille de ses Amis ». Une phrase de Lenglet-Dufresnoy, une fois encore, va droit au but : « Mais depuis il a eu l'honneur de faire banqueroute, s'est fait enlever par une jeune fille ou femme... » Il faudra toute la rouerie de Prévost pour atténuer, dans *Le Pour et Contre*, l'éclat du scandale. Il joue ici sur les mots : « Je me suis laissé enlever par *Une Femme ou une Fille*. M. de Percel n'est pas sûr lequel c'est des deux. Jupiter tout puissant ! Quelle étrange accusation ! M'a-t-il jamais vû. Croit-il qu'un homme de ma taille s'enlève comme une plume ? » La ravisseuse devient sous sa plume une « Demoiselle de mérite et de naissance » à qui il procure une « retraite honorable ». Après quoi l'on citera

cette apologie ambiguë (I, K, M, R, S), non sans rappeler les termes de Lenglet. Le doute demeure ; il suffit que Prévost ait été victime de l'amour : « Une passion plus impérieuse vint le tyranniser et multiplier ses fautes et ses infortunes » (M). Le romancier aura de toute façon rempli, qu'il l'ait voulu ou non, tout le programme des aventures de moines galants, ou comme le dit le *Journal de la Cour et de Paris*, une « suite à la vie de Rosselli ».

5. *Le précepteur amoureux.* S'il est relativement banal à cette époque qu'un moine défroqué s'établisse en Hollande, comme journaliste, correcteur d'épreuves, comédien ou romancier, il est plus rare que l'on s'établisse en Angleterre. Sur le premier séjour anglais de Prévost, en 1728-1730, les premiers chroniqueurs n'ont presque rien à dire. Seul Holtzbecher relate ce séjour et l'épisode de la séduction de Peggy D. par Prévost, aussi bien que son ralliement à la religion anglicane. Lenglet-Dufresnoy mentionne rapidement le passage en Angleterre, d'où on chasse le bénédictin parce qu'il « pratiquait » trop de romans. La Barre de Beaumarchais fait allusion aux démêlés de Prévost avec la famille Eyles ; mais Prévost, et à sa suite Dupuis et Bernard sont muets sur la question. Il y avait là pourtant la matière d'un roman, d'une *Nouvelle Héloïse* avant la lettre ; mais le dénouement étant prosaïque, Prévost apparemment ne s'en est guère vanté. Le second séjour en Angleterre est plus scandaleux encore, puisqu'il voit l'internement de Prévost à Gatehouse pour faux chèque ; mais il n'en est presque jamais question : Gastelier est en fait le seul à raconter le désastreux épisode. Des deux séjours en Angleterre, si importants dans la carrière de Prévost, il ne subsiste donc presque rien dans les biographies du temps : il fut « gouverneur d'un jeune seigneur » (B), il se fit anglican (C), il écrivit *Cleveland* ; La Barre de Beaumarchais veut même qu'il en ait volé le manuscrit à un seigneur anglais ; Prévost, dans *Le Pour et Contre*, est muet ; Dupuis est évasif : « Immédiatement après son arrivée en Angleterre, il fit en moins de trois mois les deux premiers tomes de *Cleveland* ». C'est finalement tout ce que retiendront les notices officielles de cette époque décisive de la vie de Prévost.

6. *L'aumônier du Prince*. Le retour en grâce en 1734 est l'occasion d'un clivage entre les biographies. Pour les nouvellistes, il y a de la comédie dans ce retournement imprévu ; Lenglet-Dufresnoy s'en moque : « Il voudroit aujourd'huy se faire Bénédictin de Clugny, sans doute pour aller de là jusqu'à Constantinople prêcher l'Alcoran… » Pour La Barre de Beaumarchais, il ne s'agit que d'un nouvel épisode de roman : « Enfin, après un éclat assez court, il disparaît au bout de quelques mois, on est surpris d'apprendre que l'inconstance qui l'avait tiré de Paris et de son Ordre, l'y a ramené… » Des problèmes que pose à Prévost l'acceptation de la Constitution Unigenitus, il ne sera pas question ; seul Holtzbecher les avait pressentis ; mais en 1734, on n'en parle pas. Dupuis y fait prudemment allusion : « Le Cardinal avoit sur lui des vues auxquelles l'Abbé Prévôt crut, sans manquer à la reconnoissance, ne devoir pas se livrer ». Ce qui fait sensation, c'est certainement l'intervention du prince de Conti, qui engage Prévost à son service, à titre d'aumônier. Cette résolution inespérée change le statut social de Prévost. Il est désormais sécularisé, et la haute protection du Prince lui permettra de se vouer à la littérature. Les biographes ne manqueront plus désormais de le citer avec son titre d'« Aumônier du Prince de Conti », et toutes les biographies postérieures à 1763 s'étendent sur cette éminente qualité (I, J, K, L, M, N, O, P, Q, R, S). Un détail montre assez bien la difficulté, pour les biographes, de concilier l'homme de passions et l'homme d'études, c'est l'interprétation du portrait de l'abbé. Schmidt en tête de l'*Histoire des voyages* avait représenté Prévost en « Aumônier de S.A.S. Mgr Prince de Conti » devant une rangée d'in-quartos et une mappemonde. Ce seul et unique portrait, largement répandu (en particulier par la *Galerie françoise*), doit sans doute à l'image que Prévost a voulu donner de lui-même dans *Le Pour et Contre* : « Ce Médor si chéri des Belles, est un homme de trente-sept ou trente-huit ans, qui porte sur son visage et dans son humeur les traces de ses anciens chagrins ; qui passe quelquefois des semaines entières sans sortir de son cabinet, et qui y emploie tous les jours sept ou huit heures à

l'étude... » Cette opposition entre les passions et l'étude, ainsi que le développement sur le « Médor si chéri des Belles », reviennent comme un leit-motiv de nos biographies (F, I, J, K) ; se lit-elle sur les traits de l'abbé ? Chaudon le croit : « L'Abbé Prévôt annonçoit par sa figure le caractère propre de ses ouvrages. Ses sourcils et ses autres traits étoient fort marqués ; son air sérieux et mélancolique ». Jean-Jacques Rousseau, comme on sait, était de l'avis contraire : « ... l'Abbé Prêvot, homme trés aimable et très simple, dont le cœur vivifioit ses écrits, dignes de l'immortalité, et qui n'avoit rien dans l'humeur ni dans sa société du sombre coloris qu'il donnoit à ses Ouvrages... »[6] Le rédacteur des *Souvenirs de la marquise de Créquy* imagine un autre Prévost, poussé au noir : « C'était un gros homme à figure sombre, avec une voix lugubre ; il était assez bien vêtu pour un auteur de son temps... »[7] Cet écrit apocryphe montre au moins que l'image de l'aumônier du Prince n'a pas effacé celle de l'aventurier-écrivain.[8]

7. *Le bon abbé Prévost.* Introduit dans le grand monde, Prévost est bientôt choisi par d'Aguesseau pour diriger l'*Histoire des voyages* ; traducteur de Cicéron, de Richardson, de bien d'autres, il apparaît comme un professionnel des Lettres. Sa vie, vouée totalement au métier d'écrivain, ne peut plus s'enrichir que de quelques anecdotes sur son désintéressement (le refus des 100 000 livres du financier La Boissière), sur sa bienfaisance (l'affaire du gazetin de Gauthier en 1740), sur sa largeur de vue (ses rapports avec Desfontaines), sur l'estime dont il jouit auprès des grands (la duchesse d'Aiguillon). Il en résulte un contraste complet entre les deux versants de sa carrière : pendant vingt ans, il a connu les passions, les errances, les conversions successives ; pendant vingt-cinq ans, il se voue à la littérature. Ses biographes en concluront qu'il était fait

---

6. *Confessions*, Pléiade, Gallimard, Paris, p. 364.
7. Édition Fournier, 1834, t. III, p. 200.
8. Sur la permanence, au cours du siècle, du thème de l'aventurier, voir le livre de Suzanne Roth, *Les Aventuriers au XVIIIe siècle*, Galilée, Paris, 1980, Introduction, p. 12 et suiv., et « L'aventurier écrivain », p. 231 et suiv.

pour connaître les passions et en décrire le danger (Dupuis), ou pour faire connaître d'expérience le vrai langage du sentiment (Palissot) ; certains enfin distingueront dans son œuvre une part futile, celle des romans, et une part utile, celle de l'*Histoire des voyages*, des traductions, des journaux, du *Manuel lexique* : c'est le cas de Sabatier de Castres (O) et de l'abbé Pestré (P). La conclusion commune reste que Prévost a passé une moitié de son existence à vivre un roman, et l'autre à l'écrire.

8. *La victime d'un destin.* Que Prévost soit mort subitement d'une crise d'apoplexie, d'une « goutte remontée », ne pouvait pas fournir une conclusion digne d'une vie placée sous le signe du roman. Les premières biographies publiées après la mort du romancier se contentent de mentionner l'événement dans le style de la *Gazette* : « L'Abbé Prévost, qui s'est rendu célèbre par un grand nombre d'ouvrages d'esprit et d'imagination, est mort le 25 du mois dernier d'une attaque d'apoplexie, dont il a été frappé en allant à une maison de campagne qu'il avoit à quelques lieues de cette capitale » (*Gazette de France*, 5 décembre 1763). Même laconisme chez Dupuis, Palissot, Dupoirier. Une anecdote répandue par La Place en 1782 dans son *Recueil d'épitaphes* et prétendument transmise par Dom Bernard Prévost (mort en 1766) vient donner à cette fin un caractère éminemment prévostien : selon La Place, Prévost n'était pas mort quand on a ramené son corps chez le curé voisin, et il aurait poussé un grand cri avant de mourir sous le scalpel du chirurgien qui l'autopsiait... L'anecdote se retrouve aussitôt dans le dictionnaire de Feller en 1783, dans l'« Essai » de Pierre Bernard la même année ; Mayeul-Chaudon l'ajoute à la réédition de son dictionnaire en 1804. Bernard enchaîne aussitôt : « Telle fut la vie romanesque de l'abbé Prévost » ; et Chaudon : « C'est ainsi qu'il termina, dit-on, sa carrière, presque aussi romanesque que celle de ses héros... » A une conclusion chrétienne se substitue un dénouement quelque peu mélodramatique et inventé de toutes pièces. Peut-être convient-il de rappeler que Prévost avait raconté une histoire tout à fait semblable dans *Le Pour et Contre* à propos du docteur Wesal

(tome III, pages 143-144) : « Je voudrois, me disoit dernièrement une personne, qu'on établît une Inquisition pour les Médecins et Chirurgiens accusez de tuer leurs malades par ignorance ou par témérité... » D'où l'on conclura que jusqu'à la dernière ligne, la biographie de Prévost emprunte à son œuvre. Des séquences que l'on a regroupées, il n'en est pas une qui ne trouve un répondant dans ses romans : fils de famille issu d'« une des meilleures maisons » d'Hesdin, jeune aventurier – qui s'exprime « de la meilleure grâce du monde » –, moine persécuté par le sort, puis esclave des passions, précepteur d'un jeune noble, sage chrétien retiré du monde et faisant son deuil de l'amour, le héros de nos biographies est sorti tout droit des *Mémoires d'un homme de qualité*, de l'*Histoire du chevalier* et de *Cleveland*.

*

Nos dix-neuf textes abordent successivement différents aspects de la vie de Prévost ; ils se reprennent en partie les uns les autres et viennent se perdre comme autant d'affluents dans l'« Essai » de Pierre Bernard, qui rassemble à peu de chose près, sans ajouter beaucoup à Dupuis, tout ce que l'on a su de Prévost au XVIIIe siècle. Cette élaboration progressive de la vulgate n'a pourtant rien de méthodique : durant la vie de Prévost, les renseignements fournis par les nouvellistes doivent tout aux rumeurs et aux informations privées ; ils ne sont contrôlables que par recoupement ; ils se développent dans un climat de polémique et opposent Prévost à tous ses ennemis : avant 1763, on ne trouvera pas de texte qui lui soit favorable. En revanche, l'apologie publiée dans *Le Pour et Contre* en 1734 s'impose peu à peu : à partir de 1763, tout le monde la cite. Après la mort de l'abbé, une nouvelle version de sa vie prend rapidement forme : son génie est reconnu, le roman commence à être accepté comme genre majeur, et l'œuvre immense de Prévost comme romancier, historien et traducteur est désormais célébrée. Non sans réserves toutefois : les scandales de sa vie passée et les relents sulfureux de ses romans entretiennent une sorte de débat qui dure encore aujourd'hui. On retrouve donc dans les notices les plus respectueuses des échos des scandales rapportés dans les nouvelles à la main ; ce qui a changé, c'est le projet biographique et sa rhétorique. Dans cette métamorphose d'une vie d'aventurier en une vie d'écrivain consacré, l'« Abrégé » de Dupuis aura joué, avec l'apologie du *Pour et Contre*, un rôle déterminant. Deux discours s'opposent donc, et Dupuis opère le passage de l'un à l'autre.

Si l'on observe le flux des informations en provenance des nouvelles à la main, on voit qu'il s'alimente de scandales successifs : en 1731-1733, Prévost acquiert une large notoriété par la publication de la fin des *Mémoires d'un homme de qualité* et lance cette entreprise considérable qu'est la traduction de l'*Histoire de M. de Thou*. Mais en 1731, il vient de quitter l'Angleterre après avoir apostasié et tenté d'épouser la fille de John Eyles ; en Hollande, au début de 1733, il fait faillite et s'enfuit avec une aventurière ; de retour en Angleterre, il est arrêté pour avoir signé un chèque au nom de son patron. Curieusement, ces informations quelque peu sensationnelles ne passent en Hollande que par bribes. Holtzbecher, après avoir rappelé le passé bénédictin de l'abbé, dévoile avec précaution sa tentative de mariage en Angleterre ; mais l'affaire fait peu de bruit, et La Barre de Beaumarchais est le seul, après Holtzbecher, à la rappeler : ce passé anglais et anglican dont Prévost avait pu après tout se vanter en pays protestant, est totalement occulté en France. Ce qui intéresse le rédacteur du *Journal de la Cour et de Paris* en 1733, ce sont plutôt les vicissitudes de sa carrière ; pour rendre la rapidité de ces retournements, il faut inventer une phrase allusive, itérative, fluctuante : « Il entre dans l'ordre des jésuites à 15 ans, s'en repent six mois après, les quitte »... ; il s'en va à Rome, « tombe malade en chemin. Son argent consommé, se met à l'hôpital », etc. (B). Cette énumération tumultueuse sera désormais un topos de la biographie de Prévost. On la trouve dans de très brèves séquences qui semblent résumer une vie en deux lignes : « Vous sçavez sans doute qu'il a été deux fois jésuite, bénédictin, deux ans soldat, et n'a que vingt-huit ans ».[9] « Dom Prévost, qui a été deux fois jésuite, soldat, bandit, bénédictin, passe dans l'ordre de Cluny ».[10] Gastelier, en 1738, donnera à ce récit sa forme la plus complète et la plus crédible. Aussi tard qu'en 1777, le *Supplément* de l'*Encyclopédie* brode sur cette séquence, dans un style de comédie ou de chanson : « ... l'abbé Prévost d'Exile, qui de jésuite se fit officier, bénédictin, ensuite Chartreux, Anglois, Hollandois, enfin mort à Paris en 1763, aumônier du Prince de Conti. On peut lui appliquer le mot dit de Fr. Ange de Joyeuse. *Il prit, quitta, reprit la cuirasse et la haire* » (article « Hesdin »).[11] Là où le protestant Holtzbecher s'interrogeait sur les hésitations doctrinales de Prévost, le public français voit d'abord un sujet de roman ou de comédie.

Au tout début de 1734, Prévost revient à Paris, et pendant un an, ce sera un triomphe : « Tout le monde se bat icy à qui l'aura, et je suis sûr qu'il feroit fortune à se montrer à la foire » (*Journal des nouvelles de Paris*, 23 février 1735). S'est-il montré lui-même indiscret ? Toujours est-il que les relations se multiplient autour de ce destin d'aventurier religieux et mondain. Le thème des vicissitudes s'accompagne, sous la plume de Boisjourdain ou de La Barre de Beaumarchais, d'une certaine irritation contre ce trop habile jongleur. Un texte frappe plus fort ; c'est le bref article de la *Bibliothèque des romans* de Lenglet-Dufresnoy, avec sa cauda, particulièrement venimeuse : « Il voudroit aujourd'huy se faire Bénédictin de Clugny, sans doute pour aller de là jusqu'à Constantinople prêcher l'Alcoran et devenir Mufti, s'il se peut, et fixer ensuite sa religion au Japon » (page 360). Contrairement aux textes précédents, la brève biographie fournie par Lenglet est imprimée, et dans un ouvrage qui fait l'objet en 1734 d'une large controverse. Est-ce la raison pour laquelle Prévost la prend très au sérieux ? C'est à lui qu'il

---

9. *Journal des nouvelles de Paris*, 23 février 1735, BN, ms. fr. 13694, f° 24.
10. *Journal littéraire* de La Haye, tome XXII, 2e partie, p. 472, 1735.
11. L'abbé Pestré aurait pu aussi donner le vers précédent du poème de *La Ligue* de Voltaire : « Vicieux, pénitent, courtisan, solitaire... » Mais le second vers évoquait mieux le caractère fantasque de ces retournements, qui rappellent les destins picaresques.

répond dans l'apologie du *Pour et Contre* en juillet ; et son apologie va fournir le modèle de toutes les apologies futures. Prévost y reprend en effet le récit de ses errances et de ses malheurs dans un style allusif et lyrique à la fois, qui entretient une remarquable confusion entre la vie et le roman. Les euphémismes et les connotations littéraires y fleurissent à chaque ligne : « Vif et sensible au plaisir, j'avouërai dans les termes de M. de Cambray, que la sagesse demandait bien des précautions qui m'échappèrent. Je laisse à juger quels devoient être depuis l'âge de vingt jusqu'à vingt-cinq ans, le cœur et les sentiments d'un homme qui a composé le Cléveland à trente-cinq ou trente-six. La malheureuse fin d'un engagement trop tendre me conduisit enfin au *Tombeau* ; c'est le nom que je donne à l'Ordre respectable où j'allai m'ensevelir... » Cette version noble et mélancolique, cette réhabilitation discrète des passions par le pathétique, et de la vie par le roman, feront en quelque sorte autorité. On en retrouvera les termes sous la plume de Dupuis, de Palissot, de Chaudon, de Feller, de tous ceux qui établiront la biographie officielle de Prévost.

L'« Abrégé de la vie de M. l'abbé Prévôt » par Dupuis lui doit évidemment beaucoup ; mais il donne, par ses informations inédites et par leur mise en perspective, un sens nouveau à cette biographie. Les sources sont tout d'abord familiales, et cette version semble bien avoir été préparée avec l'accord de la famille : l'auteur publie une lettre de Prévost à l'un de ses frères, sans doute Dom Bernard Prévost, moine prémontré auquel il est fait allusion un peu plus tard (pages XIV-XVI et XX-XXI) ; il a consulté des lettres qui devaient appartenir à la famille, et qui ont disparu depuis (page XII). Les sources sont en outre religieuses (mais peut-être encore par l'intermédiaire de Bernard Prévost) : le détail du bref de translation en 1728, des trois lettres que Prévost auraient laissées à ses supérieurs (pages XVIII-XIX) et la procédure du retour en grâce en 1734 sont rendus avec une assez grande précision. La mise en perspective est résolument catholique et bénédictine : Prévost reste, durant toute sa vie, lié à l'Église ; il est fait pour la méditation et les belles-lettres (page XXVII) ; il est désintéressé (page XXVIII) ; il est charitable jusqu'à la faiblesse (pages XXIX-XXX) : l'affaire du gazetin de 1740 et de l'exil à Bruxelles tourne presque à son honneur (page XXXI). Les vingt dernières années de sa vie sont consacrées à l'étude et à la réflexion, à l'*Histoire des voyages* et à la traduction de Cicéron et de Richardson ; et s'il est vrai que la majeure partie de son œuvre est constituée de romans, ces romans illustrent le danger des passions et les « préceptes de la plus saine Morale » (page XLIII). Dupuis n'a éludé aucun des scandales publics de la carrière de Prévost : ses hésitations entre l'armée et le cloître, son évasion en 1728, ses séjours en Hollande et en Angleterre, l'affaire du gazetin de 1740, mais il les voit comme des étapes dans la conquête de la sagesse et de la vie chrétienne. Par un pieux artifice, il ira jusqu'à publier, après un florilège de pensées morales tirées des romans de l'abbé, un mystérieux inédit qui apporte une sorte de conclusion à l'ouvrage entier : « copie d'un petit Ecrit que nous avons trouvé dans les papiers de l'Abbé Prevôt, écrit de sa main ». Il ne s'agit ni plus ni moins que de trois ouvrages d'apologétique : « la Religion prouvée, par ce qu'il y a de plus certain dans les connoissances humaines », une « Histoire de la conduite de Dieu pour le soutien de la foi depuis l'origine du Christianisme » et un « esprit de la Religion dans l'ordre de la Société » (page [219]). Il est fort improbable que Prévost ait pensé, à la fin de sa vie, à trois ouvrages qui l'occuperaient « le reste de [ses] jours dans [sa] retraite ». Le dernier titre, qui évoque les préoccupations du doyen de Killerine, donne plutôt à penser que cette note a été rédigée au moment de l'entrée à La Croix Saint-Leufroy en 1735, peut-être pour apaiser les autorités religieuses. Mais cet infime inédit placé à la dernière page du recueil fournit à Dupuis une clé pour comprendre les desseins secrets de Prévost...

Les biographies qui se succèdent après la mort de Prévost reprendront ce schéma d'ensemble, avec des nuances et des réticences qui manifestent, si peu que ce soit, le jugement personnel de leur auteur. Palissot joue un peu plus sur l'aspect autobiographique de l'œuvre romanesque : « Dégagé du tumulte des passions, cet homme, qui jusqu'alors avoit toujours été déplacé, s'appliqua à peindre ces mêmes passions dont il avoit éprouvé l'empire ; et ses couleurs furent d'autant plus fortes, qu'elles étoient vraies… » Prévost donne à ses récits « une teinte mélancolique et sombre qui ne déplait pas aux âmes sensibles » ; par là, il a réhabilité le genre tout entier, il en est pour ainsi dire « l'inventeur ». Mayeul-Chaudon est moins enthousiaste et plus habile. Il refond tous les textes connus : ceux de Prévost et de Dupuis, de Lenglet-Dufresnoy, de Palissot. Il suit de près l'« Abrégé » de Dupuis, mais il est assurément moins naïf que lui, et moins soumis à l'influence de la famille ; il ne cache rien de la mauvaise réputation de Prévost en 1733, « Moine apostat » et « Littérateur vagabond » ; il suit Palissot dans son évaluation du génie du romancier, mais avec des réserves ; il renverse enfin la conclusion de Dupuis sur le caractère moral de ses romans : « Il est vrai que la morale suit partout ses héros. Mais la vertu n'y est qu'en maximes, et le vice y est en action ». Loin de se rallier au cercle des « âmes sensibles » qui ont absous tous les péchés de Prévost après avoir admiré ses romans, il s'appuie sur la condamnation traditionnelle du roman pour jeter un doute sur les intentions du romancier. Le débat qui se développe, dans les années qui suivent, à travers les notices de dictionnaires, porte en fait sur la valeur qu'on attribue aux romans de Prévost et au roman en général. Dupoirier, auteur de la notice de Prévost dans la *Galerie françoise* de 1771, suit de près l'« Abrégé » de Dupuis et le *Dictionnaire* de Chaudon, tout en admirant sans réserve le génie de conteur de Prévost : une scène de son invention nous montre Prévost faisant à Saint-Germain-des-Prés le récit de ses « aventures » devant un auditoire de moines muets d'admiration… Sabatier de Castres, qui limite la biographie de Prévost à une simple fiche d'état-civil, s'interroge sur la moralité de l'*Histoire du chevalier Des Grieux* ; il reprend les termes de Palissot pour qualifier l'imagination de Prévost, sa « mélancolie sombre », son « art singulier », ces traits pathétiques qu'il puise dans « son cœur infiniment sensible » ; mais il oppose, comme Chaudon, les maximes vertueuses au « crime en action », ces crimes que Prévost, après tout, a trop bien connus. L'auteur anonyme de la notice de Prévost dans le *Dictionnaire des portraits* démarque Palissot et

Mayeul-Chaudon, mais avec un faible déclaré pour la véhémence du récit prévostien, dans la mesure où il est autobiographique : « L'Abbé Prévot eut des passions très vives ; et la vie de cet auteur, regardé comme un des princes de la *Romancie*, pourrait elle-même passer pour un roman ». Feller, à son tour, démarque Chaudon littéralement, avec peut-être moins d'indulgence encore pour le romancier et pour les romans en général. On se trouve ainsi devant deux types de conclusions, à partir des mêmes données biographiques ; chacun admet que Prévost a exprimé dans le roman ses passions et ses sentiments, de façon « brûlante » comme le dit Palissot ; les uns admireront cette sincérité, cette énergie des passions qui justifie l'auteur de toutes ses imprudences ; les autres y voient une raison de plus de condamner le roman ; la vie de Prévost est scandaleuse, ses romans sont sincères mais dangereux. Ou l'on justifie la vie de l'auteur par ses romans, ou l'on condamne ses romans par le caractère immoral de sa vie ; mais entre les romans de Prévost et sa vie, le lien est désormais tenu pour évident.

*

De ce rapide survol, quelques conclusions se dégagent. La première : la vie de Prévost, aujourd'hui comme hier, est mal connue. Sa biographie comporte de larges lacunes. Sans doute a-t-on, depuis une cinquantaine d'années, réussi à étayer sa biographie sur des données incontestables. Sur sa carrière ecclésiastique, sur les circonstances de sa fuite en 1728 (Claire-Éliane Engel), sur son premier séjour en Angleterre et ses « fiançailles anglaises » (Frédéric Deloffre), sur ses difficultés avec ses éditeurs hollandais (Marie-Rose de Labriolle), sur sa banqueroute en Hollande (Étienne Guilhou), son ralliement à l'anglicanisme (Steve Larkin), son incarcération à Gatehouse (Mysie Robertson), etc., nous en savons un peu plus que ses premiers biographes. Et comme la vulgate était par trop fade et hypocrite, on a eu tendance à mettre en valeur un « véritable abbé » plus suspect. Mais nous n'en savons guère plus qu'il y a deux siècles sur la jeunesse de Prévost, de 1712 à 1720, sur ses deux séjours en Hollande, sur les causes de sa déroute financière en 1740, sur ses rapports avec Conti, ou d'Aguesseau. Toute biographie de Prévost reste un montage à partir de témoignages ou de documents hétéroclites.

Chaque biographe est amené à opérer ce montage en s'inspirant des écrits de Prévost ; c'est lui qui a, le premier et dès 1734, représenté sa vie comme un roman, en laissant à l'imagination le soin d'en remplir les lacunes : « Je laisse à juger quels devoient être depuis l'âge de vingt jusqu'à vingt-cinq ans le cœur et les sentimens d'un homme qui a composé le Cléveland à trente-cinq ou trente-six... » C'est nous engager à lire dans *Cleveland* le récit crypté des expériences de l'auteur ; l'évasion de Bridge, ce serait la fuite de Saint-Germain-des-Prés ; les amours de Cleveland et de Fanny, ce seraient ses « fiançailles anglaises », et la quête spirituelle du héros, celle de Prévost hésitant entre le catholicisme, le protestantisme et l'anglicanisme. Après quoi l'on peut, inversement, récrire la vie de Prévost comme un roman. Déjà dans les nouvelles à la main et les récits des journalistes vers 1734, on entend un écho de l'*Histoire du chevalier Des Grieux*, alors toute récente. D'une certaine façon, Prévost a suscité une nouvelle littérature biographique ; avec lui, il semble devenir évident que l'œuvre romanesque se nourrit de l'expérience de l'auteur, de ses passions, de ses sentiments ; elle est par nature autobiographique. On ne l'avait jamais supposé dans le cas de Mme de Lafayette, de Lesage ou de Marivaux. Tous les biographes de Prévost, à partir de 1763, s'entendent sur ce point, et pourrait-on dire, sur un nouveau style narratif : « Dégouté du monde où trop de sensibilité l'avoit malheureusement engagé... » (Dupuis), il écrit des romans où « l'expression des sentiments est quelquefois brûlante, s'il est permis de hasarder ce mot » (Palissot), car « son cœur vivoit sous la cendre » (Chaudon), etc.

On accepte donc la vie de Prévost, avec ses épisodes les plus contestables, dans la mesure où l'on admire ses romans. Les nouvellistes des années 1730 avaient tendance à voir dans cette vie un mauvais roman, l'un de ces petits récits libertins que publiaient les éditeurs hollandais. A partir du moment où *Manon Lescaut* et plus encore *Cleveland* bouleversent un immense public et s'imposent, en dehors de toute norme académique, comme de la grande littérature, la vie de l'auteur prend elle-même un tour émouvant et sombre. Cela vaut à Prévost, surtout au moment où il a acquis la protection de Conti, une absolution plénière. Alors que nos premières biographies étaient délibérément réductrices et refusaient à Prévost l'accès au monde littéraire reconnu, les biographies postérieures à sa mort le réhabilitent comme homme et comme romancier, dans un seul mouvement. Le plus curieux est que cette réhabilitation soit le fait de biographies bien-pensantes, alors que la mauvaise réputation de Prévost reste bien présente dans des écrits qu'on pouvait croire plus libérés des préjugés ; dans l'article « Hesdin » de l'*Encyclopédie*, dans les « Anecdotes littéraires » de Voisenon, qui reprennent textuellement la version des nouvelles à la main de 1734, dans le journal de Charles Collé, qui renchérit sur Lenglet-Dufresnoy : « C'est un malheureux qui a toujours vécu dans la débauche la plus crapuleuse. Il brochait le matin une feuille dans son lit, une fille à gauche et une écritoire à sa droite... »[12] Ce ne sont pas les nouvellistes qui ont réhabilité Prévost, mais des prêtres (Dupuis, Chaudon, Feller), et ils le font à leur corps défendant.

Ce qui rend si captivantes ces biographies, malgré leur médiocrité, c'est qu'on y voit la littérature changer peu à peu de sens. Il n'est pas rare que nos auteurs de notices biographiques invoquent, pour exprimer leurs réticences à l'égard de Prévost, l'exemple des bons romans du temps jadis, ces récits exemplaires, véritables « cours de morale » (R) composés par des hommes d'Église ou de sages moralistes, Héliodore, Athénagoras, saint Jean Damascène (M), Fénelon, Terrasson (K, R). Pour justifier Prévost, ils sont amenés à invoquer une autre forme de littérature, sincère, passionnée, individualiste ; la vocation de Prévost, selon Dupuis, est de nous éclairer, à partir de son expérience, sur le malheur de l'amour ; Palissot esquisse une histoire du roman pour montrer comment Prévost réinvente le genre et lui donne une gravité toute nouvelle ;

---

12. *Journal et Mémoires*, édition Bonhomme, 1868, t. II, p. 325.

Sabatier de Castres, qui condamne par ailleurs le genre tout entier, admet que Prévost le sauve par « l'art singulier, l'imagination vive et féconde, le sentiment tendre et profond, la touche mâle et vigoureuse, qui dominent avec tant de richesse dans tout ce qu'il a écrit en ce genre ». C'est en quelque sorte contraint et forcé par le génie de Prévost qu'on accepte cette métamorphose du genre tout entier. On ne pouvait séparer, dans le cas de Prévost, l'œuvre et la vie ; on se trouve amené à accepter une œuvre impure, mêlée à la vie, scandaleuse à certains égards et réhabilitée par le génie. Les critères de sincérité, d'authenticité, de génie, l'emportent définitivement sur les critères moraux. L'exclusion de Prévost dans les nouvelles à la main relevait de jugements moralisants et finalement très conservateurs ; sa légitimation dans les biographies « officielles » se fonde, sans l'avouer, sur le droit à l'amour, le droit au bonheur, l'affirmation de l'individu et une sorte de complicité des « âmes sensibles ». Or ce plaidoyer nous vient directement de l'apologie du *Pour et Contre*, largement exploitée et diffusée par Dom Dupuis. Il y a peu d'écrivains qui aient ainsi imposé leur légende.

Dernière réflexion : Prévost a fait entrer dans ses romans une part de son histoire, ou du moins d'allusions à sa vie personnelle la moins connue ;[13] dans ses biographies historiques, *Histoire de Marguerite d'Anjou, Histoire de Guillaume le Conquérant*, il a apporté la marque de son génie romanesque. On ne saurait s'étonner que l'apologie du *Pour et Contre* mêle avec tant de virtuosité le biographique et le romanesque, ou si l'on veut, la vérité et le mensonge. Mais c'est aussi en déguisant une vérité inacceptable pour son public qu'il fait passer en contrebande sa volonté d'être lui-même, avec le bien et le mal, avec la passion et l'imposture, porté par le seul désir de donner forme aux échecs de sa vie. La vérité du roman se substitue alors aux multiples mensonges de la vie. Par là même s'affirme le droit de la littérature à tout dire, au-delà des jugements moraux et des normes sociales les mieux établies.

13. J'ai tenté de dénombrer ces allusions autobiographiques dans *L'Abbé Prévost. Labyrinthes de la mémoire*, PUF, Paris, 1986, p. 15-19.

LE DOSSIER BÉNÉDICTIN
DE DOM PRÉVOST

VOLTAIRE ÉCRIVAIT À Thieriot le 28 décembre 1735 : « Je n'ay jamais mon cher ami parlé de l'abbé Prevost que pour le plaindre d'avoir une tonsure, des liens de moine honteux pour l'humanité, et de manquer de fortune ». On ne peut mieux dire. Moine bénédictin, Antoine Prévost l'a été pour ses contemporains ; et il est resté lié, pour la postérité, à un destin clérical et bénédictin. Si l'on en juge par les témoignages fugitifs qui nous sont parvenus de ses écarts, il aurait sans doute préféré figurer en officier de cavalerie, en voyageur, en homme de qualité ; et l'on peut se demander par quels chemins il s'est retrouvé moine à vie, et prisonnier d'une condition que dans tous ses écrits, il n'a cessé de plaindre ou de mépriser.[1] Sur sa carrière ecclésiastique, nous sommes cependant aussi mal renseignés que sur le reste de son existence. Même si, dans ce domaine, les archives bénédictines sont relativement nombreuses, elles sont le plus souvent muettes sur notre abbé, ou fallacieuses dans la mesure où les textes sont purement formels. C'est

---

1. Voir les développements des *Aventures de Pomponius* sur les moines (chap. XVIII-XIX), des *Mémoires d'un homme de qualité* sur les Hiéronymites (Livre VIII), de l'*Histoire de Guillaume le Conquérant* sur les Bénédictins de Jumièges (*Œuvres de Prévost*, V, 374 et suiv.).

cet ensemble de documents qu'il nous faut malgé tout interroger, jusque dans leurs silences.

Par son origine sociale, Antoine Prévost ne semble guère avoir le choix : même s'il a tenté, à deux reprises, la carrière militaire, il est toujours ramené à la seule profession qui convienne à un fils de famille honorable, visiblement doué mais pauvre. La généalogie de la famille Prévost, reconstituée par R. Rodière au début de ce siècle à partir des archives notariales de la famille à Hesdin,[2] fait apparaître à ce point de vue une solide tradition familiale : depuis la qua-

---

2. Si l'on consulte le fonds généalogique « Prévost » réuni par R. Rodière aux archives départementales du Pas-de-Calais, on constate que sur six générations successives, plus de la moitié des hommes furent religieux : Thierry et Liévin, fils de Jacques (II) ; Jacques, fils de Jean-Liévin (III), Jérôme et Antoine, fils de François (IV) ; dans la génération qui précède celle de notre abbé (V), ses oncles Jérôme (1656-1724), Antoine (1662-1741) et François (1678-17..) furent ecclésiastiques, tandis que Charles et Robert, sans doute morts jeunes, ne laissent pas de trace ; dans la génération d'Antoine-François (VI), ses frères Liévin (1696-1742) et Bernard (1708-1766) furent ecclésiastiques, tandis que Jérôme et Louis remplirent des carrières administratives. Résumé du tableau dressé par Rodière (Généalogie Artois et divers, AD Pas-de-Calais, II, ms. 87³, f° 1-4) :

I. Liévin Prévost : présence attestée vers 1480 à Mouriez, près d'Hesdin.
II. Jacques P. (1520-1562), marié à Catherine Trapin (1524-1571)
   1. Jean Liévin P.
   2. Thierry P. (15..), religieux à Dommartin
   3. Liévin P.   "   "
   4. N... P. ?
III. Jean-Liévin P. (1550-1609), marié à Robertine Blondel
   1. François P.
   2. Jacques P. (15..-16..), religieux à Dommartin
   3. Jeanne P., religieuse à Montreuil
IV. François P. (15..-16..), marié à Marguerite Clabaud, « demeurait à Mouriez, était receveur à Dommartin »
   1. Liévin P.
   2. Jérôme P. (16..-1737), religieux à Dommartin
   3. Jacqueline P. (16..-1702), mariée à V. Labbé
   4. Antoine P. (16..-1711), marié à F. Lefebvre
   eurent pour descendants :
      a. François-Sulpice P. (1676-1728), prêtre récollet
      b. Antoine P. (1675-1728), prêtre, chapelain

trième génération connue, l'aîné de la famille occupe une fonction administrative ; la charge de procureur au bailliage d'Hesdin passe d'aîné en aîné du grand-père au père de Prévost, puis à son frère aîné ; parmi les autres membres de la famille, près de la moitié entrent en religion ; cinq d'entre eux, avant Antoine Prévost, furent bénédictins de l'abbaye des Prémontrés de Dommartin, à une dizaine de kilomètres au sud d'Hesdin. Si l'on s'en tient aux ecclésiastiques que Prévost a pu connaître dans sa famille durant son enfance, le nombre est impressionnant : Jérôme, son grand-oncle, sous-prieur de Dommartin, mort en 1737 ; François-Sulpice, prêtre

    c. Marie-Josèphe P. (1680-17..) mariée à A. Hurtrel
    d. Catherine P. (1682-....)
    e. Marie-Françoise P. (168.-17..), clarisse
    f. Marie-Thérèse P. (168.-1724), mariée à Arnould
    e. Marie-Isabelle P. (1683-1770), mariée à C. Ducauroy
V. Liévin P. (163.-1698), procureur du Roi au bailliage d'Hesdin, marié à Françoise Wispré (1630-1689)
    1. Liévin P.
    2. Jérôme P. (1656-1724), religieux à Dommartin
    3. Antoine P. (1662-1741), curé d'Hesdin
    4. Françoise P. (1664-1733), religieuse à Saint-Omer
    5. Marie P. (1673-17..), béguine à Aire
    6. Charles P. (167.-17..)
    7. François P. (1678-17..), chapelain à Hesdin
    8. Madeleine P. (1657-16..)
    9. Robert P. (1679)
    10. Marie-Marguerite (1669-1670)
VI. Liévin P. (1669-1739), procureur au bailliage d'Hesdin, marié à Marie Duclay (1669-1711)
    1. Jérôme-Pierre P. (1700-1763) de Courmières
    2. Liévin-Norbert P. (1696-1742), prêtre jésuite
    3. Antoine-François P. (1697-1763), bénédictin
    4. Thérèse-Claire P. (1698-1711)
    5. Anne-Françoise-Josèphe P. (1706-1707)
    6. Marie-Anne-Françoise P. (1708-1712)
    7. Bernard-Joseph P. (1708-1766), religieux
    8. Barbe-Ursule P. (1710)
    9. Louis-Eustache P. de Gorguechon

récollet puis vicaire à Hesdin, mort en 1713 ; Antoine, chapelain de la collégiale d'Hesdin, puis aumônier des hôpitaux en 1720, mort en 1728 ; Jérôme, son oncle, prieur de Dommartin en 1702, curé à Werchin en 1710, mort en 1724 ; Antoine, son oncle, curé d'Hesdin pendant quarante ans, mort en 1741 ; François, son oncle, chapelain de la collégiale d'Hesdin ; son frère aîné, Liévin-Norbert, qui entrera chez les Jésuites en même temps que lui ; quant à son frère cadet, Bernard-Joseph, né en 1708, il sera religieux de Dommartin, avant de devenir Prémontré dans le diocèse de Coutances. Il faudrait encore mentionner ses tantes et cousines religieuses, dont sa tante Françoise, qui fut supérieure de Sainte-Catherine à Saint-Omer, et qui mourut en 1733. Il y a là une remarquable constante familiale.[3]

Contrairement à ses ancêtres, Antoine Prévost ne fut pas orienté vers les Prémontrés. Remarqué très tôt par ses maîtres jésuites au collège d'Hesdin, il fut envoyé avec son frère Liévin-Norbert à Paris, comme si ses dons exceptionnels avaient laissé espérer une plus haute destinée. Dupuis, son biographe le plus fiable, en dépit de ses silences et de son désir manifeste de satisfaire la famille, écrit : « Les Jésuites ne le perdirent point de vue ; ils le reçurent au Noviciat avec un de ses frères ». Il est possible que ce premier noviciat prenne date dès 1712, au moment même où Liévin-Norbert entrait chez les Jésuites.[4] Après diverses aventures, il fit chez eux,

---

3. Sur l'évolution sociale de la famille Prévost, voir J. Lestocquoy, « Du monastère à la loge : la famille de l'abbé Prévost », dans *Annales*, juil.-sept. 1950, p. 334-337. Les archives notariales relatives à la famille Prévost, issues de l'étude Houzel, acquises en 1767, et complétées par divers actes plus anciens, sont conservées aux archives départementales du Pas-de-Calais sous la cote 4E83/281 (renseignements communiqués par Mme C. Dhérent, directeur des archives) ; à ma connaissance, on n'y relève rien qui concerne Antoine François Prévost.

4. Dupuis situe ce premier noviciat au tout début des études de Prévost, après ses humanités (« Abrégé de la vie de M. l'Abbé Prévôt » en tête des *Pensées de M. l'Abbé Prévôt*, Arské et Merckus, Amsterdam, 1764, p. VI). Le fait n'est pas impossible : Liévin-Norbert, né un an avant lui, a été reçu au noviciat en octobre 1712 ; le *Catalogus primus provinciae anni 1714* (Franc. 18) de l'*Archivium romanum* de la Société de Jésus à Rome nous fournit la notice suivante : *Livinus Norbertus Prevost.*

en 1717, un second noviciat, qui ne se termina pas mieux que le premier ;[5] bientôt fugitif, Prévost se rend en Hollande, où l'on perd sa trace. On ne la retrouve qu'en 1721 : le 9 novembre 1721, il prononce ses vœux à Jumièges,[6] où il avait dû entrer au moins un an auparavant, le noviciat durant une année. Ce qui étonne d'abord, c'est qu'il se soit retrouvé dans le diocèse de Rouen, où rien ne semblait l'appeler, Hesdin appartenant au diocèse de Saint-Omer. On peut imaginer qu'il y eut là, dans sa vie, un accident grave ; la chronique de l'année 1720 est assurément riche en faits d'escroqueries, de vols, de crimes, duels, etc. ; mais l'Ordre de Saint-Benoît n'en semble guère affecté,[7] et les archives du bailliage de Rouen (4 BP C1), ou de la chambre criminelle (4 BP C2), pas plus que les minutes de procès (4 BP C2 11 ; 4 BP 5727) ou les registres de l'Officialité (G 4935) ne contiennent rien au sujet d'un Antoine Prévost ou Le Prévost.

D'autre part, tous les actes qui mentionneront son nom en 1734-1735 le diront prêtre du diocèse de Rouen,[8] ce que rien ne vient

---

Hesdinus. Natus 28 febr. 1696. Vires firmae. Tempus adm. 8 oct. 1712. Tempus stud. Phil. 2 ann. (document cité dans *Manon Lescaut*, p. XIX-XX). Ce frère aîné de Prévost eut, lui aussi, une carrière atypique : ordonné en 1724, il ne reçut pas de poste (*ad gradum non promotus*) et quitta la Société le 23 septembre 1725 (*Parisiis e Societate dimissus*) d'après le catalogue Francia 18 et 26 (f° 259) ; mais il fit ensuite une carrière d'ecclésiastique séculier. Notons au passage que si Antoine François suivit son frère à Paris, il dut commencer son noviciat et faire en même temps sa rhétorique au collège d'Harcourt, entre octobre 1712 et mars 1713.

5. *Le Pour et Contre*, t. IV, p. 38. Une note manuscrite de l'exemplaire de Lyon précise « avant l'âge de seize ans », ce qui pourrait situer le départ de Prévost en mars 1713. Le second noviciat en 1717 est attesté ; voir *Manon Lescaut*, doc. cité.

6. Le fait est mentionné dans la notice de Prévost reproduite dans les *Matricula monachorum*, éditées par Dom Y. Chaussy (Bibliothèque d'histoire et d'archéologie, Librairie Perrée, Paris, 1959, p. 118). Voir également *Manon Lescaut*, p. XXV, note 4.

7. Il semble que beaucoup d'escrocs aient trouvé asile chez les Bénédictins (voir Jean Sgard, *Prévost romancier*, Corti, Paris, 1968, rééd. 1990, p. 57) ; mais la plupart n'y sont pas restés, et les *Matricula* indiquent plutôt une baisse du nombre des professions en 1720-1721 : alors qu'on peut compter de 50 à 87 professions par an, pour la France entière, entre 1713 et 1719, on en compte seulement 40 en 1720 et 48 en 1721, après quoi la moyenne s'établit entre 50 et 60.

8. En particulier le bref d'absolution de Clément XII en 1734.

confirmer. Il ne figure pas, aux archives départementales de la Seine-Maritime, dans les registres d'ordination (G 9760-9764), très complets pour les années 1720-1730 ; des tables manuscrites en ont été dressées par l'archiviste Maurice (1F 49), qui portent non seulement sur les ordinations mais sur les ordres mineurs et majeurs, ce qui multiplie les mentions : aucune trace d'Antoine Prévost. Il ne figure pas non plus dans les registres du secrétariat de l'évêché (G 9668-9669), alors qu'il dut demander plusieurs permissions, entre autres celle de quitter plus tard son Ordre pour passer dans l'Ordre large de Cluny. Il faut donc qu'il ait appartenu à un autre diocèse, où il aurait reçu les ordres mineurs et majeurs, et la prêtrise. D'après l'« Abrégé » de Dupuis, il s'agit du diocèse d'Amiens, et c'est, selon lui, l'évêque d'Amiens, Mgr Sabatier, qui « lui avoit conféré la prêtrise ». On pourrait penser que l'évêque Sabatier l'a ordonné à Rouen, au cours d'un déplacement ; mais c'est bien à Amiens que sera adressé en 1728 son bref de translation ; et c'est à Amiens que Prévost se rend pour l'y recevoir, à l'adresse du pénitencier, Dargnies.[9] Jusqu'à présent, aucun document d'archive n'est venu appuyer cette hypothèse, mais cela peut provenir simplement de la pauvreté des dépôts : les registres d'ordinations du diocèse d'Amiens ne commencent qu'en 1730 (AD, G 642) et les archives diocésaines ne gardent que quelques lettres de M[gr] Sabatier. Un seul texte semble concerner Prévost. Il s'agit, dans le recueil G 642, d'une attestation délivrée par l'évêché le 2 mai 1734 :

> *Die S[ecunda] maii concessit D[omin]us De L'Estocq M[agist]ro Antonio Prevost, hujus diocesis pr[esbyte]ro Litteras testi[monii] probis esse vitâ et moribus sanâque Doct[rina] imbutum Decr[etis] apost[olicis] maxime Const[itutionis] Unig[enitus].*[10]

---

9. Lettre à Dom Thibault, 18 octobre 1728, *Manon Lescaut*, p. 263.
10. « Le 2 mai, Dom De L'Estocq a délivré à Maître Antoine Prévost, prêtre de ce diocèse, une attestation de bonne vie et mœurs, ainsi que de saine doctrine en ce qui regarde principalement les décrets apostoliques de la Constitution Unigenitus ». On note que le secrétaire de l'évêché est bénédictin : Prévost aurait-il trouvé ici encore un allié ?

Le nom de Prévost est évidemment très répandu et peut provoquer des méprises ; mais aucun des Prévost mentionnés dans les archives ecclésiastiques d'Amiens ne correspond à cet Antoine Prévost ; et d'autre part, la date peut constituer un élément à l'appui : c'est en mars-avril 1734 que Prévost se préoccupait d'obtenir une attestation de consentement à la Bulle Unigenitus, nécessaire pour sa réintégration dans l'Ordre ;[11] et l'on voit mal comment il l'eût obtenue des Bénédictins, chez qui il apparaissait comme un opposant à la Constitution.

Si l'on admet que Prévost a été ordonné à Amiens par Mgr Sabatier, il faut en déduire qu'il appartenait à ce diocèse avant d'entrer chez les Bénédictins.[12] Cela nous ferait remonter au moins à 1717, peut-être même plus tôt : novice chez les Jésuites, Prévost aurait pu obtenir, grâce à eux, la protection du cardinal de Bissy et de Mgr Sabatier, adeptes déclarés de la Constitution. On sait que dans *Manon Lescaut*, Prévost nous donne, à propos du chevalier Des Grieux et de Tiberge, une sorte de modèle de carrière ecclésiastique : l'évêque d'Amiens assiste aux « exercices » de fin d'études du chevalier (en 1712, précisément) et lui propose d'entrer dans « l'état ecclésiastique », tandis qu'il fait obtenir à Tiberge un bénéfice. Grand ami du cardinal de Bissy, homme cultivé et évêque très attentif à la formation de son clergé, Pierre Sabatier ordonna de

---

11. Voir Jean Sgard, « L'apostasie et la réhabilitation de Prévost », dans *L'Abbé Prévost. Actes du colloque d'Aix-en-Provence, 20 et 21 décembre 1963*, Ophrys, Gap, 1965, p. 12.

12. Un ecclésiastique reste toujours sous la tutelle de son diocèse d'origine, même si sa carrière se déroule ailleurs ; c'est le cas, par exemple, de Condillac, qui relève toujours du diocèse de Grenoble, même si toute sa carrière se déroule à Paris ; pour chaque étape de sa carrière (ordres mineurs, majeurs, bénéfices, etc.) il obtient une permission, purement formelle d'ailleurs, de l'évêché de Grenoble (*Corpus Condillac (1714-1780)* sous la dir. de Jean Sgard, Slatkine, Genève, 1981, p. 35-41). Il n'existe malheureusement à Amiens que des fragments de ces registres (dans G 641 pour 1710-1725, et G 642 pour 1730-1734). Prévost, lui, ne s'inscrit pas dans le diocèse de Saint-Omer, mais à Amiens, où il espère sans doute trouver une protection plus efficace. J'ai, bien sûr, dépouillé vainement les archives ecclésiastiques du Pas-de-Calais, conservées à Arras.

nombreux prêtres et se préoccupa souvent de leur trouver une place, même en dehors de son évêché.[13] On peut concevoir que Prévost, suspect chez les Bénédictins de Saint-Maur, se soit réclamé de sa protection pour prendre la prêtrise à Amiens. Mais à quelle date fut-il ordonné ? nous n'en saurons rien.[14]

En 1733, ayant brûlé les ponts avec les Pays-Bas et l'Angleterre, et toujours sous le coup d'un ordre d'arrestation en France, il n'a d'autre solution que de rentrer à Saint-Maur. Or sa réintégration sera difficile.[15] A peine rentré en France au tout début de 1734, il reprend les démarches entreprises en 1728, mais ne passe plus par Amiens, Mgr Sabatier étant mort depuis janvier 1733. Il prend un avocat commissionnaire en Cour de Rome, Torchet de Boismêlé, et obtient sans grande difficulté, semble-t-il, un bref de Clément XII lui accordant absolution d'apostasie, réintégration et translation dans l'Ordre large de Cluny. La procédure étant très formelle, il ne s'est pas privé de simplifier sa cause. C'est sans doute pourquoi il se donne pour prêtre de Rouen, mentionne un simple séjour en Angleterre de cinq ou six ans, avec abandon d'habit ecclésiastique, sans plus. Or il est infiniment probable qu'en Angleterre, il a apostasié au plein sens du terme, c'est-à-dire abandonné sa religion pour se convertir à l'anglicanisme, comme l'a montré Steve Larkin.[16] Y eut-il enquête à Rome ? Sans doute pas ; nous ne pourrons pas le vérifier, les dossiers de l'Officialité n'étant pas communicables. Mais on peut croire que les Bénédictins, alertés par la rumeur, mirent beaucoup de mauvaise volonté à favoriser sa réin-

---

13. Voir la *Lettre contenant un récit abrégé de la vie sainte et de la mort édifiante de [...] Mgr. Pierre de Sabatier...*, vie rédigée par le pénitencier Dargnies, que Prévost, en 1728, donnera pour un de ses parents.

14. Voir *Prévost romancier*, ouvr. cité, p. 47 et suivantes. Prévost s'est plaint d'avoir vu retarder son ordination ; normalement, il aurait pu la recevoir après trois ans de théologie, soit en 1724 ; il dut la recevoir entre 1725 et 1727.

15. Voir « L'apostasie et la réhabilitation de Prévost », article cité, p. 13-16.

16. « The abbé Prévost, a convert to the Church of England ? », *Mélanges, Studies on Voltaire*, vol. 249, p. 197-225. Ici encore, on se heurte à la banalité du patronyme de Prévost, mais la probabilité est très grande, et en France, plusieurs écrivains, notamment Lenglet-Dufresnoy, eurent vent de cette conversion.

tégration : on fit traîner les affaires ; on exigea un nouveau noviciat, dans une nouvelle place monacale ; et quand, par protection, il l'eut trouvée à l'abbaye de la Grainetière, l'Officialité de Rouen lui imposa, en février 1735, une sévère pénitence :

> lui enjoignons de se retirer dans l'abaye de Notre Dame de la Grenetière grand ordre de Saint Benoist où il y a observance régulière et claustralle, et où il a obtenu un benevol et place monacalle de Monsieur l'evêque du Belley, abbé de la ditte abaye, luy ordonnons d'y faire une nouvelle année de noviciat et d'y passer le reste de ses jours dans la régularité de son état, et cependant qu'il demeurera suspendu des fonctions de ses ordres et jeunnera tous les vendredys jusqu'à ce qu'il ayt commencé son noviciat, et que dans un esprit de pénitence, il récittera tous les jours à genoux le psaume miserere mei deus jusqu'à ce que son année de noviciat soit finie.[17]

Cette pénitence fut abrégée et adoucie par les protecteurs de Prévost, et très probablement par le cardinal de Bissy, qui projetait de lui confier la rédaction d'une histoire de la Constitution Unigenitus. Il n'eut pas même à se rendre dans le diocèse de Luçon et passa seulement quatre mois à La Croix-Saint-Leufroy, non loin d'Évreux. Voici en tout cas Prévost de nouveau moine, et engagé dans une seconde carrière bénédictine. Les actes qui le mentionnent par la suite le nommeront « Dom Antoine François Prévost, religieux profès de l'abbaye de Notre Dame de la Grainetière de l'Ordre de Saint-Benoist au diocèse de Luçon » : tel est son vrai titre. On sait qu'il lui préférera, à partir de 1736, celui d'Aumônier de Son Altesse Sérénissime Mgr le Prince de Conti ; c'est le seul titre qui figure au bas de son portrait officiel, en tête de l'*Histoire des voyages*.

---

17. AD Seine-Maritime, G 8789, sentence de l'official en bas de la supplique de Prévost, 3 février 1735. Louis Delhommeau a publié sous le titre *Abbaye de la Grainetière. Inventaire analytique des documents* (s.l.n.d., en dépôt aux AD de Vendée) un catalogue des documents relatifs à l'abbaye ; six entrées concernent Prévost (AD Seine, G 8789, G 6174, G 4947) ; il faut y ajouter G 6173 (plaidoirie de Prévost en Cour de Rome, et indult d'absolution, publiés dans « L'apostasie et la réhabilitation de Prévost », article cité, p. 17 et suiv.).

On chercherait en vain, par la suite, un acte de sa biographie qui se rapporte à la vie monastique : on ne trouvera en fait que la quête d'un bénéfice ou d'une pension. Il obtient enfin en 1754, par lettres de possession de Benoît XIV, le bénéfice du prieuré de Saint-Georges de Gennes, dans le diocèse du Mans, malgré l'opposition de Dom Dubois, procureur de l'abbaye d'Euray, qui estime avoir des droits sur le dit prieuré. Prévost en prend possession, par procuration, le 26 septembre ; et le bénéficiaire précédent, Dom Gilles Le Mesle, le lui résigne, « comme étant le dit Sieur Prévost résignataire de bonne vie, mœurs et doctrine, très digne et capable de bien et duement desservir le dit prieuré ».[18] Prévost, devenu ainsi prieur de Saint-Georges de Gennes, n'y mettra apparemment jamais les pieds, non plus qu'à la Grainetière. Tout ceci, comme on le devine aisément, se réduit à une affaire d'argent : le revenu nominal de Saint-Georges de Gennes est de 2 000 livres, dont il faudra déduire le petit salaire du desservant réel (100 livres). L'abbaye de la Grainetière donnait elle-même un bon revenu, la « manne conventuelle », environ 6 000 livres, étant partagée entre les six moines titulaires. Prévost dut la percevoir pendant vingt-cinq ans, puisqu'en 1760 il entame un long procès contre l'abbé commendataire, Dom des Troubloux, qui vient d'obtenir d'annexer ces revenus à la manne abbatiale. Prévost obtient communication de l'arrêt (18 avril 1761), dénonce le représentant de l'abbaye, Dom Billaud, est obligé de transiger pour une pension : il réclame 1 200 livres (7 septembre 1762), en obtient finalement 800 (19 janvier 1763)[19] et reste profès de la Grainetière, en principe logé dans l'abbaye, « pour y vivre régulièrement ».

Tout ceci est donc purement formel, et après 1735, Prévost ne semble pas avoir mis un pied dans un cloître. C'est finalement par un hasard de voisinage que, dans ses dernières années, il va se retrouver en terre bénédictine. La maison qu'il dut acquérir vers 1760 à Saint-Firmin, près de Chantilly, relevait, d'un point de vue

---

18. AD de la Sarthe, collation des bénéfices, f° 162 et suiv.
19. AN., registre des plaidoiries, XIA 7970, f° 396-399.

féodal, de la seigneurie du prieur de Saint-Nicolas d'Acy : toute la partie Est du village, depuis la fontaine, se trouvait « dans la censive et la justice du prieuré ».[20] Prévost, voisin du prieur, se retrouva donc en relations avec la dizaine de Bénédictins de l'Ordre de Cluny qui habitaient le cloître, et dont il n'était séparé que par le petit village de Courteuil. On sait qu'il mourut à Courteuil en revenant d'une visite chez ses voisins. C'est au prieuré qu'il fut enterré, le procureur Dom Preslier étant venu réclamer son corps au curé de Saint-Firmin, « vu que ledit D. Prévost était prêtre et religieux profès de l'abbaye de la Grénetière, au diocèse de Luçon ».[21] Le prieuré, tombé en ruines, fut confisqué, vendu et démoli en 1791. La pierre tombale, retrouvée il y a une centaine d'années, se trouve maintenant dans le jardin de la ferme construite sur l'emplacement du prieuré, elle porte l'inscription que l'on connaît :

> *Hic/ Jacet D./ Ant. Prevost/ Sacerd. maj. Ord./ S. Benedicti monachus/ Professus. Quamplurimis/ Voluminibus in lucem editis/ Insignitus. Obiit 25/ Novembris 1763/ Requiescat in pace.*

Cette carrière ecclésiastique est singulière à bien des égards. Plutôt qu'à l'intérieur de l'Ordre de Saint-Benoît, elle paraît se dérouler en marge de l'Ordre. Certes Prévost a prononcé ses vœux en 1721, mais comme il le dira à Dom Clément de La Rue en novembre 1731, c'est contraint et forcé :

> Qu'on me rende un peu de justice, on conviendra que je n'étais nullement propre à l'état monastique, et tous ceux qui ont su le secret de ma vocation n'en ont jamais bien auguré. S'il y a quelque chose à me reprocher, c'est d'avoir rompu mes engagements ; mais est-on bien sûr que j'en aie jamais pris d'indissolubles ? Le Ciel connaît le fond de mon cœur, c'en est assez pour me rendre tranquille. Si les hommes le connaissaient comme lui, ils sauraient que de malheureuses affaires m'avaient conduit au noviciat comme dans un asile,

---

20. Voir Gustave Macon, *Chantilly. La rive droite du grand canal. Vineuil, Saint-Firmin, le Grand Parc. Notes historiques*, Vignon, Senlis, 1913, p. 29 et 36.
21. Acte de décès, registre de Courteuil reproduit par Victor Schroeder dans *L'Abbé Prévost. Sa vie. Ses romans*, Hachette, Paris, 1898, p. 120-121.

> qu'elles ne me permirent point d'en sortir aussitôt que je l'aurais voulu, et que forcé par la nécessité, je ne prononçai la formule de mes vœux qu'avec toutes les restrictions intérieures qui pouvaient m'autoriser à les rompre. Voilà le mystère.[22]

On peut accorder un certain crédit à cette lettre personnelle, adressée à un ami dont il n'attend rien. Prévost considérait-il son engagement comme révocable ? C'est probable. Vingt ans plus tard, dans son *Manuel lexique*, il écrira, à l'article « Moine » :

> Leurs engagemens n'étoient pas non plus irrévocables ; & *Saint Benoît* déclare nettement, dans sa règle, que ceux qui veulent se retirer en ont la liberté.[23]

Dès lors, il ne considère plus son état ecclésiastique que sous l'angle de la carrière, et comme un moyen d'obtenir des bénéfices. Pourvu d'un bon avocat en Cour de Rome, il lui confie le soin de gérer sa carrière et n'intervient jamais que par procuration.

Du côté des Bénédictins, il en va autrement, en particulier dans l'Ordre de stricte observance de Saint-Maur. Il va de soi qu'ils considèrent l'engagement de leur profès comme irrévocable. Ils n'hésiteront pas à faire intervenir la police en novembre 1728, lors de son évasion ; ils feront obstacle à sa réintégration en 1734 et lui imposeront la procédure lente de réhabilitation : renouvellement de noviciat et de profession, pénitence et claustration. L'intervention du procureur de Saint-Nicolas d'Acy pour obtenir la restitution du corps de Prévost à sa mort porte elle-même son sens : Dom Antoine Prévost est bien bénédictin *in aeternum*. Quand on considère les carrières monastiques au XVIIIe siècle – et le *Dictionnaire des journalistes (1600-1789)* permet d'en confronter un grand nombre – on

---

22. Texte reproduit dans *Manon Lescaut*, p. 276. L'expression « malheureuses affaires » semble recouvrir une de ces escroqueries compliquées dont Prévost eut le secret, mais qui furent particulièrement nombreuses en 1720, année de la débâcle du Système de Law.

23. Sans doute existe-t-il à ce point de vue une différence d'interprétation entre les Bénédictins réformés de Saint-Maur et ceux de l'Ordre large, que Prévost a rejoints.

peut constater que seuls les défroqués bénédictins ont eu avec leur Ordre des difficultés insurmontables : Chavigny de La Bretonnière, Bénédictin de Saint-Maur, enfui en Hollande, est repris par la police française qui le rend à son Ordre ; condamné à la prison à vie par l'Officialité bénédictine en 1685, il meurt fou au Mont-Saint-Michel en 1698 ; Dubourg de La Cassagne connaîtra le même sort en 1746 ; Guillaume Imbert, qui a fait profession à Saint-Maur en 1760 à l'âge de seize ans contre son gré, réclame contre ses vœux, intente plusieurs procès à son Ordre, est embastillé plusieurs fois et ne rentre en France que sous la Révolution. On pourrait citer nombre de fugitifs de Saint-Benoît qui n'ont jamais pu rentrer en France : La Barre de Beaumarchais, Gueudeville, La Varenne, Lambinet, Maubert de Gouvest. Rares sont ceux qui ont pu transiger avec l'Ordre, et il y fallait certainement, comme dans le cas de Prévost, de puissantes protections ; encore a-t-il pu craindre le pire en 1734.

Dans ses efforts pour échapper au carcan monastique, Prévost use d'une stratégie que lui fournit la polémique de la Bulle Unigenitus. Entré dans la carrière ecclésiastique en 1712-1713, au moment de la promulgation de la Constitution, il semble chercher appui aussitôt auprès de ses défenseurs, les Jésuites et Mgr Sabatier. Profès de Saint-Maur et nommé à l'abbaye de Saint-Ouen, il attaque les Jésuites, mais les *Aventures de Pomponius* montrent assez qu'il met les deux partis sur le même pied et n'écrit que sous le plus strict anonymat. A ma connaissance, son nom ne figure dans aucun des innombrables pamphlets jansénistes des années 1720, et dans aucune liste d'appelants.[24] Il ne s'engage pas ouvertement et, de plus en plus, mène une sorte de guerre de résistance contre les supérieurs de Saint-Maur, peu à peu acquis à la Constitution. En fait, il devient évident, à partir de 1727, que la hiérarchie est entièrement ralliée, et qu'il n'y a pas de fortune à espérer hors de l'acceptation. C'est

---

24. La bibliothèque de la ville de Rouen possède une collection remarquable de pamphlets relatifs à la Constitution, très bien catalogués ; je n'y ai pas trouvé trace de Prévost.

pourquoi, peu après sa prêtrise, il négocie son ralliement au prix d'un transfert dans l'Ordre large de Cluny, avec la bénédiction de l'évêque Sabatier. Et quand il rentre en France en 1734, après la disparition de Sabatier, Prévost offre ses services au cardinal de Bissy, sans toutefois se résigner au rôle de secrétaire du parti constitutionnaire qu'on attendait de lui. On voit qu'il serait imprudent de tirer de sa carrière bénédictine le moindre indice sur sa pensée religieuse.

LE SIÈCLE

TROIS « PHILOSOPHES » DE 1734 MARIVAUX, PRÉVOST ET VOLTAIRE

L'ANNÉE 1734 est à bien des égards, dans l'histoire de la philosophie des Lumières, un observatoire privilégié. Elle voit paraître un nombre exceptionnel d'œuvres marquantes, révélatrices d'un esprit nouveau : *Le Cabinet du philosophe* de Marivaux, les *Lettres philosophiques* de Voltaire, les *Considérations* de Montesquieu, *Tanzaï* de Crébillon ; on pourrait y ajouter le traité *De l'usage des romans* de Lenglet-Dufresnoy ou l'*Essai politique sur le commerce* de Melon ; la liste n'est pas close.[1] Elle voit se développer toutes sortes d'affrontements entre cet esprit nouveau et la pensée traditionnelle : la condamnation des *Lettres philosophiques* et l'exil de Voltaire, l'incarcération de Crébillon, les démêlés de Montesquieu avec la censure, les péripéties de la réhabilitation de Prévost à son retour en France en sont autant de signes.

L'Église, sous la gouverne du cardinal Fleury, s'efforce de répondre à une double offensive : celle du jansénisme, qui s'implante fortement dans la petite bourgeoisie gallicane, et celle de la libre

---

1. Voir *Presse et Histoire au XVIIIe siècle. L'année 1734*, sous la direction de Pierre Rétat et Jean Sgard, Éd. du CNRS, Paris, 1978, notamment la liste des ouvrages recensés dans les journaux (p. 121-122) ; Michel Gilot et Jean Sgard, « Le renouvellement des *Mémoires de Trévoux* en 1734 », *Dix-Huitième Siècle* 8, 1976, p. 205-214.

pensée, qui marque de plus en plus les milieux mondains. Elle affronte à la fois le radicalisme évangélique, le mysticisme sauvage des convulsionnaires et cet esprit de libre examen que l'on croyait lié aux sectes protestantes et que l'on redécouvre en Angleterre, associé à une société moderne. Il lui faut donc à la fois raffermir l'orthodoxie contre la menace de l'hérésie, et moderniser le message chrétien pour reconquérir un public tenté par la littérature libertine, la morale du sentiment et les libertés anglaises, par cet ensemble d'aspirations que l'on appellera bientôt l'esprit « philosophique ».

Le mot *philosophie* peut apparaître lui-même comme un des enjeux du combat. Dans son acception traditionnelle, il signifiait à la fois la sagesse, la maîtrise des passions, la soumission impassible à la règle morale, mais aussi la science de la nature, la recherche des causes et des principes.[2] Dès la fin du XVIIe siècle, l'Académie y a ajouté le « libertinage d'esprit » ; en 1734, cette notion restrictive recouvre encore tous les aspects de la philosophie nouvelle. On sait que Dumarsais, dans *Le Philosophe,* manuscrit clandestin diffusé entre 1730 et 1740, a été le premier à donner à cette notion une valeur entièrement positive : le philosophe apparaît chez lui comme « un homme qui agit en tout par raison » et qui ne refuse plus la vie sociale ; l'« esprit philosophique » est « un esprit d'observation et de justesse, qui rapporte tout à ses véritables principes » et qui s'applique à tous les domaines de l'activité humaine.[3] Peut-être le texte

---

2. Le *Dictionnaire de l'Académie* reprend, pendant tout le XVIIIe siècle (de l'édition de 1694 à celle de 1789), la même définition en trois parties : le philosophe est 1) « celui qui s'applique à l'étude des sciences et qui cherche à connoître les effets par leurs causes et par leurs principes » ; 2) « un homme sage, qui mène une vie tranquille et retirée, hors de l'embarras des affaires » ; 3) « un homme qui par libertinage d'esprit, se met au-dessus des devoirs et des obligations ordinaires de la vie civile et chrétienne ».

3. Voir Herbert Dieckman, *Le Philosophe. Texts and Interpretations,* Washington University Studies (New Series, Language and Literature, 18), Saint-Louis, 1948 ; Michel Delon, art. « Philosophes » dans Jean-Pierre de Beaumarchais, Daniel Couty et Alain Rey, *Dictionnaire des littératures de langue française,* Bordas, Paris, 1984 ; Michel Launay et Georges Mailhos, *Introduction à la vie littéraire du XVIIIe siècle,*

de Dumarsais doit-il quelque chose au débat qui se développe autour de 1734, dans lequel interviennent entre autres Prévost, Marivaux et Voltaire. Mon propos sera de voir les différentes valeurs que prend le mot *philosophe* chez ces trois écrivains. Prévost avait confronté dès 1731, avec *Le Philosophe anglais,* deux conceptions de la philosophie ; il poursuit le débat dans *Le Pour et Contre* en 1733-1734 ; Marivaux illustre, dans *Le Cabinet du philosophe,* la « philosophie française », tandis que Voltaire, un peu plus tard, prend ouvertement parti pour la « philosophie anglaise », qu'il définit dans son sens le plus moderne. Tout se passe comme si Prévost avait posé un problème que Marivaux et Voltaire vont résoudre de façon opposée.

*

Prévost avait publié en 1731 les quatre premiers livres de *Cleveland,* sous un titre explicite : *Le Philosophe anglais ou Histoire de Monsieur Cleveland.* Son dessein était visiblement de faire de son héros l'incarnation d'une philosophie propre à une nation tout entière. Sans doute Cleveland est-il d'abord un « philosophe » au sens classique du terme : il a acquis le « glorieux nom de philosophe » par de « solides principes de vertu », par des « règles constantes de raison et de sagesse ».[4] Porté à fonder en raison toutes ses actions, il prétend ne jamais sortir de la ligne qu'il s'est fixée. Il a puisé dans le stoïcisme de sa mère les règles d'action qui le guident : « suivre les mouvements simples de la nature », se soumettre à l'ordre des choses, remplir les devoirs de la vie en société.[5] Cette parfaite maî-

---

Bordas (Études), Paris, 1968 (chap. II). Publiée en 1743 dans les *Nouvelles Libertés de penser,* l'œuvre de Dumarsais fut certainement composée quelques années plus tôt.

4. *Le Philosophe anglais ou Histoire de Monsieur Cleveland,* édité par Philip Stewart, *Œuvres de Prévost,* II, 54. On notera que le héros des *Mémoires d'un homme de qualité* cultivait déjà des « vertus fondées en principe » (I, 235).

5. C'est lors de la crise de Saumur, au début du livre VI (publié dans le tome IV de 1731), que Cleveland retrace l'itinéraire de sa vie intellectuelle et témoigne avec le plus d'amertume de l'échec de sa philosophie (voir p. 285 et suiv.).

trise de soi correspond bien à l'image traditionnelle que l'on se faisait du sage antique : le terme *philosophie*, selon le *Dictionnaire de l'Académie*, « se dit aussi d'une certaine fermeté et élévation d'esprit, par laquelle on se met au-dessus des accidens de la vie, et des fausses opinions du monde ». Cleveland est en même temps très anglais : cette fermeté impavide, cette indépendance à l'égard du jugement public, cette froideur apparente, on les associe alors au caractère britannique. Lorsque, trahi par la fortune, il succombe à la mélancolie noire et à la tentation du suicide, il est plus que jamais conforme à l'image traditionnelle de l'Anglais.[6] Prévost pense en même temps à une attitude philosophique plus moderne et dont il suit avec attention les derniers développements, même si son roman se situe à l'époque de Charles II.

Cleveland a pour seul but, dans ses Mémoires, de s'interroger sur les « effets », sur leurs causes et leurs principes : il s'interroge sur les religions, qu'il remet au besoin en question, il pratique les sciences, il médite les grands textes philosophiques, il se laissera même tenter plus tard par le libertinage érudit. L'actualité des questions qu'il se pose apparaît mieux si l'on se réfère aux « Observations sur la philosophie anglaise » dans *Le Pour et Contre* en 1734.[7] Selon Prévost, cette philosophie, qu'il rattache à Locke et aux déistes anglais, Collins, Tyndal, etc., aboutit à deux apories : l'empirisme anglais considère la nature humaine comme une « table rase », mais fait confiance à la raison et à ses « principes », aussi bien qu'à la morale naturelle, à cet ensemble de valeurs dont on voit mal la provenance si elles ne sont pas innées ; d'autre part, la philosophie anglaise accepte une « religion naturelle » dont il faut bien admettre qu'elle est universelle et par conséquent inscrite dans

---

6. Voir en particulier la troisième lettre de Béat de Muralt, *Lettres sur les Anglois et les François et sur les voyages (1728)*, éd. Charles Gould, Champion, Paris, 1933, p. 133-135, ainsi que les textes cités par Gustave Lanson, éd. des *Lettres philosophiques* de Voltaire, Société des textes français modernes, 1909, rééd. 1990, 2 vol., t. II, p. 272-273. Voir également la note 2 de Philip Stewart à la page 9 de l'édition de *Cleveland* (VIII, 87).

7. Tome IV, nombre 55, été *1734*, p. 226-230.

le cœur humain. Cette double contradiction s'explique en fait, selon Prévost, par une stratégie de prudence : le déisme affirmé ne serait qu'une étape vers un matérialisme inavoué.[8]

Il est possible qu'en 1734, Prévost cherche à atténuer la virulence de son roman et condamne une aventure intellectuelle qu'il avait évoquée naguère avec trop de conviction, mais l'itinéraire de Cleveland montre bien, de diverses façons, l'échec de la « philosophie anglaise ». La raison très raisonneuse du « philosophe » l'a constamment égaré. Sa volonté de maîtrise de soi cache mal le « naufrage de la sagesse » et un désespoir sans fond. S'il évite le suicide, c'est par un mouvement irraisonné d'amour paternel. La raison est donc sans armes devant les passions et le désespoir ; elle est plus désarmée encore devant le plaisir. Entraîné par « les impressions qu'il reçoit des organes du corps », le philosophe perd sa vigueur d'esprit, se laisse séduire par une petite secte de libres penseurs et tombe dans le libertinage d'esprit, dans la tentation du matérialisme.[9] Il lui aura fallu un immense cycle d'épreuves pour reconnaître que les principes de la vertu reposent sur une exigence du cœur, que la religion naturelle doit tout à un appel de la conscience, que la raison est sans prise sur l'existence. Or la philosophie qui se dessine au terme de cette quête n'est plus une philosophie « anglaise ». Dans *Le Pour et Contre,* en 1735, Prévost opposera à « une infinité d'exemples de la Philosophie anglaise semés dans toutes [ses] feuilles » une illustration de la « philosophie française »[10] : vaincu par l'adversité, un « homme de distinction » est d'abord tenté par le suicide, puis se laisse attendrir par sa femme et ses enfants et entreprend patiemment, humblement, de retrouver une place dans la société ; les Français auraient-ils « des res-

---

8. Prévost part de Locke, et notamment du fameux passage de l'*Essai philosophique concernant l'entendement* sur la matière pensante, pour aboutir à Collins, Tyndal, Toland, Woolaston, Woolston (*ibid.*, p. 229). Dans un autre commentaire, il évoque un pasteur anglais suicidé, disciple de Collins et de Tyndal, et le considère, à l'encontre des « philosophes anglais », comme un « fou » (t. IV, nombre 48, p. 61).

9. *Cleveland, Œuvres de Prévost,* II, 564 (voir la note, VIII, 175).

10. Tome VI, nombre 84, p. 193.

sources que les Anglais ne connoissent point, soit pour [se] défendre de la douleur, soit pour la surmonter »? Cette philosophie est d'inspiration chrétienne, mais elle continue de faire plus de place aux « mouvements naturels » et à la « fermeté d'âme » qu'à la religion ; elle conjugue, contre l'assaut du malheur, le recours aux sentiments familiaux, le sens de l'utilité sociale et une absence totale de vanité ; elle se confond avec « cette humanité qui doit être le fruit de la véritable philosophie ».[11] L'humanité n'est pas pour Prévost une donnée première, mais le résultat d'une conquête ; elle se fonde sur des mouvements naturels que la raison justifie et constitue peu à peu en « principes » universels. Prévost doit peut-être plus à Cicéron qu'à l'Évangile...

*

Dans le débat qui s'instaure en 1733-1734 sur la notion de philosophie, Marivaux est incontestablement du côté de la « philosophie française ». Déjà, en 1727, *L'Indigent philosophe* dénonçait un « héros en fermeté d'âme » qui cachait son désespoir sous un masque de sérénité, jusqu'à mourir de sa « comédie » ; dans ce « martyr de l'orgueil », on pourrait voir une préfiguration de Cleveland. La véritable vertu « simple et telle que la nature nous la donne » ne fait pas tant de bruit ...[12]

Si l'Indigent est un « philosophe », c'est toutefois par son indépendance un peu anarchiste, par son esprit primesautier et son parfait naturel ; dans cet emploi du mot, il y a un peu de provocation. *Le Cabinet du philosophe* nous introduit au contraire à l'intérieur d'une lente réflexion sur la vie, sur la condition d'homme, dans un « esprit de philosophie » qui se définit peu à peu. Marivaux se sépare d'emblée de la notion traditionnelle de philosophie : son nar-

---

11. *Cleveland*, p. 36. Prévost ne se prive pas, ultérieurement, de retrouver cette philosophie chez les moralistes anciens, en particulier chez Cassiodore (compte rendu de l'ouvrage de Hooker, dans *Le Pour et Contre*, t. x, p. 110).

12. *L'Indigent philosophe* dans *Journaux et Œuvres diverses*, éd. Frédéric Deloffre et Michel Gilot, Classiques Garnier, Paris, 1968, rééd. 1988, p. 279.

rateur n'est ni un sage antique ni un savant retranché. Il a « le commerce du monde » et s'est « façonné à l'école des hommes », car « le philosophe ne hait ni ne fuit les hommes ».[13] Ce qui le définit, et Marivaux est en ce sens très « moderne », c'est l'exercice de la raison, d'une raison sans brillant, sans « fracas », mais attentive à la vie, « paisible, généreuse » ; c'est un regard lucide sur l'humanité, une façon de parler vrai, avec une précision parfois cruelle, parfois paradoxale ; c'est enfin une parfaite rectitude morale. Car Marivaux, comme Prévost, tend à faire de la philosophie une attitude essentiellement morale, et à la limite une vertu : il s'agit toujours de se mettre à l'écoute de la nature, du cœur humain, des mouvements naturels, pour en tirer des règles de vie. Prévost montrait comment la « qualité d'homme » résulte de qualités naturelles confirmées par la raison, et érigées en « lois irrévocables » ; mais, en 1734, sa religion ne s'éloigne guère du déisme socinien : il passe sous silence les mystères de la foi, et Cleveland est bien un déiste au sens marivaudien du terme : c'est un homme « qui se fait sa religion à lui-même » (page 419). Marivaux, dans *Le Cabinet du Philosophe,* se montre résolument chrétien : le « furieux fond de justice » que les hommes portent en eux (page 362), la connaissance de Dieu, l'amour de la vertu sont pour lui des « lumières intérieures », autrement dit des notions innées ; quant aux vérités révélées, si la raison les refuse en vertu de sa « petite logique », l'esprit y accède par le cœur, il les pressent et les aime avant de les admettre, car il existe entre l'esprit et le cœur « un mouvement dont il n'y a que Dieu qui sache le mystère » (pages 352-353). La vertu est toujours sacrifice, mais si elle est portée par un sentiment intime de la volonté divine, elle devient un acte libre et véritablement « philosophique ». L'aspect le plus surprenant du *Cabinet du philosophe* est peut-être cette reprise de l'argumentation pascalienne dans un langage totalement « moderne ». Marivaux s'empare de la valeur nouvelle du mot *philo-*

---

13. *Le Cabinet du Philosophe* dans *Journaux et Œuvres diverses*, éd. citée, p. 336 et 391. Le « cabinet » semble désigner non un lieu de retraite, mais l'endroit où il écrit, peut-être le meuble, la « cassette » dans laquelle on a retrouvé ses papiers.

sophe (raison, sociabilité, vertu) pour lui donner une portée chrétienne. D'une certaine façon, il atteint d'emblée le but que s'étaient proposé les Jésuites ou des apologistes « modernes » comme l'abbé d'Houteville. On comprend aisément que Prévost l'ait approuvé, et que Voltaire l'ait traité avec la plus grande méfiance. Prévost, deux ans plus tard, écrit dans *Le Pour et Contre* à propos de *La Vie de Marianne* :

> ceux qui savent que le cœur a son analyse comme l'esprit, et que les sentimens sont peut-être aussi capables de variété et de division que les pensées, ne seront pas surpris qu'un Écrivain qui s'attache à développer aussi exactement les facultez du cœur que Descartes et Malebranche ont fait celles de l'esprit, conduise quelquefois ses Lecteurs par des voyes qui leur semblent nouvelles...[14]

C'était au moins mettre Marivaux au rang des grands philosophes.

Voltaire ne s'est sans doute pas précipité sur *Le Cabinet du philosophe :* il a toujours traité avec condescendance le « métaphysique Marivaux » ; en outre, entre février et mai 1734, il s'apprêtait à publier les *Lettres philosophiques,* dans lesquelles le « philosophique » s'oppose au « métaphysique ». Dès 1733 en effet, les « lettres anglaises » sont devenues « philosophiques », par l'adjonction des développements sur Bacon, Locke et Newton. C'est dire que la qualité de philosophe y est étroitement circonscrite. Avant Bacon, il n'y a pas de véritable philosophie. Pour désigner les antitrinitaires, Voltaire parle de « petites sectes » d'ecclésiastiques et de « quelques séculiers très savants » ; seuls Newton, Clarke, Locke, Le Clerc ont droit au nom de « philosophes ». La « nouvelle philosophie », la « bonne philosophie » apparaît donc avec Bacon, « le père de la philosophie expérimentale ».[15] Locke en est le véritable fondateur, il en a défini la méthode : il renonce aux idées innées, à la métaphysique des substances et à tout a priori, pour se limiter à l'observation, à l'« histoire » de l'âme ; il sait douter, observer, com-

---

14. Tome IX, nombre 132, p. 273.
15. Voltaire, *Lettres philosophiques*, éd. René Pomeau, Garnier-Flammarion, Paris, 1964, septième lettre, p. 50, 51 et douzième lettre, p. 77, 78.

parer les effets, raisonner et déduire. La « sage et modeste philosophie » délimite son domaine et se contente de décrire la nature humaine, ses effets, ses « ressorts », de la même façon que Newton décrit la nature physique, en pose les lois de fonctionnement sans s'interroger sur les causes premières. Pour Voltaire, il est évident que la nouvelle philosophie est anglaise, même s'il cite, à côté de Locke, Hobbes, Shaftesbury, Collins, Toland ou Newton, les noms de Montaigne, de Bayle et de Spinoza (page 88). Mais cette philosophie empirique mène à une morale qui ne rappelle en rien celle du « philosophe anglais » de Prévost. De la morale pratiquée par les Anglais, Voltaire retient uniquement les aspects positifs : la tolérance, le civisme, l'utilitarisme ; et il ne s'interroge pas sur la vertu. La simple expérience montre que l'homme tend au bonheur en obéissant à ses instincts, qu'il est « pourvu de passions pour agir, et de raison pour gouverner ses actions », qu'il lui suffit de choisir des occupations « douces » et « utiles » pour réaliser dans l'action toutes les virtualités de sa nature (pages 163 et 173, « Sur les *Pensées* de Pascal »). C'est pourquoi le thème du suicide, présent dans l'esquisse d'une première lettre anglaise, a disparu des *Lettres philosophiques,* et c'est pourquoi la mélancolie n'est attribuée qu'à Pascal, le « misanthrope sublime ».

*

Cette conception est aux antipodes de la pensée de Marivaux. La critique des *Pensées* dans la vingt-cinquième lettre pouvait même apparaître comme une réplique à l'apologie de Pascal esquissée dans *Le Cabinet du philosophe*. Mais rien ne prouve que Voltaire ait lu cet ouvrage, ni que Marivaux ait entendu parler du projet de Voltaire. Ce qui est sûr, c'est que Marivaux conserva assez longtemps l'intention de répondre à Voltaire. La *Gazette d'Utrecht* annonce, en date du 20 avril 1736, que Marivaux « que l'on regarde ici comme un rival déclaré de Mr. de Voltaire doit publier dans peu une sévère critique des *Lettres philosophiques* de ce dernier auteur ». Cette critique, Voltaire l'attendait et semble un moment vouloir la désamorcer ; il écrit à Berger en février 1736, pour lui faire transmettre un compliment à Marivaux : « A l'égard de mr de Marivaux, je serais très fâché de compter parmi mes ennemis un homme de son caractère et dont j'estime l'esprit et la probité. Il y a surtout dans ses ouvrages un caractère de philosophie, d'humanité et d'indépendance dans lequel j'ai trouvé, avec plaisir, mes propres sentiments ».[16] Ce compliment un peu appuyé n'eut pas d'effet, et Voltaire écrit à Thieriot le 4 mars, de façon nettement irritée : « Remerciez m. de Marivaux ; il fait un gros livre contre moi, qui lui vaudra cent pistoles. Je fais la fortune de mes ennemis » (page 680). Et puis encore, deux jours plus tard : « Je n'ay offensé ny voulu jamais offenser Marivaux, que je connois point et dont je ne lis jamais les ouvrages. S'il fait un livre contre moy, ce n'est point par vengeance, car il l'auroit déjà fait paraître, ce n'est que par intérest... »[17] Désormais, Voltaire traitera le « misérable » Marivaux comme un des suppôts de la clique antiphilosophique. Il redoute, au moment où il vient de réapparaître à Paris, que ne renaisse la querelle des *Lettres philosophiques* ; Marivaux se prêterait alors à une manœuvre dangereuse. Voltaire songe même à publier une réplique « qui le couvrira d'oprobre ».[18] L'affaire apparemment en resta là ; elle montre au moins que l'opposition entre les deux « philosophes » était devenue totale.

On aimerait connaître l'avis de Prévost ; il s'est bien gardé de le donner. A cette époque, il est pris dans un dédale d'intrigues pour se réintégrer dans la société parisienne ; il ménage l'Église, dont il dépend, et Voltaire, qu'il admire et dont il attend l'appui. Son compte rendu des *Lettres anglaises* dans la version de Londres en 1733 était ouvertement favorable, mais prudent. Tout en condamnant la philosophie déiste en 1734, il ne laisse pas de lui témoigner de l'estime, et son choix de la « philosophie française » ne va pas

---

16. Voltaire, *Correspondance*, I, éd. Théodore Besterman, Gallimard (Pléiade), Paris, 1964, p. 654.
17. Page 681. Cette dernière lettre montre que Marivaux s'était estimé offensé par Voltaire et s'en était plaint à Thieriot.
18. *Ibid.*, p. 692 (lettre à Thieriot du 17 mars).

jusqu'à un ralliement au catholicisme exigeant de Marivaux. Quand il achève *Cleveland* en 1739, ou quand il parle de la retraite philosophique dans *Le Pour et Contre,* on voit qu'il garde sa faveur à une philosophie douce et humaine qui ne se confond pas avec la morale chrétienne. Au cours du grand débat de 1734 sur la philosophie, nous avons donc affaire en réalité à trois notions différentes. Prévost reste, malgré ses hésitations doctrinales, fidèle à une définition classique du terme : le philosophe est un homme sage qui aspire à la retraite et à la sérénité ; il cherche toujours à fonder en raison ses choix dans l'existence, mais la raison reste à l'écoute du cœur, des « mouvements de la nature », sans lesquels on ne parvient jamais à la simple vertu d'humanité. Prévost est donc philosophe au sens où l'entendaient Cicéron ou Montaigne. Marivaux cherche, lui aussi, à définir cette parfaite qualité d'humanité ; il y fait entrer la raison, la sociabilité, la probité, mais les « lumières naturelles » ne peuvent avoir d'autre origine que Dieu, et le « philosophe » a pour rôle premier d'approfondir les vérités de la religion révélée. Ce théologien du cœur est, comme l'a senti Voltaire, un esprit « métaphysique ». *Le Cabinet du philosophe* est à cet égard unique en son genre : Marivaux est le seul, à cette époque, à prendre en compte les mystères de la foi, le seul à s'affirmer philosophe chrétien. Voltaire, en nommant « philosophiques » ses « lettres anglaises », commet une sorte de coup de force dans l'emploi du mot ; sous sa plume, il ne désigne plus que la philosophie empirique, cette pensée anglaise que l'on continuait d'appeler « libertine » et qui, dans l'œuvre de Prévost, sent encore le soufre ; et il s'oppose à toute métaphysique. La philosophie telle que la conçoit Prévost, c'est avant tout, à s'en tenir aux définitions du *Dictionnaire de l'Académie,* la « Philosophie païenne ou naturelle » ; celle de Marivaux est assurément la « Philosophie chrétienne, celle qui est fondée sur les maximes du Christianisme ». La troisième, elle, n'existe dans aucun lexique : Voltaire, en donnant à la philosophie « naturelle » le substrat théorique de l'empirisme anglais, lance une idée neuve ; elle formera désormais le noyau de cette nébuleuse de sens que constitue le mot « philosophe ».

PRÉVOST ET LE GÉNIE ALLEMAND

L A XÉNOPHOBIE ET le cosmopolitisme, comme valeurs politiques, peuvent s'opposer ; dans l'expérience quotidienne, on les voit constamment coexister. *La Grande illusion* de Jean Renoir développait naguère cette contradiction : entre deux peuples appelés depuis longtemps, pour des raisons obscures, à s'ignorer ou à s'affronter, des liens profonds de connivence culturelle ou sociale pouvaient subsister ; il y avait finalement moins de distance entre un officier français et un officier allemand unis par leurs préjugés de classe, leur culture et leur éducation, qu'entre eux-mêmes et leurs hommes de troupe. Ce paradoxe vaut également pour le XVIIIe siècle : dans la République des Lettres, on voit s'établir entre savants une estime mutuelle et une sorte de cosmopolitisme spontané, alors même que les préjugés nationaux restent vivaces ; et ceux-là même qu'on croirait les plus éclairés ne laissent pas de nourrir de solides préventions à l'égard d'un peuple exclu des échanges culturels. Un Voltaire, un Montesquieu qui ont entretenu avec les grands intellectuels européens des rapports d'égalité parfaite ne laissent pas de dédaigner à l'occasion les peuples d'en face, comme ils méprisent à l'occasion les barbaresques ou les Juifs, ou simplement leurs domestiques picards ou auvergnats. On peut ainsi pratiquer un cosmopolitisme au sommet, tout en abandonnant aux différences et au désordre tout ce qui relève de l'imagination, de l'affectivité ou simplement du mode de vie. De cette coexistence entre la générosité intellectuelle et les préjugés archaïques, Prévost fournit un bon exemple, car il a été plus que tout autre cosmopolite, tout en sacrifiant aux stéréotypes nationaux les plus traditionnels ; et s'il a pressenti, comme on le verra, l'originalité de la culture allemande, c'est au prix d'un long effort, et en transformant ses propres préventions. Tour à tour romancier, historien et journaliste, il prend appui sur l'opinion publique pour mieux cerner ce qu'il est le premier à appeler le « génie allemand » ; et ces trois types de discours, qui se relaient dans son œuvre de 1728 à 1740, sont aussi trois manières de parler de l'Allemagne.

Si l'on s'en tenait aux romans de Prévost, on croirait aisément que ses préjugés sont ceux de son public : les Allemands sont grossiers ; ils le sont par nature, par destin, et quelle que soit leur condition. Dans les *Mémoires d'un homme de qualité*, qui sacrifient à toutes les conventions du périple européen, le héros traverse l'Allemagne en 1688, de Cologne à Vienne. L'occasion est bonne pour « donner une idée des plaisirs allemands et de la galanterie germanique ».[1] Prévost le fait sans nuances, sans distinguer l'Allemagne de l'Autriche, et sans ménager les vraisemblances : M. de Mariener est Autrichien ; on nous l'a dépeint comme « aimable », d'un esprit « aisé et délicat » ; cela n'empêche pas le narrateur de raconter longuement et lourdement une scène burlesque d'ivrognerie à l'allemande : Mariener défie un rival dans un tournoi bacchique ; on boit, on pisse abondamment, on tombe ivre mort, et le vainqueur chante, le verre à la main, sur le « cadavre » de son adversaire. Ce sera tout ce que nous connaîtrons de l'Allemagne. Cet épisode est unique en son genre ; mais à lire les romans de Prévost, on devine que les Allemands restent pour lui bâfreurs, ridicules en amour et

---

1. *Œuvres de Prévost*, I, 57-59. De la même façon, Lesage, dans le *Diable boiteux*, représentait les Allemands par le seul trait de l'ivrognerie (*Romanciers du XVIIIe siècle*, Gallimard, Pléiade, Paris, t. I, p. 327).

propres tout au plus aux troisièmes rôles. Dans les *Campagnes philosophiques*, on verra Schomberg et le comte de Solms accumuler les défaites amoureuses, pour la plus grande gloire du héros français.[2] Quelques brèves notations dans les *Mémoires d'un honnête homme* et dans le *Monde moral* ne pourraient que nous renforcer dans la conviction que Prévost ignore tout de l'Allemagne. Or ce n'est pas le cas.

Il avait entrepris dès 1724 de traduire l'*Historia sui temporis* de Jacques Auguste de Thou. Il s'est remis à la tâche en 1731 et passe une bonne partie de l'année 1732 à la traduction du tome I, qu'il complète par un nombre considérable de notes, souvent très personnelles. La ruine du romancier en 1733 entraîna celle de l'entreprise. Seul parut le tome I, en faible tirage, et l'on en est réduit aujourd'hui à consulter l'exemplaire unique de la Bibliothèque nationale, pour y découvrir un commentaire d'un réel intérêt. Ce premier et unique volume porte en effet sur la Réforme ; et Prévost, qui a consulté la plupart des historiens allemands, et en particulier tous ceux que de Thou n'avait pu connaître, se livre ici à une réflexion originale sur l'état de l'Allemagne au XVIe siècle, et sur les origines de la Réforme. Il a lu beaucoup. Connaît-il l'allemand ? C'est peu probable, encore qu'il affecte de ne pas l'ignorer. Il se flatte, dans la préface de l'*Histoire de M. de Thou*, de posséder, outre le français et le latin, quatre langues : l'anglais, l'italien et l'espagnol certainement ; mais la quatrième pourrait bien se réduire à quelques éléments de hollandais, grâce auxquels il déchiffre tant bien que mal l'allemand. Dans *Le Pour et Contre*, l'équivoque persiste : « Ceux qui sçavent la langue allemande, écrit-il, reconnoîtront ici tout d'un coup le style d'un Allemand, qui sçait mal notre Langue ».[3] Il reprend vertement le Père Daniel, qui s'est trompé lourdement,

---

2. *Œuvres de Prévost*, IV, 361-362, 378 et suiv.
3. Voir la préface de l'*Histoire de M. de Thou* dans les *Œuvres de Prévost*, VII, et *Le Pour et Contre*, t. VII, p. 91. Prévost a pu se rendre en Allemagne en 1728 ou durant son séjour en Hollande, mais rien ne le prouve ; son seul séjour attesté en Allemagne date de l'année 1741.

faute de connaître l'allemand, dans un passage où Prévost avait lui-même montré sa maîtrise de la langue ; mais cette maîtrise, il semble bien la devoir à la traduction française de Heetfelde.[4] Il est parfaitement convaincu de la nécessité pour un historien de recourir aux textes originaux ; peut-être a-t-il eu en mains des exemplaires de quelques textes allemands, mais quant à sa connaissance de la langue, le doute est permis : on ne trouvera pas dans *Le Pour et Contre* un seul ouvrage allemand mentionné ou cité dans la langue originale.

Ce qui est certain, c'est qu'il a utilisé les historiens allemands, dont la plupart écrivaient en latin et ont été traduits en français, Pufendorf, Heiss, Struve, et qu'il peut se faire une idée précise de l'état de l'Allemagne, là où de Thou restait imprécis ou un peu ancien. Le tableau est sombre, et l'on y retrouvera sans mal l'opinion que, depuis Pline l'Ancien et César, les historiens classiques ont eue de la barbarie allemande. Les peuples germaniques paraissent depuis toujours livrés à l'ivrognerie ; ils ne sont passés outre-Rhin que pour s'y établir en pays de vignes et par « envie de bien boire » (note 1, page 106). Les Confédérés de Smalcade, pour qui Prévost a de la sympathie, se révèlent incapables, pour les mêmes raisons, de tenir contre une armée organisée : « S'ils avoient de l'ardeur pour le combat, ils n'en avoient pas moins pour la débauche ; car tout le temps qu'ils ne passoient point à cheval, ils le passoient à boire » (note 1, page 168). Les Allemands sont ivrognes, débauchés et grossiers par nature, et peut-être parce que le climat l'exige ; les troupes étrangères en ont fait l'expérience :

---

4. Tome VIII, p. 147. Il s'agit de l'anecdote du Landgrave de Hesse, longuement rapportée dans l'*Histoire de M. de Thou* (p. XLVI-XLVII) ; elle repose sur une équivoque verbale entre *sonder eenich Ghevanguenisse* (« sans aucun emprisonnement ») et *sonder eewig Ghevanguenisse* (« sans emprisonnement perpétuel »). Prévost ajoute dans *Le Pour et Contre* (t. VIII, p. 151) : « Ce récit est tiré mot à mot d'une ancienne Histoire des Seigneurs d'Enghien de la Maison de Bourbon, par un Chevalier Flamand nommé de Hetfeelde. *A Mons*, 1634 ». A l'exception de la Préface, les références qui suivent renvoient à la traduction de l'*Histoire de M. de Thou*, exemplaire de la BN.

Il avoit plu continuellement pendant l'Automne, et l'on avoit toujours eu de la boue jusqu'aux genoux. Les Italiens, accoutumés à un air chaud & léger, ne purent résister à l'air pesant & grossier de l'Allemagne. Les Espagnols de même. Les Flamans y succombèrent aussi.[5]

Tout se passe comme si les Allemands ne pouvaient résister à la pesanteur de l'air, à la brume des marais, à la rigueur du climat que par de brusques poussées d'ivresse ou de fureur. De là vient peut-être qu'ils se ruent dans la Réforme avec une brutalité et un enthousiasme extraordinaires ; la Guerre des Paysans en est pour Prévost l'exemple le plus frappant. Il cite Pufendorf, écrivain « aussi sincère qu'habile et judicieux » : « ... après la Prédication de Luther, il parut des essaims de Fanatiques, tels que les Païsans d'Allemagne qui devinrent comme furieux » (note 1, pages 76-77). La difficulté est d'expliquer comment ces peuples superstitieux ont pu être en même temps des réformateurs.

Que l'Allemagne médiévale soit, aux yeux de notre historien éclairé, un repaire de ténèbres, cela ne fait guère de doute. Ces peuples misérables sont une proie facile pour les imposteurs de tous bords : le moindre « ministre », avec « un peu de gravité et d'éloquence », est capable d'enflammer les populations (note 1, pages 560-561) ; le Roi de France imagine, en 1536, de se faire représenter avec une épée « rouge et flamboyante » afin de terroriser un peuple prompt à s'en laisser imposer (note 1, page 188). A Magdebourg, on a cru voir « plusieurs soleils de couleurs différentes » et trois lunes : le « dérèglement d'imagination » est la maladie de tous les peuples, mais en Allemagne, on pourrait croire que la raison est sans pouvoir sur de telles paniques (note 1, pages 646-647). Que le peuple soit partout superstitieux et fanatique, Prévost l'a montré à propos de l'Angleterre, dans *Guillaume le Conquérant* et dans *Marguerite d'Anjou*, à propos de la Hongrie dans *Le Monde moral*, et à propos de la campagne normande au XVIIIe

---

5. Citation de l'*Histoire du Duc d'Albe*, n. 4, p. 180-181.

siècle, au début du même roman : le peuple abandonné à lui-même n'est jamais qu'une force indifférenciée.[6] Mais le désordre endémique dont l'Allemagne est atteinte relève de causes plus profondes, et proprement politiques. A deux reprises, Prévost s'interroge sur cette nation quelque peu monstrueuse qui lui apparaît sous deux formes, tantôt comme un assemblage de peuplades anarchiques livrées à d'innombrables chefs de tribus, tantôt comme une république primitive, fragile, menacée par le désordre et la guerre (note 1, pages 112-113 ; note 2, page 376). La multitude des potentats entraîne un état de perpétuelles rivalités, de rapports de force mouvants qui contraignent chacun à songer à sa conservation plus qu'au bien public (note 3, pages 115-116). Parmi toutes les forces en présence, il en est qui incarnent le progrès ; Prévost ne cache pas sa sympathie pour les villes libres de Magdebourg, Brême ou Constance, et pour les Confédérés de Smalcade, qui expriment une même revendication de la liberté de conscience. Les Réformateurs ont défendu à leur manière les « libertés allemandes ». Or ils vont se heurter à une coalition de grandes puissances – Charles-Quint, la Papauté, le Roi de France – dont le seul but commun est de « mettre l'Allemagne dans les fers » (note 2, page 132). L'Allemagne devient alors le champ clos et l'enjeu d'un conflit qui la dépasse.

Prévost est favorable à la Réforme. Il l'affirme déjà dans la préface de sa traduction : « Des principaux Personnages que Mr. de Thou introduit sur la scène, les seuls dans lesquels on aperçoit quelques vestiges de droiture et de Religion, sont les Protestans d'Allemagne » (page XXXVI). Il prend la défense de Luther avec nuances et fermeté :

> L'Eglise avoit besoin de Réformation, c'est un point incontestable. Luther, ne considérant que la grandeur du mal, oublia de ménager la délicatesse des malades ; & son caractère ardent, qui ne lui permit

---

6. Voir Jean Sgard, « Le silence du peuple », dans *Images du peuple*, Colloque d'Aix-en-Provence, A. Colin, Paris, 1971, p. 281-286.

point de faire cette attention, l'emporta beaucoup plus loin qu'il n'eût été à désirer. Les Protestants les plus raisonnables en ont porté eux-mêmes ce jugement. (note 1, pages 130-131)

Il s'appuie donc sur de Thou, approuve son « juste zèle pour la Réformation de l'Eglise », cite volontiers Bayle et Pufendorf. Mais dès qu'il est question de Charles-Quint ou de l'Église, il intervient personnellement avec une surprenante agressivité. L'Empereur, dont le seul but est de rendre sa couronne héréditaire, se sert du luthéranisme comme d'une « marotte », « pour en tirer ses avantages, et la faire servir tantôt contre la France, tantôt contre le Pape, mais principalement contre la Liberté de l'Allemagne » (note 1, page 130). Le pape Paul III, qui ne songe qu'à agrandir sa Maison, puis Jules III, « un des plus méchans hommes qui furent jamais » (page XXXI), se font de la guerre une « occupation », sans avoir le moindre souci de religion. Henri II lui-même, dans ses « démarches sourdes et obliques », ne vise qu'à affaiblir l'Empereur. De ce tournoi européen les Réformateurs d'abord, les Allemands ensuite font tous les frais ; et Prévost finit par nous donner de la misère de ces peuples un tableau convaincant. Ils sont grossiers, superstitieux, belliqueux, ivrognes, mais ils luttent pour leurs libertés, et ils sont victimes des souverains. Parfois l'historien écoute avec sympathie les témoins directs de ces guerres, participe au malheur des Bohémiens (note 3, pages 315-316), approuve l'auteur des *Annales d'Augsbourg* quand il exprime « sa tendresse pour sa Patrie » (note 2, pages 317-319). Ces peuples exploités, abrutis, fanatisés par des trublions de tout genre, ont eu raison de s'élever enfin contre leurs évêques et leurs princes, de refuser les croisades douteuses, de défendre leurs convictions et les Constitutions de leurs villes. Sans rien vouloir ajouter qui sente « l'esprit de sédition », Prévost se rallierait volontiers à Tertullien et à Grotius, pour qui un chrétien a toujours le droit de refuser la guerre, en invoquant la liberté de sa conscience (note 3, pages 315-316). Les Réformateurs finissent par lui apparaître comme des Justes, comparables aux premiers chrétiens. Si les Apôtres ont réussi là où les Confédérés échouent, c'est qu'ils n'avaient devant eux ni Charles-Quint, ni Jules II :

... c'est qu'il n'y avoit point alors parmi eux de Princes puissans qui eussent besoin d'un prétexte pour couvrir leurs desseins, de Prélats riches & en autorité qui eussent leur pouvoir & leurs richesses à conserver, ni de particuliers ambitieux & passionnés qui cherchassent à se satisfaire sous le masque de la Religion. (note 1, pages 152-154)

Dans ses notes du tome I de l'*Histoire* de Jacques Auguste de Thou, Prévost s'est fortement engagé. Il y a rassemblé tout ce qu'il pensait de l'Allemagne comme berceau du protestantisme. S'il garde quelques préventions contre les peuples germaniques, il sait aussi dépasser une simple interprétation naturaliste pour atteindre à une vision politique. A cette analyse, il n'ajoutera rien ; il lui arrivera même de citer intégralement dans *Le Pour et Contre* des passages entiers de son commentaire ; c'est le cas en particulier pour l'anecdote du Landgrave de Hesse, qui met en relief la duplicité de Charles-Quint, ou des pages sur le bon droit des Confédérés de Smalcade.[7] Il avait sans doute réuni dès 1724 ou 1725 les principaux éléments de l'histoire d'Allemagne ; cela ne l'a nullement empêché de sacrifier, comme on l'a vu, aux poncifs du genre romanesque. Il s'agit en quelque sorte de deux discours parallèles et hétérogènes. Le discours journalistique est d'une autre nature encore.

Dans *Le Pour et Contre*, de 1733 à 1740, Prévost s'efforce d'intéresser la « curiosité du Public » en attirant son attention sur les signes de la modernité, qu'ils viennent d'Angleterre, comme c'est le plus souvent le cas, ou d'Italie, ou d'Allemagne, comme il arrive à plusieurs reprises. Il ménage les préjugés de ses lecteurs, mais il aime aussi les surprendre par de menues révélations, des paradoxes inattendus. Or l'Allemagne apparaît précisément comme un pays paradoxal qui commence à se révéler, et dont il est temps d'entreprendre la réhabilitation. Quatre articles importants, outre de menues anecdotes, nous montrent assez bien comment progresse la réflexion de Prévost, entre 1734 et 1740.

---

7. Le rapprochement a été fait par Marie-Rose de Labriolle dans *Le Pour et Contre et son temps*, *Studies on Voltaire*, vol. 34-35, t. 2, p. 477.

Le premier article date du retour de Prévost à la tête de son journal en mars 1734 (note 34, tome III, pages 73-88), et c'est pour rappeler au public sa manière originale et cosmopolite qu'il présente un mémoire anonyme sur les savants d'Allemagne, suivi d'un court débat « pour et contre » la culture allemande. Le mémoire énumère fidèlement, par Universités, les grands professeurs allemands, avec les éloges qui leur sont dus ; la place faite aux protestants français installés à Berlin donne à croire que le texte émane de l'un d'entre eux. La conclusion de Prévost résume assez bien sa pensée sur un pays qui commence à s'ouvrir aux Lumières :

> Pour conclure cet Article, on peut dire en général, que l'amour de l'étude & le goût des Sciences sont aujourd'hui répandus dans toute l'Allemagne. On s'y défait peu à peu de l'ancienne pesanteur, & de cette pente à l'imitation qui fait qu'il s'y trouve peu d'Auteurs originaux. (page 86)

Seule la typographie en caractères gothiques le rebute encore – ce détail suffirait à prouver qu'il n'a guère pratiqué les éditions originales. Mais il admire la richesse des librairies et des bibliothèques, et le caractère original d'une culture qui sait allier le sérieux de la réflexion à une totale liberté d'expression. Ce qu'il appelait naguère « pesanteur », il l'appellera plutôt « gravité ». Cet esprit de sérieux fait merveille dans le Droit, l'Histoire et la Médecine, comme le signalait le mémoire ; Prévost semble encore lui refuser tout succès en littérature ; les Allemands lui paraissent encore dénués d'esprit et de goût. Est-ce un préjugé ? Un second article important, en août 1734, lui permet de répondre à la question (note 54, tome IV, pages 198-210).

> ... quelqu'opinion, écrit-il, que j'aye du mérite des Allemans, il ne m'étoit encore rien tombé entre les mains qui pût m'obliger à leur croire autant de délicatesse & d'agrément d'esprit qu'on leur connoît de jugement & d'érudition.

Or les Allemands commencent à publier des journaux. Prévost le savait sans doute depuis un certain temps, et *Le Pour et Contre* avait déjà signalé le tirage élevé du *Patriot* de Hambourg (tome II, page 272) ; mais une traduction française de Berne lui permet maintenant d'en juger sur pièces, traduction à vrai dire fort médiocre, et que notre auteur est amené à remanier, mais qui donne une idée du nouveau journal de Richey, *Les Spectateurs et les Spectatrices*. Voici un écrivain qui s'inspire d'Addison et de Marivaux, qui sait faire les portraits contrastés d'une coquette et d'une femme raisonnable, avec goût, avec sensibilité, dans le style littéraire par excellence qui est celui des *Spectateurs* ; serait-ce le signe avant-coureur d'un éveil ? Prévost n'est pas loin de le croire, mais les réserves naissent aussitôt sous sa plume :

> Je crains d'avoir fait prendre trop longtemps l'air de Suisse & d'Allemagne à cette Feüille. Ce n'est pas que je le croye mauvais ni dangereux. L'éloge que j'en ai fait, marque assez l'opinion que j'en ai. Mais il lui manque encore cette délicatesse et cette légereté qui distinguent des climats plus heureux. N'est-il pas étrange qu'avec beaucoup d'esprit & de sens, avec une forte inclination pour les Sciences, la pratique assidüe de l'étude, certaines Nations n'ayent pû vaincre, depuis la renaissance des Lettres, les obstacles qui les empêchent d'arriver au bon goût ? (pages 208-209)

Désormais, les « seules vapeurs du Rhin » ne peuvent plus expliquer la différence des goûts, Prévost le confesse ; mais l'Allemagne continue d'être un mystère : elle possède tout, les Cours et les Académies, des savants, des écrivains, des journaux, des bibliothèques fabuleuses, mais les chefs-d'œuvre lui manquent. Un nouvel article, consacré à un ouvrage anglais, *The Present State of Germany*, publié à Londres en 1738, permet à Prévost de revenir une fois encore sur cette question (note CCLXXIII, tome XIX, pages 129-143). Ce « nouvel état de l'Allemagne » permet au journaliste de mettre à jour ses connaissances, de s'étendre sur l'importance des États allemands, d'insister – le détail est nouveau – sur son climat tempéré, sur sa fertilité, sur l'ancienneté de sa noblesse. Serait-ce cette même noblesse qui se révélerait inférieure à sa mission ? Elle est négligente, elle se laisse aller à un penchant atavique « pour le luxe et la débauche », elle dépense sa fortune en vins (page 142). Le génie se trouve-t-il méconnu ? Prévost y revient un peu plus tard, car ce problème le tracasse : le génie allemand semble « resserré dans des bornes pour lesquelles il n'est pas fait » (tome XIX, page 264). L'exemple français montre toutefois que les artistes n'ont pas attendu les honneurs et les distinctions pour s'exprimer : « Le Génie perce à travers toutes sortes d'obstacles, et sans recevoir de récompenses, il ne se lasse point d'en mériter » (page 269). L'Allemagne fait donc problème ; le génie y est latent ; il s'est porté sur les sciences, sur les arts appliqués, sans véritablement prendre son essor. Impuissant à résoudre ce problème qui concerne en fait toute l'esthétique et l'histoire de l'art, Prévost se résoudra finalement à répondre par une sorte de parabole. Dans l'un des tout derniers articles du *Pour et Contre* (note CCLXXXV, tome XX, pages 59-62), il revient sur la nature du génie allemand, qu'il découvre dans la poésie :

> Les Allemands ont leurs Poëtes, & j'en ai nommés plusieurs qui se sont fait une juste réputation par leurs talens. Mais comme on ne sauroit accoutumer tout ce qui est en deça du Rhin à penser qu'il y ait autant de feu & de délicatesse poëtique en Allemagne que dans les Pays plus méridionaux, je crains de nuire au sentiment pour lequel je viens de me déclarer, en faisant remarquer que les Poësies germaniques sont ordinairement plus graves que les nôtres, & qu'il s'en trouve très peu qui roulent uniquement sur l'amour, le vin et les autres passions contre lesquelles la raison devroit être perpétuellement en guerre. Il n'y a point de Langue qui ait fourni autant de Poëmes sur la Création du monde, sur les grandeurs du Ciel, & sur les misères de la Religion, que la Langue Allemande ; il s'en trouve de si bons qu'il est à regretter que nous n'en ayons aucune Traduction dans notre Langue. (page 59)

Il y a dans cet article, comme souvent sous la plume de Prévost, une bonne part d'illusionnisme. Il ne connaît pas la poésie allemande, faute de traductions comme il l'avoue. Il n'a jamais cité de poètes de quelque réputation : le mémoire de 1734 mentionnait Brockes ; une brève annonce de Prévost dans le tome VII du *Pour et Contre* cite quelques candidats allemands à un concours de poésie latine organisé à Londres en 1735 ; mais les noms de Caroll, Graverus,

Kuntzius ou Pistorius ne semblent pas être passés à la postérité. Cette poésie dont il a entendu parler mais qu'il ignore totalement, il l'invente. Pour donner une image de ces poètes inconnus, il nous rapporte en effet une anecdote qu'il prétend tenir d'un « seigneur allemand ». Ce correspondant supposé a découvert sur ses terres un ermite saxon occupé depuis douze ou treize ans à composer des poèmes philosophiques. Il écrit dans un état voisin de l'extase, et comme poussé par « quelque Démon poétique » (tome XX, page 60), mais sans songer à les publier. Son histoire est étrange : pourvu d'un des meilleurs bénéfices d'Allemagne, il s'est ruiné en débauches et s'est enfui de son couvent. Revenu des « folles passions », il a renoncé à la vie mondaine et à toute pratique religieuse pour se faire ermite dans les bois. Dans cette fable très allemande mais aussi très prévostienne, on peut lire en raccourci une sorte d'histoire de la création poétique : le poète est sorti de la superstition, des couvents débauchés, pour errer de châteaux en châteaux ; ruiné, désespéré, il s'est retiré dans les forêts, où il vit dans un état demi-sauvage, livré à un génie encore informe. Une fois recueilli par un protecteur éclairé, nourri, encouragé, il peut enfin produire des œuvres définitives : à sa mort, il laisse à son ami tous ses manuscrits, parmi lesquels un « Poème sur les quatre âges de l'homme », qui devrait paraître bientôt. Il ne fait guère de doute que tout ici est fictif ; mais on voit comment Prévost rassemble tout ce qui constitue pour lui le mystère de la littérature allemande : elle est sortie des couvents et de l'obscurantisme ; elle s'est perdue dans la débauche et la négligence des petites Cours ; elle s'est retrouvée dans la contemplation de la nature et dans la recherche de la vraie religion ; elle produira des œuvres quand elle aura trouvé des mécènes et un public. Ce qu'il ne dit pas très clairement, c'est la nature de ce génie allemand, car il l'imagine plus qu'il ne le connaît.[8]

---

8. Les articles publiés en 1755 dans le *Journal étranger* n'infirment pas cette impression générale : les extraits de recueils des Sociétés de Leipzig (avril), de Göttingen (mai), de Souabe (juin) ne portent pas la marque des opinions de Prévost. S'il affirme avoir découvert la poésie allemande, c'est dans la traduction des *Fables*

Les vues de Prévost sur la poésie allemande sont en effet difficiles à interpréter. Il ne décrit pas la naissance d'un mouvement littéraire ; il prophétise, à partir de quelques exemples connus par ouï-dire, et en s'inspirant du tableau de la poésie grecque donné par Blackwell dans son *Inquiry into the Life of Homer*, ouvrage qui l'a passionnément intéressé. Comme la Grèce d'Homère, l'Allemagne lui paraît émerger de la barbarie. C'est aussi ce qui fait la force de sa poésie ; elle présente une tentative de connaissance du réel, elle est par nature métaphysique, profondément grave, simple et sincère, riche en images et en visions. Pense-t-il aux cantiques religieux et aux méditations spirituelles de P. Gerhardt, parus en 1666-1667, et dont un ancien Bénédictin pouvait avoir entendu parler ? Ou a-t-il entendu parler des poésies de Gunther et de Brockes ? La vie de J.C. Gunther pouvait prêter quelques traits à son ermite saxon ; les *Irdisches Vergnügen in Gott* de Brockes, qui ont commencé à paraître en 1723, lui ont peut-être donné l'idée d'une poésie religieuse, sensible, grave. Mais nous n'en saurons rien. Le plus étonnant est qu'il attribue à l'Allemagne ce génie poétique. Jusqu'alors, l'Allemagne s'est spécialisée, selon lui, dans les sciences humaines les plus ingrates : le droit public, l'histoire ancienne, l'érudition, la théologie. Sur les quelque soixante-dix noms d'auteurs allemands mentionnés dans *Le Pour et Contre*, on trouvera une vingtaine d'historiens, autant d'érudits, autant de théologiens et d'hommes d'Église ; mais point d'écrivain, point de poète, sinon Brockes, que citait un mémoire étranger. L'esprit allemand paraît condamné à la lenteur, au sérieux, à la pesanteur. La révélation d'une Allemagne littéraire lui est venue d'un journal, *Les Spectateurs et les Spectatrices*, dans la traduction suisse ; c'est là apparemment qu'il trouve un

et Contes de Gellert par Boulanger de Rivery en 1754 : « Monsieur de Rivery, le premier des Français qui ait eu le courage de donner une idée générale de la Littérature germanique, et de plaider la cause d'un peuple respectable à tant d'égards, contre ces écrivains qui aiment mieux répéter des plaisanteries triviales, que de s'instruire, ou de convenir qu'il y a des choses qu'ils ignorent, nous a déjà fait connoître avantageusement M. Gellert, auteur de la Pastorale de *Sylvie*... » (*JE*, juillet 1755, p. 80-81).

écho des premières controverses littéraires de Hambourg et de Leipzig. Il perçoit un éveil, et il le traduit par un mythe. Il ne renonce pas aux premières impressions qu'il avait de l'Allemagne ; mais la superstition, la pesanteur, la grossièreté, les restes de barbarie forment désormais la matière première d'un génie nouveau, fait d'énergie, de profondeur, de ce sens de l'essentiel qu'il voit se perdre en France. Le préjugé a mené à la réhabilitation, à la reconnaissance du génie allemand.

PRÉVOST ET DIDEROT :
LES RENDEZ-VOUS MANQUÉS

J'AIMERAIS QUE DIDEROT eût écrit à Prévost : « Mon cher abbé, j'ai lu votre *Monde moral* les larmes aux yeux... » J'aimerais que Prévost lui eût répondu : « Sans vous, mon cher philosophe, mon Richardson fût resté un marbre inachevé... » Apparemment, ils ne l'ont pas fait, et c'est pourquoi la rencontre de nos deux romanciers, rencontre à bien des égards nécessaire et inévitable, prendra la forme d'une suite de rendez-vous manqués, et au mieux, d'un dialogue des morts.

Au départ, tout semble les éloigner, et d'abord les années : nés en 1697 et en 1713, seize ans les séparent. Quand Diderot arrive à Paris, Prévost est déjà un écrivain consacré et quelque peu légendaire ; quand l'admiration de Richardson les rapproche vers 1760, Diderot brille à la Chevrette ou au Grandval, Prévost est un vieillard que la mort enlèvera trois ans plus tard. Entre le songeur mélancolique de Saint-Firmin, hanté par les drames passés, par une réflexion obstinée sur la faute et le remords, par une théologie d'un autre siècle, et le directeur de l'*Encyclopédie*, emporté par un matérialisme impétueux, l'écart n'a fait que se creuser. La méfiance était certainement réciproque, et depuis longtemps. On imagine aisément qu'aux yeux de Prévost, Denis Diderot fit très tôt figure de jeune fou ou de perturbateur. En 1741, un passage énigmatique des *Mémoires de Malte* – passage dont il est difficile, à vrai dire, de faire usage – oppose au commandeur Junius, législateur des Maniotes, un jeune trublion qui vient de le détrôner :

> Un autre s'était élevé sur le trône à sa place, et joignant la malignité à cette vraisemblance, il avait éteint jusqu'au regret de sa perte en persuadant aux Maniotes que les ménagements qu'il [Junius] avait gardés pour la Porte, étaient une dépendance honteuse qui ne pouvait manquer de les conduire tôt ou tard à l'esclavage. (IV, 183)

Or le nom de l'usurpateur ne peut manquer de surprendre : il se nomme « Didero ». Le simple hasard peut avoir suscité l'homonymie ; en 1740, Diderot est pratiquement inconnu ; il s'apprête à renoncer à la condition ecclésiastique ; il travaille peut-être pour l'abbé Desfontaines, ce vieil adversaire de Prévost ; on n'ose pas imaginer qu'il ait rencontré Prévost au café Procope ou dans les allées de Saint-Sulpice. Reste que ce conflit imaginaire entre un vieil utopiste vaincu, entravé par ses vœux monastiques, par ses compromis avec la Porte (disons : l'Église), et un jeune usurpateur aidé de ses troupes de philosophes subversifs, nous offre au moins une métaphore suggestive. A supposer que l'aumônier du Prince de Conti ait rencontré à ses débuts le jeune abbé Diderot, le dialogue devait tourner court.

Autre rendez-vous manqué en 1755. A cette époque, Prévost reprend en main le *Journal étranger* à l'instigation de Grimm. Celui-ci ne tarit pas d'éloges au sujet du nouveau directeur : « M. l'abbé Prévost, que ses talents et ses ouvrages ont mis depuis longtemps au rang des meilleurs écrivains de la nation, vient de prendre la direction du *Journal étranger*... » Ou un peu plus tard : « Né avec un talent rare, à qui nous devons des ouvrages remplis de grandes beautés ; maître dans l'art d'émouvoir et d'agiter les cœurs à son gré, écrivain toujours facile, naturel et noble ; auteur de *Cleveland*, des *Mémoire d'un homme de qualité*, du *Doyen de Killerine*, de *Manon Lescaut* ; père de tant d'autres enfants dont la destinée a été si brillante... », etc., etc. : le romancier est, selon Grimm, doué de

« génie ».[1] Sans attribuer à Diderot toutes les opinions de Grimm, on peut penser qu'il partageait sur ce point son admiration : en avril 1755, on le voit figurer parmi les nouveaux souscripteurs du *Journal étranger*.[2] Ayant, comme beaucoup d'autres, découvert Steele, Lillo et Shakespeare dans les traductions du *Pour et Contre*, il ne pouvait que s'intéresser à un journal ouvert sur la littérature anglaise, où il allait bientôt trouver posé le problème de la décadence du théâtre en France, et celui du génie, « naturellement sauvage ». Entre le numéro de janvier 1755 du *Journal étranger* et le discours *De la poésie dramatique*, les ressemblances ne sont pas de pure forme. Qu'il y ait eu, pendant quelques années, convergences entre l'esthétique de Prévost et les conceptions théâtrales de Diderot, cela ne fait guère de doute. En août 1757 encore, la *Correspondance littéraire* note qu'une adaptation, d'ailleurs médiocre, de l'*Histoire de Marguerite d'Anjou*, est en même temps une imitation à peine voilée du *Fils naturel* (tome III, page 402). Mais là encore, l'occasion fut manquée. En septembre 1755, Prévost abandonnait le *Journal étranger* et le confiait à son « ami » Fréron. Pour les encyclopédistes, ce fut une trahison. A dater de ce jour, la *Correspondance littéraire* change radicalement de ton à son égard : Prévost n'y apparaît plus qu'en qualité de compilateur d'anecdotes, d'écrivain famélique et négligé, ou de traducteur abusif de Richardson. Mais il faut avoir en mémoire ces témoignages malveillants pour juger des silences de Diderot, ou de la modération dont il use dans l'*Éloge de Richardson*.

1. Édition Tourneux, t. I, page 437, novembre 1754 ; t. I, p. 468, janvier 1755 ; Grimm s'exprime ici en qualité de premier directeur du *Journal étranger*.
2. Prévost a publié lui-même la liste des nouveaux souscripteurs dans le numéro d'avril 1755 ; outre le nom de « Diderot, des Académies, etc. » (p. XVII), on trouve ceux de Fontenelle, Montesquieu, Voltaire, Duclos, Rousseau. On peut penser que l'attention de Diderot fut attirée notamment par une « Introduction à la partie historique » en tête du numéro de janvier 1755 (p. 1-21), dans laquelle Prévost développe longuement, à partir de l'exemple italien, les rapports de l'art et de la société ; Prévost y soutient que l'« imperfection de la société » retarde les progrès du théâtre. En France, l'« esprit de société » développe le « libertinage d'esprit » aux dépens de la vraie passion.

Le dialogue va en effet se renouer en 1761, mais de façon plus voilée que jamais. Durant l'été 1760, Diderot a relu ou lu *Clarisse Harlove*, vraisemblablement dans la traduction de Prévost : s'il avait disposé de l'original anglais, il n'aurait pas découvert si tardivement la véritable conclusion du roman. Cet épilogue – l'enterrement et le testament de Clarisse – il le lit pour la première fois dans des « fragments » de traduction prêtés par Mme d'Epinay ; et c'est à la suite de cette révélation qu'il redécouvre l'œuvre et se met à crayonner l'original anglais. A la fin de 1761, il rédige l'*Éloge de Richardson*, qui paraît en janvier 1762 dans le *Journal étranger*. Trois mois plus tard, Suard publiera dans le même journal une traduction des lettres de Morden sur l'enterrement de Clarisse. Mais il ne s'agit pas ici, comme j'ai eu l'occasion de le souligner,[3] de la traduction dont avait disposé Diderot. Celle-ci, en revanche, a toutes chances de se retrouver dans le *Supplément* publié en août 1762 à Lyon par les frères Perisse sous le titre : *Lettres angloises ou Histoire de Miss Clarisse Harlove*, « tome septième ». C'est là que l'on trouvera au complet les lettres de Morden et le testament de Clarisse, en compagnie de l'*Éloge de Richardson*... La traduction est implicitement attribuée à Prévost par les éditeurs : « Ce Supplément renferme trois morceaux qui paroissoient nécessaires pour completter l'histoire de Clarisse & que l'empressement précipité, mais naturel, de rendre cette histoire publique, n'a pas permis de chercher et d'atteindre. Ils existoient pourtant, on en verra la preuve en les lisant... » Quand on sait que Prévost, en 1751, regrettait expressément les retranchements qui lui étaient imposés, et résumait l'enterrement et le testament en exprimant toute son admiration pour ces pages « touchantes »,[4] on croira volontiers qu'il avait gardé en portefeuille les fragments éliminés ; cette centaine de pages ne pouvait de toute façon entrer ni dans le tome VI, ni dans un tome VII digne de ce nom. Le *Supplément* publié par Perisse s'articule parfaitement sur

---

3. Préface à l'*Éloge de Richardson*, *Œuvres complètes* de Diderot, Hermann, Paris, t. XIII, 1980, p. 183 et suiv.
4. *Œuvres choisies* de Prévost, Leblanc, Paris, t. XXIV, 1815, p. 340-341.

l'édition de Prévost, renvoie aux notes précédentes de Prévost, reste fidèle à son vocabulaire et témoigne des mêmes principes de traduction, jusque dans les retranchements, puisque même ce *Supplément* prend des libertés avec le texte de Richardson.[5] D'où l'hypothèse que j'ai formulée : Prévost aurait prêté ces fragments inédits à Mme d'Epinay, qui les aurait confiés à Diderot en août 1761, pour les lui redemander un peu plus tard en vue d'une édition éventuelle ; celle-ci se trouva hâtée par la publication de l'*Éloge*. Le *Supplément* de Prévost connut un grand succès ; on le retrouve intégralement dans les rééditions de *Clarisse* de 1766, de 1777 et dans les *Œuvres choisies* de Prévost en 1783 et en 1810. Curieusement, aucun des éditeurs n'a pris soin d'intégrer les additions au texte, en leur lieu et place.[6] Ainsi, grâce à Diderot, le *Supplément* aura vécu pendant cinquante ans d'une vie autonome. On ne peut pas considérer comme un hasard la publication conjointe, dans toutes ces éditions, du *Supplément* et de l'*Éloge de Richardson* ; à supposer que les auteurs ne l'aient pas souhaitée, les éditeurs et les lecteurs l'ont imposée. Dans l'«Essai sur la vie et les ouvrages de l'abbé Prévost» publié en tête des *Œuvres choisies*, Pierre Bernard n'a pas craint de mêler au panégyrique de Prévost deux pages tirées de l'*Éloge* ;[7] c'était dire à quel point, pour les contemporains, les noms de Prévost et de Diderot étaient liés dès qu'il était question de Richardson.

On voit en même temps à quel point ce dialogue est oblique : Prévost ne semble pas s'adresser à Diderot ; Diderot n'ose pas ou ne veut pas louer Prévost : la traduction de *Clarisse* est « élégante »

---

5. Édition de 1762, p. 74.
6. L'éditeur de 1762 s'est efforcé de présenter le *Supplément* comme un tout, et c'est la raison pour laquelle il y a intégré les trois premières lettres posthumes de Clarisse, déjà imprimées en 1751 ; les éditeurs de Prévost ont respecté cette disposition. A partir de 1785-1786, les lecteurs pouvaient disposer de la traduction complète de Le Tourneur.
7. Édition de 1810, t. I, p. 73-74 ; Diderot est cité d'après l'édition des *Œuvres* de 1772 ; toute la fin du passage de l'*Éloge* relatif au texte anglais est reproduite, et Diderot est comme annexé à l'œuvre de Prévost...

mais trompeuse, et Diderot feint de lui opposer l'original anglais au moment même où il compulse fiévreusement les « fragments » dont il connaît probablement l'origine ; et tout en exaltant le texte anglais, il continue de parler des « Harlove » ou « Harloves » comme faisait Prévost. En même temps, l'abbé est utilisé comme faire-valoir de Richardson ; au début de l'*Éloge*, on le voit visé à chaque ligne ; car c'est bien dans les *Mémoires d'un homme de qualité* qu'on voit « couler le sang le long des lambris » ; c'est dans *Cleveland* qu'on erre à travers monts et forêts, au risque d'être « dévoré par les sauvages » dans des « contrées éloignées » d'Amérique ; et sans doute encore est-ce dans les *Mémoires d'un honnête homme* que le narrateur parcourt des « lieux clandestins de débauche ».[8] Mais Diderot ne se prive pas un peu plus tard d'utiliser largement l'« Avis au lecteur » de *Manon Lescaut*, comme l'a montré Jean-Paul Sermain : évite-t-il d'inclure *Manon* dans sa condamnation ? On le croira quand on le verra citer dans *Jacques le fataliste*, à titre d'épisode qui « pue le *Cleveland* » un passage aisément reconnaissable de l'*Histoire du chevalier Des Grieux*. Peut-être brûle-t-il ce qu'il avait adoré ; du moins, tout à son enthousiasme pour Richardson, il ne peut le définir qu'en l'opposant au romancier français qu'il connaît le mieux, et à celui qui illustre parfaitement l'ancien style romanesque. Il ne fait guère de doute qu'après 1760, Diderot et ses amis trouvent Prévost définitivement démodé. L'*Encyclopédie* ne mentionne ni ses romans ni ses journaux ; dans le tome III du *Supplément* en 1777, on trouvera seulement, à l'article « Hesdin », signé C. (sans doute Pestré), cette remarque méprisante sur l'œuvre de « l'abbé Prévost d'Exiles » : « Son *Histoire des voyages* est connue, sa traduction des *Lettres de Cicéron* est estimée ; son *Manuel lexique* est utile, et lui fera plus d'honneur que tous ses romans ».

On pourrait en rester à cette conclusion désobligeante, je voudrais aller un peu plus loin, dans une voie ouverte par Jacques Chouillet. Les traces d'une lecture attentive de Prévost sont nom-

---

8. *Œuvres de Prévost*: *MHQ*, I, 42 ; *C*, II, 177, 221, 228, 232 ; *MHH*, Livre second.

breuses dans l'œuvre de Diderot. Dans les *Bijoux indiscrets*, la satire vise naturellement en premier l'auteur des *Mémoires d'un homme de qualité*, comme le montre l'histoire de Sélim ;[9] mais la parodie cache souvent une secrète admiration, qui se manifeste ouvertement dans *Le Fils naturel* : ici, l'« idéologie du malheur », selon l'expression de Jacques Chouillet, renvoie tout droit à *Cleveland*, et elle entraîne avec elle toute une thématique familière aux lecteurs de Prévost : pressentiments, malheurs de la vertu et injustice des dieux, fatalité de l'inceste.[10] Le mythe personnel de Diderot semble si bien se confondre, en 1757, avec le romanesque prévostien qu'on peut supposer ici une résurgence d'anciennes émotions de lecture, comme dans le cas de Jean-Jacques Rousseau. Celui-ci, évoquant ses lectures de jeunesse, écrivait dans les *Confessions* : « La lecture des malheurs imaginaires de Cleveland, faite avec fureur et souvent interrompue, m'a fait faire je crois plus de mauvais sang que les miens ».[11] On trouve dans le discours *De la poésie dramatique* de Diderot un aveu analogue : « Chaque ligne de l'*Homme de qualité retiré du monde*, du *Doyen de Killerine* et de *Cléveland* excite en moi un mouvement d'intérêt sur les malheurs de la vertu, et me coûte des larmes » (tome X, page 338). A la différence de Rousseau, Diderot, en novembre 1758, parle au présent. Que faut-il penser de ce témoignage d'admiration durable, et comment le concilier avec ce qui est dit, en 1761, dans l'*Éloge de Richardson*, pratiquement sur le même sujet ?

Les dates ont ici leur importance. C'est en 1757, dans *Le Fils naturel* et dans les *Entretiens* avec Dorval que le souvenir de Prévost, et plus particulièrement de *Cleveland*, est le plus visible : le héros « sombre et mélancolique », « abandonné presque en naissant entre le désert et la société » (tome X, pages 14, 61), semble connaître toutes les épreuves du philosophe anglais ; et tels motifs purement

---

9. *La Formation des idées esthétiques de Diderot (1745-1763)*, Atelier de Lille III, 2 vol., 1973, t. I, p. 84.
10. *Ibid.*, p. 420-421, 440, 454.
11. *Œuvres complètes*, Gallimard, Pléiade, t. I, p. 220.

romanesques comme ceux de l'inceste involontaire, du duel fortuit, du retour du père au terme d'un voyage aventureux rappellent invinciblement Prévost. En 1758, dans le discours *De la poésie dramatique*, Diderot reconnaît ouvertement sa dette ; *Clarisse* n'est pas mentionnée : la découverte bouleversante de Richardson n'intervient qu'en 1760-1761. Mais en 1760, Diderot a écrit *La Religieuse*, commencé *Le Neveu de Rameau*, et peut-être eu la première idée de *Jacques le fataliste*. Tout se passe comme si l'année 1758 marquait un dilemme et un tournant dans son œuvre littéraire, et comme s'il passait progressivement du théâtre au roman. Cette hésitation ne lui est pas propre : en 1757, les philosophes rêvaient de s'imposer par la scène ; Diderot, d'Alembert et Voltaire ont cédé en même temps aux illusions dont témoigne l'article « Genève » de l'*Encyclopédie* ; Rousseau, qui a déjà opéré sa conversion, s'en désolidarise dans la *Lettre à d'Alembert* en 1758. Après le succès des *Philosophes* de Palissot en 1760, et l'insuccès du *Père de famille* en 1761, Diderot a peut-être été tenté de lui donner partiellement raison. Dès 1760, il s'est tourné vers le roman. Voltaire, lui, vient d'écrire *Candide*, et Rousseau achève *La Nouvelle Héloïse*. L'hésitation entre le théâtre et le roman est parfaitement sensible jusque dans le discours *De la poésie dramatique*, où Diderot rêve de conférer au théâtre nouveau des vertus qui semblaient relever jusqu'alors du roman : « Mais comment renfermer dans les bornes étroites d'un drame tout ce qui appartient à la condition d'un homme ? » (tome X, page 333). Quand il rassemble dans une même phrase « le poète, le romancier, le comédien », il sait déjà que le romancier seul peut décrire la courbe entière d'une destinée, parcourir les traverses d'une vie honnête et malheureuse, plonger dans les « cavernes » intérieures ; et le premier exemple qui vienne sous sa plume est celui de Prévost.

A partir de 1760, Richardson s'impose à lui progressivement. En fait, on distinguerait facilement, derrière l'éloge de *Clarisse*, une admiration persistante pour Prévost ; d'abord parce qu'il a découvert Richardson dans une traduction qui doit beaucoup à l'art de Prévost ; mais ce qu'il aime le plus dans *Clarisse*, et ce qu'il découvre en particulier dans le *Supplément*, c'est ce qu'il avait aimé dans les

Mémoires d'un homme de qualité et dans *Cleveland* : les infortunes de la vertu, les « impressions fortes des grands événements », le malheur de l'enfant sacrifiée aux intérêts familiaux, l'enterrement de la jeune fille. Chez Prévost, ces thèmes étaient enveloppés dans une intrigue romanesque dont Diderot voudrait se passer. Peut-on atteindre aux mêmes effets dramatiques sans passer par cette complication d'événements, cette multiplicité de « scènes épisodiques » et cette intrigue « qui serpentera entre elles » (tome X, page 333) ? Telle est la question qu'il se pose, et à laquelle Richardson lui paraît soudain apporter la réponse. Ici l'intrigue est simple, les grandes scènes sont rapportées directement par l'héroïne ; à la multitude des épisodes s'ajoute l'expression permanente du drame vécu par Clarisse. Le front du récit avance lentement, sans exclure les infinies ramifications de l'histoire, et le présent de la narration épistolaire donne à chaque scène un relief incomparable. Ajoutons que le réalisme social de Richardson donne au roman une vraisemblance dont les romans de Prévost pouvaient paraître singulièrement dépourvus. Et c'est pourquoi Prévost est cantonné dans le rôle d'annonciateur de Richardson : pour que l'un croisse, il faut que l'autre diminue.

Il s'efface, sans disparaître de la mémoire de Diderot ; en voici d'autres signes. En mars 1760 commence à paraître le dernier roman de Prévost, *Le Monde moral*. Le propos de Prévost paraît, dès le préambule, très proche de certaines préoccupations de Diderot. Prévost a dénoncé libertins et satiriques ; il veut désormais « pénétrer jusqu'à la source du mal, qui réside ordinairement dans le cœur » ; et c'est à la recherche des « routes secrètes » du cœur qu'il voue ses derniers efforts. S'il est vrai, comme le dit Jacques Chouillet,[12] que pour Diderot, en 1761, le principal obstacle à la connaissance de soi et à la narration lucide réside dans la jalousie, on ne manquera pas, une fois encore, de penser à Prévost, et notamment à *Cleveland* et à l'*Histoire d'une Grecque moderne*. Mais on pensera surtout à un admirable épisode du *Monde moral*, l'histoire du

---

12. *Diderot poète de l'énergie*, PUF, Paris, 1984, p. 195 et suiv.

Père Célerier, dans lequel la jalousie aveugle crée le drame, lentement dévoilé au long d'une narration implacable. Dans cette histoire, Prévost a donné un dernier témoignage du génie qui était le sien ; et l'on ne peut croire que Diderot l'ait ignoré, au moment où il entreprenait de rédiger *La Religieuse*. C'est en effet dans l'histoire du Célerier qu'on trouvera exprimée, avec une singulière véhémence, l'obsession de la vie claustrale : « Tout m'y déplait – dit le Célerier –, tout m'afflige, me pèse, me révolte ; le jour et la nuit me paraissent une chaîne de tourments. Occupations, habits, nourriture, mon cœur se refuse à tout, mon goût y répugne avec horreur. La cloche qui m'appelle aux exercices, rend un son qui m'a toujours fait frémir... » C'est là aussi que l'on trouvera représentés, avec de fortes couleurs, l'effroi de l'incarcération, le cauchemar du pêcheur, la tentation du suicide, le sacrifice de l'enfant innocent. En avril 1760, la *Correspondance littéraire* exécutait en quelques lignes cette « compilation d'historiettes découpées » (tome IV, page 224). Diderot, lui, redécouvrait les vertus du long récit personnel, de la construction dramatique, du décor fantasmatique. A-t-il continué de croire qu'il devait tout à Richardson ? A-t-il laissé à Fréron le soin de louer le *Monde moral* ?[13] Nous ne le saurons pas ; car il n'a rien dit, et nous en restons à un dialogue des morts.

On voit comment cette enquête est à la fois suggestive et décevante. Il est infiniment probable que Prévost et Diderot se sont rencontrés : dans le petit monde littéraire de Paris, comment auraient-ils pu s'éviter ? Ils ont fréquenté le même milieu journalistique ; dès 1740, Diderot semble avoir cherché à écrire dans les *Observations sur les écrits modernes* ; en 1755, il s'intéresse de près au *Journal étranger*. Ils ont eu la même admiration pour la littérature anglaise et particulièrement pour Richardson ; ils se sont posé les

---

13. Voir le beau compte rendu donné dans l'*Année littéraire* de 1760, t. II, lettre 13, p. 289 et suiv. ; ce compte rendu commence par une attaque contre le « philosophisme », qui ne pouvait manquer d'irriter Diderot et ses amis. Il est vrai qu'au même moment, le *Journal encyclopédique* donne lui-même un compte rendu très favorable du roman (mai 1760, t. III, p. 84 et suiv.).

mêmes questions sur le roman et sur le théâtre. Mais aucun témoignage ne subsiste de leurs rencontres. Nous ne saurons même pas si Mme d'Epinay a servi d'intermédiaire entre les deux écrivains, si Perisse les a consultés sur la publication conjointe de l'*Éloge* et du *Supplément*, si Diderot a lu et aimé *Le Monde moral*. A voir tant de lacunes et de réticences, on serait tenté de croire qu'ils se sont évités ; mais cela non plus n'est pas sûr, et nous ne connaissons jamais qu'une infime partie des faits. Du moins peut-on penser, à partir de la simple confrontation des œuvres, qu'en 1760, ils appartenaient désormais à deux mondes différents. Prévost appartient au passé, à son propre passé ; il ne renie plus les sources chrétiennes de sa pensée ; pour le matérialisme, en dépit des tentations de 1740, il n'a jamais éprouvé qu'une secrète répulsion. En 1760, Diderot est tout entier tourné vers son œuvre personnelle de philosophe et d'écrivain ; il voudrait réinventer le théâtre et le roman ; il rompt avec les maîtres qu'il a le plus admirés, il va de l'avant, il se libère. Entre le vieux Commandeur prisonnier jusqu'au dernier jour de ses liens monastiques, et le philosophe assuré de sa force, quel dialogue pouvait naître ? J'essaie d'imaginer, tout au plus, dans le regard qu'ils ont pu échanger en se croisant, une intention : dans le regard de Diderot sur Prévost, je sens de la compassion, et dans le regard de Prévost sur son cadet, quelque chose comme de l'envie...

DE PRÉVOST À SADE

Il sera question ici de Prévost et de Sade, de Sade lecteur de Prévost, de la façon dont à l'époque de Sade on lisait Prévost. Sade eut pour Prévost une immense admiration, et qui s'est manifestée toute sa vie durant. Cette admiration n'est pourtant pas exceptionnelle à la fin du siècle ; elle se situe très exactement au moment de la plus grande faveur de Prévost : entre les deux grandes éditions des *Œuvres choisies,* en 1783-1785 et 1810-1816. On a pu montrer l'étendue de l'influence de Prévost sur le roman anglais à partir de 1760 ;[1] cette influence est non moins visible en France dans les œuvres de Baculard d'Arnaud, de Loaisel de Tréogate, de Rétif, et jusque dans les premières œuvres de Chateaubriand – pensons seulement au préambule de *René.* Sade est donc pour nous le témoin privilégié d'un retour en force de Prévost ; il l'est d'autant plus que dans sa critique du roman comme dans ses romans eux-mêmes, il ne cesse pas de se situer par rapport à une tradition tour à tour exploitée, transformée, parodiée, dévoyée. Cette tradition, Prévost la résume ; il est à la fois pour Sade l'idéal

---

1. Voir Ernest Baker, *The History of the English Novel,* 1929, rééd. Witherby, London, 1942, et James R. Foster, *History of the Preromantic Novel in England,* New York, 1949, ainsi que Jean Sgard, *Prévost romancier,* ouvrage cité, p. 553.

inaccessible, le modèle canonique et le matériel inépuisable de toute création romanesque. Sade nous offre ainsi toutes sortes de lentilles et de verres grossissants sous lesquels se développe et se modifie l'œuvre de Prévost.

*

L'« Idée sur les romans » est à cet égard un texte curieux. Sade y récrit à sa manière l'histoire du roman en fonction de l'apparition de Prévost, ce que dit d'ailleurs explicitement l'état initial du texte : « Prévost parut et créa, si nous osons le dire, le véritable genre du roman… »[2] La version définitive oriente simplement l'histoire selon une finalité plus discrète : après avoir parlé des ancêtres plus ou moins vénérables, puis des femmes romancières, Sade fait l'éloge successif des romanciers libertins, de Marivaux, de Voltaire, de Rousseau ; il semble réserver au roman anglais la valeur d'une révélation : « Enfin les romans anglais… » Et c'est seulement alors que surgit Prévost, en qualité de « Richardson français ».[3] Prévost résume en quelque sorte tous les apports successifs du XVIIIe siècle, et par un artifice de présentation, il vient clore, en dépit de la chronologie, l'histoire du roman : « Et voilà ce qui s'appelle écrire un roman ; voilà ce qui, dans la postérité, assurera à Prévost une place où n'atteindra nul de ses rivaux. » Il ferme le passé et il ouvre l'avenir, il est à lui seul le genre entier. Comme les romanciers anglais, Prévost a mis en scène les malheurs de l'amour, les épreuves de la vertu et le « véritable dédale de la nature » ; mais mieux qu'eux, il a su construire de grandes architectures romanesques, ces intrigues « implexes » qui permettent de développer à l'infini le récit sans lui faire perdre de son unité profonde. Prévost n'est pas un moment de l'histoire du roman, il surplombe le genre, il le résume, il l'a réalisé en entier.

2. « Projet d'avertissement de l'auteur… » dans les *Œuvres complètes du marquis de Sade*, Cercle du livre précieux, Paris, t. X, 1975, p. 498.
3. « Idée sur les romans », *Œuvres complètes*, éd. citée, t. X, p. 13.

Cette conviction de Sade est sans doute ancienne. Au début de sa captivité à Vincennes, il lisait du Prévost ; on le voit demander les *Campagnes philosophiques* à sa femme le 23 juin 1780,[4] et d'ailleurs tout ce qui paraît en fait de romans. Madame de Sade n'y suffit plus : « Pour les romans – écrit-elle – il est impossible d'en trouver de nouveaux de bons ; rien n'égale *Clarisse*. La nouvelle *Clarisse*, *Grandisson*, les *Mémoires d'un homme de qualité*, tu connais tout cela, et le reste ne vaut pas le diable... » (page 307). En août-septembre 1783, nouvelle vague de demandes, et plus insistante encore de la part du marquis. Il recopie une liste de livres « demandés depuis un siècle », en réalité depuis un mois : « La *Réfutation du système de la Nature*, *Histoire de Marguerite d'Anjou, reine d'Angleterre*. Les *Mémoires de Vordac*, j'en ai besoin. *Anecdotes françaises*, j'en ai besoin » (Lettres de Sade, page 164). Une autre lettre du mois d'août précise qu'il veut *Marguerite d'Anjou* « en feuilles » et dans la « nouvelle édition » (page 155). Il ne peut s'agir que de l'édition des *Œuvres choisies*, en cours de publication.[5] Le catalogue de ses livres à la Bastille en 1788 ne mentionne pourtant que les *Contes singuliers* en deux volumes. On peut en déduire, ou qu'il avait déjà lu les œuvres majeures de Prévost, ou qu'il les a empruntées pour une relecture, comme il lui est arrivé souvent. On serait porté à croire que ses lectures de Prévost remontent au moins à trois époques différentes : avant 1777 pour quelques œuvres majeures, vers 1780 pour la lecture méthodique, vers 1783 pour la lecture des œuvres historiques et des « anecdotes françaises », qu'il exploitera dans *Aline et Valcour* ou dans les *Crimes de l'amour*, les contes et les historiettes ; mais ce n'est là qu'une hypothèse.

*

---

4. *Lettres et mélanges littéraires écrits à Vincennes et à la Bastille...*, éd. par Georges Daumas et Gilbert Lély, Borderie, Paris, 1980 : Lettres de Madame de Sade, p. 246.

5. *Œuvres choisies de l'abbé Prévost* (Amsterdam et Paris, Hôtel Serpente, 39 tomes, 1783-1785) ; l'*Histoire de Marguerite d'Anjou* est parue dans le t. XIV en 1784.

Pour évaluer au plus près la trace de Prévost dans l'œuvre sadienne, le mieux serait sans doute d'en dresser un inventaire thématique. Comme l'a remarqué Jean Fabre dans un article important,[6] Sade n'ignore rien de la thématique traditionnelle du roman noir : les corridors secrets, les tombeaux dissimulés, les squelettes et les revenants, les châteaux hantés, les éléments déchaînés reviennent avec insistance dans *Aline et Valcour* ou dans la *Nouvelle Justine*. Or ce matériel, qui est celui du roman « gothique » alors tout récent, doit certainement beaucoup à Prévost. Maurice Lévy l'a montré dans *Le Roman gothique anglais (1764-1824)*, la thématique anglaise des malheurs de l'amour, de l'inceste, du parricide vient tout droit des *Mémoires d'un homme de qualité* et de *Cleveland*, comme d'ailleurs les thèmes du mort vivant, du cœur embaumé, du cadavre exhumé, des fantômes, des souterrains et des cavernes.[7] La banalité même de ces thèmes invite à une sorte de nomenclature, sur le modèle des enquêtes menées par la Société d'analyse de la topique romanesque. Sans prétendre ici à une liste exhaustive, on présentera un relevé des thèmes prévostiens dans l'œuvre de Sade ; et l'on notera aussitôt que les rencontres sont nombreuses dans *Aline et Valcour*, dans les *Crimes de l'amour* et dans les historiettes, mais relativement rares par ailleurs :[8]

---

6. « Sade et le roman noir » dans Jean Fabre, *Idées sur le roman*, Klincksieck, Paris, 1979, p. 173-174 ; voir également dans le même recueil « L'abbé Prévost et la tradition du roman noir ».

7. Maurice Lévy, *Le Roman « gothique » anglais (1764-1824)*, Faculté des Lettres de Toulouse, 1968, p. 182-184.

8. Les références renvoient pour l'œuvre de Sade à l'édition du Cercle du livre précieux, et pour l'œuvre de Prévost à l'édition des *Œuvres de Prévost*. Sigles utilisés pour l'œuvre de Sade : *AV (Aline et Valcour), JMV (Justine ou les malheurs de la vertu), JPV (Juliette ou les prospérités du vice), CA (Les Crimes de l'amour), EmT* (« Emilie de Tourville ») ; pour les œuvres de Prévost : *MHQ (Mémoires d'un homme de qualité), C (Cleveland), GM (Histoire d'une Grecque moderne), CS (Contes singuliers), JC (Jeunesse du Commandeur), CP (Campagnes philosophiques), MA (Histoire de Marguerite d'Anjou), GC (Histoire de Guillaume le Conquérant), MM (Le Monde moral)*. Ce relevé des topoï s'inspire des méthodes de la SATOR (voir les Rapports préliminaires du colloque de Toronto, 19 mars 1988).

arrivée du coche	*JMV* III, 65	*ML* I, 365
Bohémiens errants	*AV* V, 111	*CS* VII, 238
brigand sans foi ni loi	*CA* X, 194	*MHQ* I, 156
cadavre errant	*AV* V, 25	*MHQ* I, 94 ; *CP* IV, 391
cannibalisme	*AV* IV, 198	*C* II, 238
cavernes et souterrains	*AV* V, 197 ; *CA* X, 318	*MHQ* I, 94 ; *C* II, 228
convoi funèbre	*AV* V, 397 ; *CA* X, 491	*MHQ* I, 25
corsaires	*AV* V, 28	*MHQ* I, 157 ; *JC* IV, 185, 193
cruauté gratuite	*passim*	*GC* V, 375 ; *MA* V, 65, 147, 182
descente aux Enfers	*CA* X, 319	*CS* VII, 185
duel malheureux	*AV* IV, 22	*MHQ* I, 160, 312
enlèvement	*AV* IV, 170	*MHQ* I, 193
fille-mère persécutée	*CA* X, 381	*MHQ* I, 40
frères persécuteurs de leur sœur	*EmT*	*MHQ* I, 37
fuite dans la forêt	*JMV* III, 224	*MHQ* I, 158 ; *MA* V, 76
fuite dans des souterrains	*AV* V, 228	*C* II, 38
inceste père/fille	*CA* X, 432	*C* II, 329
inceste frère/sœur	*CA* X, 217, 395	*GM* IV, 59 ; *GC* V, 369 ; *CS* VII, 144
jalousie meurtrière	*AV* V, 242	*MHQ* I, 95 ; *MA* V, 29, 35, 46 ; *CS* VII, 109, 247, 252
législateur d'utopie	*AV* IV, 261	*C* II, 199
naufrage	*AV* IV, 252	*C* II, 101
navigation hasardeuse	*AV* IV, 184, V, 27	*C* II, 162
parricide	*CA* X, 488 ; *JPV* VIII, 242	*CP* IV, 267
pressentiment	*CA* X, 228, 248	*MHQ* I, 23
retraite au couvent	*CA* X, 398 ; *AV* V, 432	*MHQ* I, 27 ; *MM* VI, 313
rêve prémonitoire	*CA* X, 187 ; *AV* V, 361	*MHQ* I, 21 ; *GC* V, 373
scélérat hypocrite	*CA* X, 275	*C* II, 21, 28
société utopique	*AV* IV, 238, 253	*C* II, 199, 543
spectacle d'horreur	*CA* X, 206, 257, 488	*MHQ* I, 105, 171, 312 ; *CP* V, 290
suicide du criminel	*CA* X, 206	*CP* IV, 39
suicide de la victime	*AV* V, 413	*MHQ* I, 42
voix du sang	*CA* X, 216	*C* II, 328
voleuse sans foi ni loi	*JMV* III, 80	*MHQ* I, 342 ; *CS* VII, 150

Cette liste rapide et imparfaite appelle plusieurs remarques. On y trouve beaucoup de procédés très conventionnels, qui n'appartiennent pas en propre à nos deux romanciers, mais que Prévost a sans doute contribué à vulgariser (arrivée du coche, corsaires, enlèvements, etc.) ; on y trouve surtout beaucoup de procédés qui caractérisent le roman noir : Jean Fabre n'avait pas tort de voir là l'essentiel du fonds commun à Prévost et Sade. Toutefois, il est rare que l'on trouve chez Sade une imitation littérale de Prévost : une transcription aussi précise que celle de la descente d'Aline et Valcour dans les souterrains (*AV* V, 197) ou une mention explicite de Prévost dans « Ernestine » sont des exceptions, et encore faudrait-il parler de cette imitation dans les termes mêmes de Sade : « J'y réussis... mais quelle différence !... » (*CA* X, 318). Dans la plupart des occurrences que j'ai énumérées, on trouvera plutôt une couleur prévostienne qu'une imitation proprement dite. Ajoutons que dans *Aline et Valcour,* le style de Richardson est bien plus sensible que celui de Prévost. Le plus souvent, on constatera que Sade a surtout trouvé chez Prévost une manière de raconter, une technique, et c'est ce qu'il nous faut étudier maintenant.

Ce que certainement Sade a admiré le plus en Prévost, c'est le génie de l'intrigue « implexe », cette sorte de développement à l'infini à partir d'un noyau productif. Sade compose avec difficulté, et le plus souvent par tiroirs, ou par divisions : cent-vingt journées, dix épreuves de Justine, onze crimes de l'amour. Quand il se lance, avec *Aline et Valcour,* dans un grand récit, il emprunte d'abord à la formule du colloque, de la réunion de « devisants » ; et c'est seulement avec l'« Histoire de Sainville et de Léonor » qu'il se met résolument à l'école de *Cleveland :* irrémédiablement séparés, comme Cleveland et Fanny, les deux héros se lancent dans une interminable poursuite, au cours d'un périple méditerranéen puis africain, avant de nous donner l'explication rétrospective de leurs malheurs. Sainville rencontre sur son chemin des sociétés utopiques de caractère aussi contrasté que l'étaient chez Prévost les royaumes des bons Abaquis ou des méchants Rouintons, ce qui nous vaut d'immenses récits secondaires.

Pour maintenir l'unité profonde d'un récit interminable, Prévost avait multiplié les annonces, les pressentiments, les réflexions et méditations sur le destin et la Providence. Sade n'y manque pas : « Hélas ! dans ma cruelle situation, menacé comme je l'étais de tous les fléaux qui peuvent assaillir l'homme, le ciel m'est témoin que je ne lui adressai pas un seul vœu pour moi. Est-ce courage, est-ce défaut de confiance ?... » (*AV* IV, 183). On retrouvera dans les narrations courtes des *Crimes de l'amour* des effets comparables, textuellement empruntés à Prévost : « Mais il était dit que le malheur me suivrait partout, et que je serais perpétuellement, ou témoin ou victime de ses effets sinistres » (*CA* X, 241 ; *MHQ* I, 23). Chez Sade toutefois, le pathétique de la déploration contribue à renforcer le masochisme de la narratrice ; c'est le cas en particulier dans le cycle de Justine. On notera d'ailleurs que chez Prévost, la narration personnelle et pathétique est presque toujours attribuée au héros du récit ; en l'attribuant à l'héroïne, Sade déplace profondément l'économie du système narratif.

Il reste néanmoins évident que Sade doit à Prévost, plutôt qu'une topique proprement dite, cette présence massive d'un narrateur qui maîtrise totalement le récit. A cet égard, les préambules pompeux des *Infortunes de la vertu,* d'« Ernestine », de la *Marquise de Gange* et de bien d'autres récits ne font qu'amplifier les exordes prévostiens. Dans la nouvelle où il se réclame ouvertement de l'exemple de Prévost, « Ernestine », l'imitation apparaît beaucoup plus dans l'encadrement du récit que dans son déroulement. Comme dans la nouvelle du *Pour et Contre* qui est la source directe de Sade, « Aventure intéressante des mines de Suède » (VII, 185), un préambule présente le lieu de la scène narrative, les mines de Falun ; après quoi le personnage-auteur descend dans l'enfer de la mine et rencontre les héros, dont l'histoire nous est racontée rétrospectivement. L'organisation dramatique du récit est, elle, totalement différente.[9] Sade retient surtout de Prévost la technique du récit encadré ; c'est elle qui confère à la narration romanesque son caractère réfléchi et proprement « philosophique ».

Dans « Idée sur les romans », Sade caractérise ainsi l'art de Prévost : « les situations de ces ouvrages, heureusement ménagées, amènent de ces moments où la nature frémit d'horreur » (*CA* X, 14). On observe effectivement chez Prévost un contraste constant entre les lentes préparations, les intrigues patiemment tramées, et les soudaines explosions de violence ; tout l'effet d'une tension dramatique accumulée se libère dans une scène « attendrissante ou terrible », dans un tableau pathétique ou un spectacle d'horreur. Or la progression du récit obéit souvent, dans les *Crimes de l'amour*, à un rythme comparable : d'habiles canailles, des scélérats hypocrites (Strozzi, Franval, Oxtiern) tissent lentement leur toile ; ils dressent, en artistes, de véritables architectures de mensonges, avec l'espoir d'un tableau final qui les comble de plaisir. Le tableau sera le plus souvent d'une cruauté dont Prévost n'eût pas eu l'idée ; il reste que la mort de Diana de Velez, la mort de la sœur de Renoncour ou le martyre de la captive d'Andredi dans les *Mémoires d'un homme de qualité* et bien d'autres scènes tragiques de *Cleveland,* du *Doyen de Killerine* ou du *Monde moral* ont dû guider l'imagination de Sade. Aux yeux de ses contemporains, Prévost avait donné l'exemple de l'énergie dans l'action dramatique, du tragique dans les dénouements. Il est visible que cette leçon n'a pas été perdue.

*

On ne saurait pourtant limiter à ces techniques narratives l'héritage prévostien. En premier lieu parce qu'elles ne sont pas la propriété exclusive de Prévost ; on les trouverait aussi bien dans ces *Mémoires du comte* de Vordac de Cavard (1702) que Sade récla-

---

9. Voir Jean Sgard, « Le romaneque suédois », *Influences*, sous la direction de G. von Proschwitz, Actes de l'université de Göteborg, 1988, p. 91-102.

mait en 1783, ou dans les œuvres de Baculard d'Arnaud, qu'il lit avec avidité à la même époque.[10] On notera en outre que Sade admire aussi bien chez Prévost les grandes quêtes romanesques (*Mémoires d'un homme de qualité, Cleveland*) que les courtes nouvelles tragiques du *Pour et Contre,* de facture totalement différente ; ces « anecdotes françaises » naissent à profusion sous sa plume de 1783 à 1788, sous le nom de *Crimes de l'amour,* mais aussi de contes et historiettes de tout genre. Ce n'est donc pas la simple technique du long récit qui justifie son intérêt pour Prévost. Le procédé du récit encadré, les longues préparations suivies de scènes terrifiantes, ou de l'intrigue implexe correspondent chez Prévost à un sentiment du tragique, à une expérience de la cruauté, à une notion de l'aventure sensible dont Sade a certainement perçu la nouveauté.

Si l'on cherche en quoi réside le tragique prévostien, tragique que tous ses contemporains ont admiré dans les *Mémoires d'un homme de qualité,* dans *Manon Lescaut,* dans *Cleveland* ou dans les « contes singuliers » du *Pour et Contre,* on sera porté à croire qu'il repose sur une certaine densité du mal : mal physique (éléments déchaînés, inhumanité des déserts, épidémies, etc.), mal social (guerres, barbarie, tyrannie des grands, des pères, des époux, superstition, fanatisme, etc.), mal moral (violence des passions, maladies de l'âme). Le conflit tragique voit s'affronter des forces implacables : dans le dénouement de *Manon Lescaut,* Des Grieux ne peut pas cesser d'aimer, Synnelet ne peut s'empêcher de lui disputer Manon, le gouverneur ne peut pas ne pas gouverner en faveur de son neveu, le désert est nécessairement meurtrier. La violence illimitée de la passion, de la jalousie, du désir, de la volonté de pouvoir crée à la fois l'obstination des protagonistes dans l'intrigue et l'explosion finale, toujours inévitable. D'où chez Prévost, mais

---

10. *Lettres et mélanges littéraires,* ouvrage cité, p. 164-165 : « Vingt volumes de romans nouveaux de 1777 à 1783 » (liste du 15 octobre 1783) ; « Toutes les œuvres de d'Arnaud, de Dorat, de l'abbé Delille, le *Décaméron français* » (« Catalogue des livres dont je manque absolument, à acheter »).

aussi chez Sade, l'énergie dans la passion (Andredi, Cromwell, Lambert, Guillaume le Conquérant ou Marguerite d'Anjou chez l'un, Bressac, Oxtiern ou Franval chez l'autre), la persévérance dans le mal, le débordement de violence, une sorte d'enfer terrestre. Il manque peu de chose à une nouvelle comme l'histoire du Père Célerier dans le *Monde moral,* pour qu'elle soit sadienne ; on y trouvera le mari passionné, aveugle, injuste, la femme-victime, le serviteur jaloux et machiavélique, le piège atroce, les cauchemars, l'exécution finale. Peu de chose, dira-t-on, sauf le sadisme ; mais le sens de la cruauté n'est pas éloigné du sadisme.

Il y a assurément chez Prévost un exercice de la cruauté. C'est dans les *Mémoires d'un homme de qualité* qu'on trouvera un brigand déchaîné (Andredi), des viols, la mort de deux cents filles dans le désert, une voleuse révoltée qui se venge par des crimes répétés : la voleuse de Senlis (*MHQ* I, 342) est certainement l'ancêtre de la Dubourg. Dans les *Campagnes philosophiques,* un mari jaloux enferme sa femme avec le cadavre « défiguré » de son amant supposé (IV, 391). Les romans historiques, plus encore, mettent en scène la violence barbare, la soif du sang : « horrible boucherie », plaisir de la vengeance dans les *Campagnes philosophiques* ou dans l'*Histoire de Guillaume le Conquérant,* et parfois sadisme caractérisé : « Ainsi tout ce qui pouvait flatter l'imagination ardente du roi Guillaume, se réunissait dans un récit où il voyait d'un côté des guerriers échauffés au carnage, et de l'autre une troupe de moines tremblants... » (*GV* V, 375). La « force de la haine et de la vengeance » (*MA* V, 65) a peut-être plus d'intensité encore dans l'*Histoire de Marguerite d'Anjou,* que Sade réclamait avec tant d'insistance en 1783 ; on y trouvera des supplices raffinés (V, 65), des mœurs de « bêtes féroces » (V, 147), des exécutions implacables (V, 182). On sent que pour Prévost, les époques « barbares » se caractérisent par l'explosion d'une sorte de férocité naturelle, et que celle-ci peut toujours renaître.

Un simple acte de foi dans le pouvoir des Lumières empêche Prévost de glisser dans le pessimisme. Ses romans laissent toutefois apparaître un désordre endémique de la nature. Les hommes ont été abandonnés au pouvoir des passions, rien ne laisse espérer que l'amour ou le désir de bonheur puissent trouver sur la terre leur satisfaction ; on garde plus souvent l'impression que la force panique des passions entraîne les personnages de Prévost dans des aventures dramatiques où ils perdent l'espérance, leurs certitudes et parfois leur raison. Il a donc exploré, comme le fera Sade, les malheurs de l'amour, les épreuves de la vertu, les labyrinthes de la nature. Dans cet enfer des passions que figurent les mines de Falun, il met en scène la révolte, l'affirmation de l'amour coupable, le refus de la loi ; Sade y ajoutera l'esprit du mal, une sorte de volonté d'accomplir le chef d'œuvre du crime. Il part des mêmes prémisses que Prévost, il trouve seulement dans le désordre de la nature une justification du désordre des passions. Encore notera-t-on que dans les *Crimes de l'amour,* ouvrage publié en France et soumis à la censure, il adopte, par simple prudence, des conclusions très prévostiennes : Oxtiern succombe au remords, Franval se suicide sur le cercueil de sa femme. Mais sait-on vraiment ce que les dénouements tragiques de Prévost, ces retraites à la Trappe, ces refus de vivre, ces deuils ostentatoires cachaient de révolte et de sacrilège ?

*

A bien des égards, Sade semble continuer Prévost ; il ne continue pas Richardson, qu'il n'admire pas moins. Il revient à la technique narrative de Prévost, malgré ce qu'elle peut avoir, à la fin du siècle, d'un peu archaïque ; et il retrouve le sens profond de cette technique, cette recherche de l'affrontement entre des forces irréductibles : force de la passion, brutalité de la répression, toute-puissance du mal. On devine une lecture spécifiquement sadienne de Prévost : nul doute qu'il n'ait apprécié à sa manière toutes ces victimes de l'amour, ces innocentes persécutées ; mais il y a surtout chez Sade une redécouverte de l'énergie, du tragique, du pessimisme de Prévost. Or cette vision de l'œuvre de Prévost tend à s'imposer à la fin du siècle. On la discernait déjà dans *Les Trois siècles* de Sabatier de Castres qui, malgré de fortes réserves de moraliste, insistait sur l'imagination de Prévost, sur la force de son pathétique, et du même coup, sur la place exceptionnelle que tenait dans son œuvre *Manon Lescaut*.[11] La Harpe, dans son *Cours de littérature*, va dans le même sens ; et s'il est vrai, comme le dit Sade, qu'il s'étend lourdement sur la dispersion de l'intrigue chez Prévost, sur les entassements d'événements,[12] il affirme plus fortement aussi son admiration pour *Manon Lescaut*. Sade prétend résumer, dans son « Idée sur les romans, » l'opinion générale, et curieusement, il use d'une citation, peut-être fabriquée : « Les *Mémoires d'un homme de qualité*, enfin (pour ajouter à ce que nous pensons de Prévost, ce que d'autres que nous ont également pensé), *Cleveland, l'Histoire d'une Grecque moderne*, le *Monde moral, Manon Lescaut* surtout, sont remplis de ces scènes attendrissantes et terribles qui frappent et attachent invinciblement... »[13] Ce qu'il dit de Prévost – cette alternance de pitié et d'horreur, ce goût pour les grandes scènes – on le retrouverait en effet chez nombre de ses contemporains, à commencer par Pierre Bernard, l'auteur de la préface des *Œuvres choisies* de 1783, que Sade avait certainement eue sous les yeux. Pierre Bernard insiste déjà sur le tragique des romans prévostiens : « L'abbé Prévost fut le premier qui porta dans le roman la terreur de la tragédie... » Lui aussi commence par une énumération des aspects les plus « noirs » de l'œuvre de Prévost, et lui aussi met au premier plan *Manon Lescaut :* « On a comme douté si cet ouvrage n'étoit pas le chef d'œuvre de son auteur... » Une sorte de nouvelle vulgate de l'œuvre de Prévost semble se répandre à la veille de la Révolution ; elle met en valeur la violence, le tragique, la noirceur de l'univers

---

11. *Les Trois Siècles de notre littérature*, Amsterdam et Paris, 1772, t. 3, p. 106-108.
12. *Lycée ou Cours de littérature*, Agasse, Paris, t. XIV, an XII (1805), p. 243-247. On peut se demander comment Sade a eu connaissance du cours de La Harpe cinq ans avant sa publication ; a-t-il suivi des cours publics de La Harpe, ou retenu la substance de ses comptes rendus dans le *Mercure* ?
13. « Idée sur les romans, » éd. citée, t. X, p. 13-14. Cette citation, qui rappelle beaucoup de jugements publiés dans les dictionnaires de la fin du siècle, n'est pas tirée du cours de La Harpe ; peut-être Sade s'efforce-t-il de le citer de mémoire.

prévostien. On en trouverait l'expression atténuée dans l'édition (très altérée) de *Manon Lescaut* dans la *Bibliothèque universelle des romans* en janvier 1789 : les passions contrariées par les institutions sociales rompent leurs digues et font « de l'homme le plus doux un homme atroce ».[14] C'est cette tendance que résume Sade, et qu'il interprète avec un réel sens critique.

*

Une dernière question mériterait d'être posée : que s'est-il passé de Prévost à Sade ? Du point de vue de l'art du roman, et à ne lire que Sade, on serait tenté de répondre : peu de chose. A vrai dire, Sade est sur ce point peu représentatif de son époque. Sa technique romanesque est archaïque ; ce qu'il ajoute à Prévost, c'est essentiellement le sadisme. Quand il esquisse à grands traits une histoire du roman, il ne songe en fait qu'au roman très particulier qu'il va écrire ; il considère le roman prévostien comme un genre en soi, comme l'ancêtre et le mode accompli du roman noir, un mode narratif dans lequel on peut s'installer. Sa réflexion est d'emblée méta-romanesque, si l'on peut dire ; et il en va de même de ses romans, qui semblent toujours retraiter une matière romanesque déjà constituée. Sade pressent pourtant que la succession de Prévost vient seulement de s'ouvrir. Il devine le pouvoir de renouvellement inscrit dans cette œuvre immense et paradoxale : « ... peut-être – écrit-il en note de l'"Idée sur les romans" – n'aurions-nous jamais eu *Julie*, sans *Manon Lescaut* ». Mais il suggère aussi que, sans *Manon Lescaut*, nous n'aurions pas eu *Pamela*, *Clarissa*, ni le roman noir. Avec l'œuvre de Prévost, nous dit-il en substance, le roman se montre capable d'émouvoir autant que la tragédie, de faire penser autant qu'une somme philosophique ; en trempant son pinceau « dans le Styx », Prévost a peut-être donné à l'imitation de la nature une nouvelle dimension, une présence de l'irrationnel que seul le

14. *Bibliothèque universelle des romans,* janvier 1789, vol. I, p. 41.

roman pouvait mettre en scène. Tout cela, Sade l'a parfaitement montré. Ce qu'il ne dit pas, ce qu'il ne peut pas dire, c'est que les plus grands disciples de Prévost ont, comme lui, tenté de faire concurrence au réel et de construire leur propre univers ; mais ils se nomment Diderot, Rétif, Chateaubriand ou Balzac, et non pas Sade.

PRÉVOST ET LE PROBLÈME
DU LIBERTINAGE

TOUT PARAÎT OPPOSER Prévost et Crébillon : leur état social, leur carrière, leur milieu et, naturellement, leur œuvre ; plus que leur œuvre, l'écriture romanesque, le genre narratif dans lequel ils ne cessent d'inventer : en forçant un peu les choses, on verrait d'un côté la gravité, la métaphysique, le tragique, et de l'autre la légèreté, le scepticisme, le libertinage. A partir de leur œuvre, deux lignées du roman semblent se constituer : sous le signe de Prévost, le roman sensible, et sous le signe de Crébillon, le roman libertin. Il y a là matière pour un de ces parallèles divergents dont l'histoire littéraire est avide. On peut presque le voir naître en 1736 : une allusion ironique de Crébillon aux « romans à souterrains » dans la préface des *Égarements*, une réplique et un compte rendu un peu aigre de *Tanzaï* dans *Le Pour et Contre*, et une « querelle littéraire » semble s'ébaucher. A proprement parler, il n'en est sans doute rien ; tout donne à penser au contraire qu'ils se connaissent, et qu'ils se ménagent. Ils se lisent l'un l'autre ; Claude Crébillon a lu Prévost : sa bibliothèque contenait les *Mémoires d'un homme de qualité*, *Cleveland* et *Le Doyen de Killerine*,[1] et l'on trouverait sans peine des traces de ces

---

1. Voir Hans Gunther Funke, *Crébillon als Moralist*, Carl Winter, Heidelberg, 1972, « Der Katalog der Bibliothek von Crébillon fils », p. 386-387.

lectures dans son œuvre. Prévost, lui, a lu sans tarder *Tanzaï* pour en faire le compte rendu dans sa revue ; et s'il n'ose guère se risquer à propos d'un ouvrage qui a mené son auteur à la Bastille, il n'en souhaite pas moins à cet « enfant aimable et libertin », une fois débarrassé de ses griffes, « bien des frères qui lui ressemblent » ; et lors de la sortie des *Égarements*, il pourra simplement se montrer déçu du peu de reconnaissance de Crébillon.[2]

Qu'en est-il en fait de l'opposition entre les deux romanciers ? et à la limite, qu'en est-il de l'opposition entre le roman sensible et le roman libertin ? Ces deux romanciers qui travaillent au même moment sur les mêmes sujets, dans le même cadre social, avec le même vocabulaire et la même formation philosophique et religieuse, ont peut-être plus d'affinités qu'on ne le dit, et l'on peut penser qu'il y a plus à tirer de leurs ressemblances foncières que de leurs différences. Il ne sera question ici que de Prévost, mais par rapport au problème du libertinage. Le libertinage comme phénomène social et comme mode littéraire l'a toujours préoccupé ; on en trouverait facilement la preuve dans son premier roman, *Les Aventures de Pomponius* (1724), comme dans le dernier, *Le Monde moral* (1760). Il a défini la notion dans son *Manuel lexique* en 1750 : « Libertinage : 1) Excès de liberté, qui est un abus, & qui est par conséquent un désordre. Il se dit particulièrement du désordre des mœurs, & ne se dit guère que des jeunes gens, comme *Libertins*. 2) Mais il y a aussi un libertinage d'esprit, d'idées, de principes, de religion, qui est de toutes sortes d'âges ». En juxtaposant ces deux formes de libertinage, Prévost ne s'écarte pas de la tradition.[3] On peut simplement se demander si pour lui, le libertinage d'esprit est l'effet du dérèglement, comme le voulaient les théologiens catholiques depuis le Père Garasse. Or sur ce point, le *Manuel lexique* prend discrètement parti : le dérèglement est propre à la jeunesse, il

---

2. *Le Pour et Contre*, t. V, p. 226 et t. VII, p. 355-356.
3. On trouvera une excellente revue des sens du mot « libertin » dans Andrzej Siemek, *La Recherche morale et esthétique dans le roman de Crébillon fils*, Studies on Voltaire 200, p 32 et suiv.

dérive de la vivacité des passions et s'efface avec elles ; le libertinage d'esprit, qui est « de tous les âges », se définit comme un excès de liberté dans la pensée ; il peut s'ajouter au premier, il ne se confond pas avec lui. Un passage de l'*Histoire du chevalier Des Grieux* va dans le même sens : « Je n'étais pas non plus de ces libertins outrés qui font gloire d'ajouter l'irréligion à la dépravation des mœurs. L'amour et la jeunesse avaient causé tous nos désordres ».[4] Ce texte, antérieur de vingt ans à la définition du *Manuel*, exprime sensiblement le même point de vue : il y a d'un côté les excès de la jeunesse, le désordre des passions, qui mène à la dépravation des mœurs, phénomène somme toute naturel ; et de l'autre, une idéologie affichée, une provocation, un défi « outré » aux valeurs les plus respectables. Cette dichotomie s'affirme dans toute l'œuvre romanesque de Prévost et dans sa typologie des libertins. Dans sa classification implicite, telle qu'elle ressort de son vocabulaire, on pourra en effet distinguer, à partir de cette opposition centrale, quatre degrés : les jeunes libertins et les libertins confirmés ou « fieffés », qui relèvent les uns et les autres de la logique naturelle du désordre ; puis les libertins méthodiques et les libertins « outrés », qui relèvent du libertinage idéologique.

JEUNES LIBERTINS

Ils sont si nombreux dans les romans de Prévost qu'on peut se demander si le désordre n'est pas inséparable de la jeunesse. C'est le cas de Des Grieux et de Manon, mais de bien d'autres héros des *Mémoires d'un homme de qualité* (Brissant, Muleid, Thérèse, Andredi, John Law, etc.). L'homme de qualité exprime parfaitement la logique de ce désordre :

> ... si l'on se laisse entraîner par un aveugle penchant, il n'y a point d'excès où l'on ne puisse tomber sans les avoir prévus ; et ce qui est encore plus malheureux, c'est que les passions déréglées se fortifiant

---

4. *Œuvres de Prévost*, I, 435.

plus vite qu'on ne peut l'imaginer, il devient presque impossible de les vaincre, lors même qu'on aperçoit le précipice où elles ont conduit. (I, 322)

Sur cette pente glissante qui peut mener à un précipice, il y a donc les premiers mouvements, puis le penchant (ou l'inclination), puis la passion. Un jugement sain, un appel de la conscience religieuse, un principe d'honneur peuvent légitimer cette passion, ou l'interdire ; l'expérience prouve que dans la jeunesse, la raison est sans force contre les mouvements de la nature. Il arrivera que le sentiment naturel mène droit au désordre, comme c'est le cas avec Julie dans *Le Doyen de Killerine* :

> La force même de ses sentiments était un danger continuel pour sa vertu, par le besoin qu'elle avait de les exercer ; et sur un cœur de cette nature, l'objet présent a toujours des droits dont il est bien difficile de se défendre. (III, 298)

Par un curieux paradoxe, ce sont donc les héros sensibles qui sont le plus menacés par le libertinage « naturel ». L'homme de qualité, Cleveland, le doyen même sont tentés, à un moment ou à un autre, par l'amour illicite. Dans les romans de 1740, cette tentation devient quasiment invincible, et c'est ici que l'on trouverait le mieux la marque crébillonienne ; ainsi dans ce passage où Montcal, fiancé à la riche Mme de Gien, est conduit insensiblement à la trahir avec Mlle Fidert :

> La tyrannie des sens, le goût que j'avais déjà pris pour une femme aimable, la douceur que je me figurais même dans un attachement qui pouvait réunir pour moi les charmes de l'amour et de l'amitié, enfin la force de l'impression présente me firent accepter sans incertitude des offres qui convenaient moins à ma fortune qu'au bonheur de ma vie. (IV, 305)

Attentif, comme Crébillon, aux « gradations », Prévost montre assez bien la logique du dérèglement, cet investissement progressif par les sens, le « goût », l'imagination et l'emprise totale du « moment ». On voit en même temps en quoi il se distingue de Crébillon : il peint le désordre de la nature, l'abandon « aveugle » au plaisir de l'amour, et non la recherche délibérée du plaisir, si bien que le libertinage de Montcal devient à lui seul une énigme : entre le cynisme discret et une sorte de « quiétisme de l'amour », Prévost ne trace pas la limite.

LIBERTINS FIEFFÉS

L'expression se trouve dans *Manon Lescaut* : « Il prit là-dessus la résolution de nous faire arrêter, et de nous traiter moins comme des criminels, que comme de fieffés libertins » (I, 391). Dans la pensée attribuée au vieux G... M..., le libertinage « fieffé » n'est pas un simple péché de jeunesse ; c'est un véritable délit, passible de prison (l'Hôpital, Saint-Lazare). Des Grieux ne cache d'ailleurs pas qu'il s'agit des « parties scandaleuses de [leur] histoire » : la liaison de Manon avec M. de B..., le vol de l'argent, la « ridicule scène » au cours de laquelle G... M... est bafoué et le vol des bijoux, « véritable friponnerie » (I, 390). S'y ajouteront plus tard la dernière escroquerie de Manon et la séquestration du jeune G... M..., autrement dit un certain nombre de délits de droit commun, suivis de récidives. Dans ce libertinage délictuel, il y a quelque chose de la « rouerie » ; ce n'est pourtant pas la malhonnêteté qui peut définir à elle seule ce type de libertinage, mais plutôt une sorte de mise en scène dans la tromperie, de jeu pervers, autrement dit, un caractère de préméditation délibérée et d'offense publique, quasiment mise en scène. Des Grieux et Manon ne se contentent pas de voler le vieux G... M..., ils le ridiculisent ; ils font de lui le barbon ridicule d'une petite comédie dont Lescaut a été l'impresario. L'idée était sans doute de Manon ; on sait qu'elle aime monter de petites scènes comiques ; mais les conséquences, assumées par le chevalier, sont bien celles d'une rouerie. De même quand il s'agit de duper le jeune G... M... : on l'enferme, on mangera son dîner et l'on couchera dans son lit. Cette petite farce paraîtrait presque innocente dans le récit du chevalier ; le vieux G... M... la prend pourtant au sérieux et montre qu'il s'agit bien d'une rouerie : mystification plaisante, mais humiliante et dangereuse pour la victime, car dans ce duel pour une femme, tous les coups sont permis. Depuis le début du roman, le chevalier a donc fait des progrès en libertinage.

On voit malgré tout en quoi Prévost se distingue des romanciers libertins : son héros est devenu « libertin fieffé » par amour, et à son corps défendant. Il n'est pas rare que, dans les romans de Prévost, on devienne libertin par amour : déjà John Law, dans sa jeunesse, était devenu voleur par amour, puis complice d'une « coquette fieffée » – la coquette étant souvent l'équivalent féminin du libertin – avant de devenir, comme Des Grieux, tricheur, aventurier et même petit-maître.[5] Dans d'autres cas, c'est le libertinage qui débouche sur la grande passion : c'est le cas d'un lord anglais dans *Le Pour et Contre* :

> Sa passion, qui n'était dans son origine qu'un effet de libertinage, devint si sérieuse et violente qu'il résolut de la satisfaire à tout prix.
> (VII, 182)

D'une façon générale, le débauché et le libertin sont, chez Prévost, des passionnés ; le lord anglais « aimait passionnément les femmes », tel autre héros du *Pour et Contre,* qui s'est constitué un véritable harem à Londres, n'agit que par passion, le Consul du Levant, dans les *Mémoires d'un homme de qualité,* éprouve « un penchant excessif pour les femmes » (I, 103). Le libertin « fieffé » ou confirmé n'a donc fait que suivre le mouvement de la nature, bientôt renforcé par l'habitude, cette seconde nature.

LIBERTINS MÉTHODIQUES

Trouvera-t-on chez Prévost le libertinage froid, la séduction méthodique, la lucidité dans le mal et ce défi à la nature qui constituent, de Crébillon à Laclos, le véritable libertinage ?[6] Ce compor-

---

5. Voir les *Mémoires d'un homme de qualité*, I, 291-293, et le commentaire de Franco Piva dans *Sulla genesi di « Manon Lescaut » : problemi e prospettive*, Vita e Pensiero, Milan, 1977.

6. C'est la définition qu'en donne Colette Cazenobe dans *Le Système du libertinage de Crébillon à Laclos, Studies on Voltaire*, vol. 282.

tement apparaît à l'état de traces dans les romans de 1740, époque à laquelle Prévost se montre le plus sensible au problème social du libertinage. Dans les derniers volumes du *Philosophe anglais,* Gelin se transforme en séducteur cynique :

> Avec beaucoup d'étude et de connaissance du cœur humain, il avait toujours conçu, poursuivit-il, que la nature a des ressorts infaillibles pour faire naître et enflammer les passions [...]. En effet, me dit-il, je suis persuadé que sur une âme commune à qui je suppose un corps bien constitué, la victoire d'un homme qui sait attaquer n'est jamais incertaine. Les impressions du plaisir sont toujours dominantes ; et qui connaît assez le caractère et le tempérament d'une femme pour lui présenter continuellement ce qui est capable de lui plaire, a trouvé le chemin infaillible de son cœur. (II, 465)

On reconnaîtra facilement ici l'axiome de base du libertinage : connaître la nature pour agir sur elle, ne rien laisser au hasard ni au sentiment. La déclaration de Gelin est pourtant unique dans les annales du libertinage : il s'agit en effet de la longue confession d'un échec radical. Car il s'attaquait à une femme exceptionnelle, Fanny, sur qui la règle ne vaut pas ; aussi a-t-il tout essayé : fausses confidences, exploitation de la jalousie d'une épouse déçue, transports, sortilèges, etc., sans parvenir à l'émouvoir un instant. Mettre aux prises un libertin résolu et une femme d'une vertu exceptionnelle, ce sera aussi le pari de Laclos ; Prévost nous montre la victoire de Mme de Tourvel sur Valmont, et la déroute du libertinage devant les sentiments profonds. On trouvera, dans l'œuvre de Prévost, des libertins méthodiques, mais qui échouent ; et les plus décidés sont en fait des séductrices, des libertines, ou plutôt, des coquettes. C'est le cas de Dona Cortona dans le *Philosophe anglais* : cette âme damnée de Gelin ne connaît en fait qu'une passion, celle de sa gloire, de sa réputation de séductrice ; elle compense l'« impétuosité de tempérament » par un « excès d'artifice et d'imposture », ce qui la rend redoutable (II, 535). C'est encore le cas de Mme de S. dans *Le Doyen de Killerine,* image quasiment parfaite de l'intrigante libertine : « Jamais on ne pénétra plus habilement le fond d'un caractère pour en échauffer toutes les passions et pour en découvrir tous les faibles » (III, 293). Et c'est à son propos que, pour la première fois, Prévost prononce l'expression de « liaison dangereuse » (III, 298). On croirait volontiers que, pour lui, les femmes sont seules à posséder le génie de l'intrigue, la volonté opiniâtre de parvenir à leurs fins et la connaissance de la nature humaine. Il faudrait ajouter encore la vraie passion ; car ces héroïnes maléfiques cherchent moins le plaisir que le triomphe dans le mal, ce qui donne à leurs aventures un caractère de folie tragique typiquement prévostien. Coquettes fieffées et séductrices méthodiques, elles ne s'en jettent pas moins dans l'échec ou le crime. C'est dire qu'à leur façon, elles sont victimes de leurs passions, de leur destin, de leur nature.

LIBERTINS OUTRÉS

On comprend qu'il sera difficile de trouver dans l'œuvre de Prévost ces libertins « outrés », qui « font gloire d'ajouter l'irréligion à la dépravation des mœurs ». Et pourtant, l'idée, à vrai dire archaïque, selon laquelle le libertinage d'esprit procéderait de la dépravation physique affleure parfois dans son œuvre. On n'est pas tout à fait étonné de rencontrer dans le personnage exécrable de l'abbé Dubois à la fois l'impiété et un certain goût pour le « beau sexe » (I, 280) ; mais rien ne dit que la débauche l'ait mené à l'irréligion. L'épisode de la conversion du libertin, M. de Tréville, dans le *Philosophe anglais,* fait bien apparaître un libertin d'esprit, par ailleurs « connu par son goût du plaisir » (II, 566) ; mais là encore, le lien de l'un à l'autre n'est pas marqué. Georges, dans *Le Doyen,* paraît passer plus clairement du désordre des mœurs à un « nouveau degré de dépravation », qui le conduit à l'indifférence religieuse (III, 165). Mais il faut bien constater qu'il est aussi modéré dans la dépravation que dans l'impiété, et qu'il se règle surtout sur les usages mondains de la galanterie et du bel air. Le seul personnage qui succombe un instant à l'appel de la nature matérielle est Cleveland, au terme de sa grande crise de doute de Saint-Cloud :

Je ne puis attribuer cet égarement qu'à la mollesse où je vivais. L'esprit perd de sa force en s'assujettissant trop à l'empire des sens, et cet affaiblissement volontaire l'accoutume à ne juger de la vérité que par les impressions qu'il reçoit des organes des sens. (II, 565)

Il est bien dit, cette fois, que la mollesse, la sensualité, l'abandon aux tentations de la chair mènent à l'impiété, au libertinage d'esprit. On retrouve ici, sous une forme modérée, l'argumentation du Père Garasse : les incrédules sont au départ des pervers et des débauchés. Rien ne dit évidemment qu'il s'agisse de l'opinion personnelle de Prévost : il peint une crise morale qu'il situe en 1670, et qui représente l'ultime sursaut du matérialisme libertin contre la religion ; peut-être donne-t-il en même temps à Cleveland un certain nombre de traits qui, à ses yeux, marquent la « philosophie anglaise » des années 1730.[7] Ajoutons que Cleveland n'est ni un débauché ni un libertin, mais un esprit inquiet, scrupuleux, prompt à se mettre en question ; il n'est certes pas de ceux qui « se font gloire d'ajouter l'irréligion à la dépravation des mœurs ». Pour le romancier, le libertinage « outré » représente donc une possibilité théorique, dont on connaît des exemples au milieu du XVIIe siècle, mais qu'on peut toujours expliquer par les mécanismes de la nature.

LOGIQUE DU DÉSORDRE

Dans toute son œuvre, Prévost met en œuvre le même enchaînement de motivations, qui culminent dans l'« impression présente ». Son analyse de la faute doit tout à une réflexion chrétienne, et longtemps, il reste attaché à la théorie des deux délectations : du fait du péché originel, la nature humaine reste tributaire de la « concupiscence » ; le penchant général au plaisir est la « délectation préve-

---

7. Voir article « Trois philosophes de 1734 » de ce volume.

nante » par excellence. Seule une délectation supérieure comme celle de la grâce pourrait retenir l'homme sur cette pente fatale ; mais la grâce ne se manifeste guère ; tout au plus est-elle remplacée par le sens de l'honneur, du devoir social, de la « gloire », qui sont de faible poids devant l'appel du plaisir ou de l'amour. C'est ce que constate un libertin déclaré comme le Commandeur de Malte : « Tout l'amour dont je brûlais pour elle ne pouvait me faire oublier ce que je devais à moi-même et à l'honneur de ma maison » (IV, 158). Après quoi il succombe à l'attrait d'Héléna... La raison n'a donc qu'un rôle suspensif[8] et elle ne se manifeste généralement qu'après coup, par le remords. La vie paraît donc en fait abandonnée au tumulte des mouvements et des passions. C'est ce qu'exprimera une dernière fois, sous une forme déterministe, le narrateur du *Monde moral* :

> Une simple passion, je nomme ainsi tous les mouvements naturels du cœur, de quelque force qu'on puisse la supposer, tiendra peu contre une passion plus forte ; la victoire dépend du degré ; et cet ascendant de force, qui rend la décision infaillible, vient presque toujours des circonstances présentes, dont l'action remplit l'âme, impose à la passion rivale, et lui ôte le pouvoir de se faire entendre.
> (VI, 336)

Les passions s'exprimant avec plus de force dans la jeunesse, il apparaît que le libertinage est réellement une loi de nature, un péché de jeunesse. Il est d'autant plus inévitable qu'à l'appel du plaisir se mêlent d'autres déterminations : l'influence familiale, le milieu social et particulièrement la mode de la galanterie dans la société aristocratique. La disparition de l'honneur au profit de la gloire du séducteur ôte toute possibilité de délectation noble. C'est en quoi Prévost rejoint tardivement, à partir des *Mémoires d'un honnête homme* et du *Monde moral*, les attitudes morales de Crébillon : le libertinage « fieffé » ou méthodique est devenu un phénomène

---

8. Voir à ce sujet Alan Singerman, *L'Abbé Prévost. L'amour et la morale*, Droz, Genève, 1987.

social. Prévost met en scène, dans le *Monde moral*, un grand aristocrate libertin, passé insensiblement du simple désordre au cynisme ; une fois encore, la « mollesse » des sens semble mener à un matérialisme primaire, sans aller jusqu'au libertinage outré ; mais cette fois, l'explication est purement sociale :

> Cette explication, qui me semble convenir au caractère du Comte, m'a servi depuis pour le même phénomène, lorsque j'ai continué d'observer qu'il se renouvelle chaque jour dans les jeunes gens d'une haute naissance ou d'une grosse fortune. (VI, 376).

Le libertinage du Comte, qui s'exprime en discours paradoxaux, ne mènera pas à un libertinage d'esprit ; il relève d'un langage à la mode, plus ridicule que convaincant.

CRITIQUE DU LIBERTINAGE

Prévost a assisté au développement d'un vaste mouvement libertin, qui commence avec la Régence – et il en rend compte dans les *Aventures de Pomponius* sur le mode du *Satyricon* –, qui se déploie ensuite dans une infinité d'œuvres romanesques de grande qualité, de Crébillon à Diderot. Nul doute qu'il n'ait été sensible à cette transformation du goût et à ce style nouveau ; mais son génie l'entraîne ailleurs. Son œuvre affirme la primauté des mouvements, de l'amour, de la passion, contre l'*ars erotica* des nouveaux romanciers. Il peint des libertins jeunes, passionnés, toujours assagis avec l'âge, des femmes fragiles ou légères cruellement punies par la société, ou des intrigantes menées par leur chimère personnelle, des libertins par amour ou par déception, des débauchés victimes de leurs habitudes ou de leur milieu, mais à qui il laisse toujours une chance. Le libertinage naturel, qui est enraciné dans l'être humain, ne mène donc jamais à un véritable libertinage d'esprit ; ce que Prévost découvre, en lieu et place du libertinage idéologique du XVIIe siècle, c'est une mode aristocratique, faite de discours et de pratiques sociales. L'opposition initiale se déplace donc au fil de son œuvre : d'une façon très classique, Prévost avait opposé le libertinage des sens à un libertinage d'esprit ; à partir de 1740, il oppose la nature à la société et dénonce un libertinage de convention, un « excès d'artifice ». Dans les *Mémoires d'un honnête homme*, cette critique devient explicite ; l'honnête homme s'élève contre une société corrompue, et il revient à la source des vrais plaisirs : l'amour, l'amitié, le sentiment, la probité, la morale naturelle. Parti de La Bruyère, Prévost se retrouve dans les parages de Jean-Jacques Rousseau. Alors qu'il avait condamné les débauchés et les esprits forts, il dénonce une société aristocratique qui ne cesse de s'éloigner de la nature. C'est pourquoi son œuvre entière peut apparaître comme une critique du libertinage. Il a peint des impulsifs, des passionnés, des furieux, des intrigantes, des imaginatifs qui parfois se croyaient libertins ; il a délibérément ignoré les pervers, les scélérats méthodiques et les libertins outrés : pour lui comme pour Rousseau, la méchanceté absolue n'est pas dans la nature. Elle est concevable, il est vrai, dans la société, mais par une sorte d'erreur funeste, qui éloigne les hommes du vrai bonheur. De là vient que, dans ses romans, les libertins déclarés font toujours figure de médiocres débauchés, dont la faiblesse de caractère est évidente. On pourrait dire, comme l'ont parfois affirmé les critiques au moment de la sortie des *Mémoires d'un honnête homme*, que son état interdisait à l'abbé la connaissance du « vice à la mode » ; mais ce qu'on sait de sa vie inclinerait plutôt à croire le contraire. Il est plus probable que, pour lui, le libertinage froid est faux, inauthentique, contre-nature et par conséquent inexpressif, sans style. Le style de Prévost parle d'autre chose et résonne étrangement en son temps. Il est fait pour évoquer les mouvements confus, les élans de passion, les chimères individuelles, les contradictions intérieures, le tragique des retours au réel. Le libertinage y est constamment présent, mais tantôt comme mouvement irrationnel, tantôt comme vaine prétention. L'originalité de cette critique avait peu de chances d'être comprise en son temps ; mais il est un romancier au moins qui devait y prêter attention, et c'est Crébillon : s'il est vrai, comme l'a noté Henri Coulet, que Crébillon peint des libertins sans être pour autant un romancier libertin,[9] et s'il est vrai qu'il décrit fidèlement les mouvements de la nature, les égarements du cœur et ceux de l'esprit, la logique du désordre et les impostures du libertinage outré, il se peut bien qu'il ait été l'un des bons lecteurs des *Mémoires d'un homme de qualité* et du *Doyen de Killerine*.

---

9. Henri Coulet, *Le Roman jusqu'à la Révolution,* A. Colin, Paris, 1967, p. 365.

L'IMAGE DE MANON

L'ALLÉGORIE PAÏENNE
DANS *MANON LESCAUT*

Dans un article brillant, souvent cité, souvent repris, Raymond Picard insistait en 1965 sur le « sens allégorique » de *Manon Lescaut*, tel qu'il apparaissait dans la vignette de l'édition de 1753.[1] On sait que cette vignette, dessinée et gravée par Pasquier, figurait en tête de la première et de la seconde partie du roman, qu'elle plaçait ouvertement sous l'invocation de Fénelon. On y voit représenté en effet un épisode du sixième Livre des *Aventures de Télémaque* :

> En disant ces paroles, Mentor le prit par la main et l'entraînait vers le rivage. Télémaque suivait à peine, regardant toujours derrière lui. Il considérait Eucharis, qui s'éloignait de lui. Ne pouvant voir son visage, il regardait ses beaux cheveux noués, ses habits flottants et sa noble démarche. Il aurait voulu pouvoir baiser les traces de ses pas.[2]

Nul doute que la vignette n'établisse un parallèle entre Des Grieux et Télémaque, entre Manon et Eucharis, peut-être même entre

---
1. « Le sens allégorique de *Manon Lescaut* », dans *L'Abbé Prévost. Actes du colloque d'Aix-en-Provence*, ouvr. cité, p. 119-123. Voir également à ce sujet Alan Singerman, *L'Abbé Prévost. L'amour et la morale*, ouvr. cité p. 37-47 et 61-62.
2. *Les Aventures de Télémaque*, Garnier-Flammarion, Paris, 1968, p. 184.

Tiberge et Mentor. On peut voir dans ce rapprochement une sorte d'interprétation de la conclusion du roman : soustrait malgré lui au charme de Manon, Des Grieux est proche de la « guérison » ; les « semences de vertu » jetées en lui par la parole de Tiberge commencent à opérer ; il se dirige d'un pas mal assuré vers une sagesse chrétienne : la vignette figure à la limite de l'encadrement le pied d'un calvaire que Mentor lui désigne du doigt. Nul doute non plus que dans l'esprit du lecteur, Eucharis-Manon n'évoque l'amour profane, et que Des Grieux, conduit par Mentor, ne s'achemine vers l'amour sacré. Le texte du roman opposait lui-même les deux délectations de la concupiscence et de la grâce, et le « secours » dont le chevalier aurait eu besoin « pour oublier les charmes de Manon ».[3] La vignette nous laisse entendre qu'à la fin du récit, Des Grieux a rencontré cette grâce enfin efficace. On peut légitimement penser que Prévost a guidé la main de son illustrateur : la suite des gravures de 1753 fait apparaître en effet une coïncidence assez rare entre le texte et l'image ; dans un cas, celui de l'épisode du Prince italien, le graveur a même illustré en détail une scène encore inédite. On peut donc supposer que l'auteur a délibérément choisi de donner à son roman l'illustre patronage de Fénelon, et qu'il a orienté la lecture vers une interprétation pieuse, ou à tout le moins très moralisante. Sur tous ces points, on ne peut que donner raison à Raymond Picard.

Quelques doutes apparaissent pourtant : on sait que, précisément dans cette édition de 1753, Prévost a tenu à laïciser son texte, à remplacer les « lumières de la grâce » et les « voies de la pénitence » par de simples « lumières » et des « idées » dignes de la naissance de son héros. On sait aussi que dès la première version du roman, Tiberge est loin d'avoir part au dénouement ;[4] et d'ailleurs, la vignette ne représente pas le tout jeune Tiberge, mais Mentor, un

---

3. *Manon Lescaut*, p. 42 et 93.
4. Sur la façon dont Prévost écarte Tiberge du dénouement dès 1731, mais plus encore en 1753, voir Jean Sgard, *L'Abbé Prévost. Labyrinthes de la mémoire*, ouvr. cité, p. 67-69.

Quintâ laboras in Charybdi. | Digne Puer meliore flammâ!

HISTOIRE
DE
MANON LESCAUT.

PREMIERE PARTIE.

JE suis obligé de faire remonter mon Lecteur, au temps de ma vie, où je rencontrai pour la premiere fois le Chevalier des Grieux. Ce fut

I. Part.   A

vieillard habillé à l'antique. Ajoutons que le personnage d'Eucharis, bien vivante et entourée d'amours ailés, ne peut guère nous rappeler l'ombre de Manon. D'où l'impression que la figure représente très bien la scène de *Télémaque*, mais beaucoup moins bien la conclusion de *Manon* ; comme si Pasquier, pressé par le temps, avait utilisé une vignette inemployée, et d'ailleurs un peu trop grande pour la place dont il disposait.[5]

Un autre détail étonne : la légende que Prévost a tirée d'Horace pour la placer sous cette pieuse illustration : *Quanta laboras in Charybdi, Digne Puer meliore flâmma !* Ce vers, tiré des *Odes* (Livre I, XXVII) est donné sous la forme la plus fréquente au XVIIIe siècle ; on préfère aujourd'hui la leçon : *Quanta laborabas Charybdi*.[6] Mais le plus curieux est le sens du vers, qui cadre mal avec la leçon fénelonienne. Raymond Picard soulignait que le monstre Charybde figurait traditionnellement une courtisane avide, donc l'amour profane ; mais il faut forcer le sens pour considérer que la *meliore flamma* désigne l'amour sacré : ce n'est évidemment pas le cas chez Horace. Certes, l'interprétation allégorique valait aussi pour les Anciens, et

---

5. La vignette est légèrement plus large que le bloc typographique, et un peu trop grande, car la fin de la légende (*Horat*.) mord sur le faux-titre, faute inattendue dans une édition de luxe. En transparence, on constate que la plaque de cuivre enjambait largement sur le titre « Histoire de Manon Lescaut » ; il est donc probable que le texte était déjà composé quand la vignette a été placée : nouvelle preuve de la réalisation rapide de cette édition.

6. Chez Horace, le narrateur évoque les tourments qu'a éprouvés ou qu'éprouve le frère de Megylla (*laborabas* ou *laboras*) pour une Charybde (*Charybdi*) ; les deux versions existent dans les manuscrits anciens. Le texte choisi par Prévost est celui que donnaient deux éditions célèbres : celle de Richard Bentley (1711, 3e éd. en 1728, à Amsterdam, chez Wettstein et Smith), et celle d'André Dacier (Molin, Lyon, 1696, t. I) ; celui-ci se réfère à un « proverbe » : *Laborare in charybdi*, qui signifie : « se trouver dans un pas fâcheux » ; et il traduit : « Ah malheureux ! à quel écueil avez-vous heurté ». Le texte d'Horace est de toute façon incertain pour les éditeurs modernes : la meilleure édition, celle de Kiessling (Berlin, Weidmannsche Verlagbuchhandlung, 1960), donne *Quanta laborabas Charybdi*, comme celle de Villeneuve ; mais celle de C.E. Bennet (Harvard University, 1968) donne le texte de Bentley : *Quanta laboras in Charybdi*, et prend *Charybdi* dans son sens géographique : « In what a whirlpool art thou caught ».

il n'est pas rare que l'on ait discerné chez Horace ou Virgile un sens sacré et pré-chrétien. Le Père Hardouin, alerté par ces ressemblances, avait même développé une théorie originale selon laquelle des copistes bénédictins et augustiniens auraient multiplié les interpolations, voire inventé une partie des textes classiques de l'antiquité. Mais Prévost se moque plus d'une fois des théories allégoristes du Père Hardouin,[7] et d'autre part, il connaît bien l'œuvre d'Horace, qu'il cite au moins 130 fois dans *Le Pour et Contre...* On a toutes raisons de penser qu'il connaissait en particulier l'ode XXVII du Livre I, qu'il ne cite pas par hasard. Cette ode nous réserve en effet quelques surprises. Le narrateur survient dans un banquet au moment où les convives, pris de boisson, commencent à se quereller ; il va les calmer en sollicitant de l'un d'entre eux l'histoire de ses amours. Je traduis librement :

> Du noir Falerne je dois prendre ma part ?
> Que le frère de Megylla d'Oponte me dise d'abord
> De quelle blessure, de quelle douce flèche il se meurt.
> Le cœur n'y est pas ? Je ne boirai qu'à ce prix.
> Si Vénus parfois t'asservit, ce n'est jamais de feux
> Dont tu doives rougir, et c'est d'amour bien né
> Que tu te rends coupable.
> Ce que tu gardes sur le cœur, allons ! confie-le
> A des oreilles sûres. Ah ! pauvre enfant,
> Que de maux tu souffres dans cette Charybde,
> Toi qui méritais une plus noble flamme !
> Quelle sorcière, quel magicien de Thessalie
> Avec ses philtres, quel dieu pourra te délivrer ?
> Pégase à peine te dégagera
> Des liens de la triforme Chimère.[8]

---

7. Sur la théorie du Père Hardouin et les critiques de Prévost, voir Jean Sgard : « Et si les Anciens étaient modernes… Le système du Père Hardouin », dans *D'un siècle à l'autre : Anciens et Modernes*, actes du XVIe colloque du CAER 17, 1987, p. 209-220.

8. On trouvera une traduction littérale dans l'édition des *Odes et épodes*, texte établi et traduit par F. Villeneuve, Belles-Lettres, Paris, 1944, p. 39-40. L'ode

On remarquera d'emblée que l'ode définit une situation de récit : un tout jeune amant est sommé de raconter l'histoire malheureuse de ses amours ; il s'y refuse, il a honte, on le persuade de se confier à des oreilles amies. Ce récit réticent, échangé contre un repas amical dans une hôtellerie, cela nous ramène au *Lion d'Or*... Le sujet même de cette confession est une liaison apparemment déshonorante avec une courtisane, une « Charybde ». Raymond Picard rappelle que, traditionnellement, le monstre du détroit de Messine figurait la courtisane ruineuse qui dévore ses amants. Or dans l'édition de 1753, la citation d'Horace précède immédiatement le faux-titre *: Histoire de Manon Lescaut* ; c'est donc bien Manon qui est désignée comme *meretrix*, comme *Charybde*. Quand on sait à quel point dans son récit Des Grieux évite tout détail qui pourrait présenter Manon comme une « catin » ou une « fille de joie », on mesure la force de cette indication de lecture.

Prévost, qui cite un seul vers de mémoire, mais qui connaît certainement l'ode entière, n'a pu manquer de faire le rapprochement entre la scène décrite par Horace et le point de départ de son roman. Il n'a pu manquer non plus de se rappeler cet autre vers qui

compte six strophes, dont j'ai traduit les quatre dernières :

Voltis severi me quoque sumere
Partem Falerni ? dicat Opuntiae
Frater Megyllae quo beatus
Volnere, qua pereat sagitta.

Cessat voluntas ? non alia bibam
Mercede. Quae te cumque domat Venus
Non erubescendis adurit
Ignibus ingenuoque semper

Amore peccas. Quicquid habes, age,
Depone tutis auribus. A ! miser,
Quanta laborabas Charybdi,
Digne puer meliore flamma.

Quae saga, quis te solvere Thessalis
Magus venenis, quis poterit deus ?
Vix inligatum te triformi
Pegasus expediet Chimaera.

illustre si bien le dilemme du chevalier : *ingenuoque semper amore peccas*. Des Grieux aime une courtisane de luxe, mais il l'aime d'un amour sincère, loyal, noble, conforme à une âme bien née (*ingenuo amore*). C'est pourquoi, à l'égal du frère de Megylla, il ne doit pas rougir de raconter son histoire : l'objet de sa passion était ignoble, mais sa passion elle-même était pure. C'est ce que Prévost n'a jamais cessé de répéter : les passions en elles-mêmes sont bonnes ; seul leur objet permet de les soumettre à un jugement moral. S'il est vrai que le vers tiré de son contexte et placé en épigraphe pouvait à la rigueur s'appliquer à l'épisode d'Eucharis, il est bien évident que la morale horatienne est à l'opposé de celle de Fénelon, et que dans cette juxtaposition d'une image pieuse et d'un fragment d'ode bacchique, on peut discerner, de la part de Prévost, un jeu d'interprétations non dénué d'humour.

Puisque nous avons affaire à deux orientations de lecture, l'une chrétienne, l'autre païenne, peut-être serait-il opportun de sonder maintenant le « sens allégorique » païen entrevu à la lumière d'Horace. Le frère de Megylla souffre tous les tourments pour une femme indigne ; son inexpérience l'excuse, il n'était qu'un enfant, *ingenuus puer*. Plus mûr, il eût choisi un objet plus noble (*meliore flamma*), une femme plus digne de lui. C'est ce que Des Grieux pensait dans le temps de la sagesse : « c'était un cœur tel que le mien qu'il fallait à la fidèle Didon » (page 38). A l'amour vénal s'oppose donc l'amour fidèle, sage et sincère, disons Vénus véridique. La Charybde, elle, n'est qu'une Chimère, un être d'imagination ; elle n'est pas difforme, mais triforme, ayant à la fois corps de lionne, corps de chèvre et queue de serpent : irrésistible comme le lion, capricieuse comme la chèvre, insaisissable comme le serpent. Pour délivrer le héros ligoté à sa Chimère, il faudrait un mage ou mieux encore, un Bellérophon, monté sur Pégase. Or on sait que Pégase, ami des Muses, figure aussi l'élan vers le ciel, l'inspiration poétique. La seule chance pour le frère de Megylla, d'échapper à la Chimère, c'est de se livrer à un récit inspiré et sincère. Et pour Des Grieux encore prisonnier de ses rêves et de sa nostalgie, la seule issue est de composer un beau récit, une « Histoire de Manon Lescaut ». A tous les délires, délire de l'ivresse et délire de l'imagination, Horace oppose l'amitié, la consolation par la littérature.

Bien sûr, une lecture n'efface pas l'autre, et Prévost a bien suggéré l'une et l'autre. Dans l'Avis de l'auteur en tête de son roman, il plaide pour les « préceptes de la morale », il fait de son Histoire un « exemple terrible de la force des passions » ; à cet égard, la vignette renforce l'effet moralisant de l'Avis. Mais la légende, elle, permet un retour à Horace, que le même Avis citait deux fois : une fois pour rappeler son esthétique toute classique, une autre fois pour évoquer les entretiens « à cœur ouvert » sur « les douceurs de l'amitié » et « les faiblesses de la nature ». Or c'est précisément ce que nous dit l'Ode XXVII : grâce au poète, les convives retrouveront la paix, réunis autour d'un conteur émouvant ; et peut-être la pureté du récit délivrera-t-elle le conteur de sa Chimère.

MANON ET LES FILLES DE JOIE

MANON EST-ELLE une prostituée, ou comme on disait communément en son temps, une « fille de joie » ? Pour les archers de la police, cela ne fait pas de doute : « Ce n'est rien, monsieur, me dit-il ; c'est une douzaine de filles de joie que je conduis, avec mes compagnons, jusqu'au Hâvre de Grâce ».[1] Les critiques ont repris constamment le terme de prostituée comme si la chose allait de soi. Or elle ne va pas de soi ; on peut même se demander si les mots de « prostituée » ou de « fille de joie », toujours éludés par Prévost, mais parfois suggérés, ne délimitent pas en creux l'un des enjeux du récit. La prostitution pourrait être considérée comme une sorte de référent annulé auquel se substitue une autre notion, cet ordre secret du libertinage dont Prévost illustre tardivement le mérite dans les *Mémoires d'un honnête homme*.

Qu'est-ce que la prostitution ? C'est selon Paul Robert, qui cite opportunément le Code Dalloz, le fait de « livrer son corps aux plaisirs sexuels d'autrui pour de l'argent », et c'est en faire un mé-

---

[1]. Le texte de l'*Histoire du chevalier Des Grieux et de Manon Lescaut* sera cité dans l'édition de Jean Sgard, Garnier-Flammarion, Paris, 1995, celui des autres romans de Prévost dans l'édition des *Œuvres de Prévost*.

tier. La définition que Prévost donne de la prostitution dans son *Manuel lexique* n'est pas foncièrement différente : « Prostituer, v. act. Mot latin qui signifie, en soi-même, exposer, *livrer au public*. Il se dit particulièrement des femmes qui font un trafic public de leurs charmes... » La prostitution implique à la fois débauche et commerce, et elle constitue un métier ; elle s'exerce dans des lieux publics (Palais-Royal, rue Saint-Denis, rue de la Comédie, etc.), elle repose sur l'offre et la demande, elle nécessite des intermédiaires, ces « appareilleurs » et « appareilleuses » qui exercent, toujours selon le *Manuel lexique,* un « infâme métier ». Cette activité illicite et délictuelle a fait l'objet du règlement du 18 mars 1687 sur les « filles de mauvaise vie », et elle est passible de peines de prison très sévères, comme le rappelle le *Traité de police* de La Mare en 1705 :

> Les femmes d'une débauche et prostitution publique et scandaleuse, ou qui en prostituent d'autres, seront renfermées dans un lieu particulier destiné pour cet effet dans la Maison de la Salpestrière, lorsqu'elles y seront conduites par l'ordre de Sa Majesté, ou en vertu des jugemens qui seront rendus pour cet effet au Chastelet par le Lieutenant de Police à l'encontre desdites femmes...[2]

Ce règlement sera souvent complété, notamment par l'ordonnance du 26 juillet 1713, qui tente de préciser les « preuves de dérèglement ». L'avocat Barbier, fidèle reflet de l'opinion publique, sait toujours désigner du doigt les coupables, les mères qui « prostituent leurs filles », les tenanciers qui « retirent chez eux des femmes de mauvaise vie », les « m[aquerelles] » du Palais-Royal, et naturellement les « p[utains] » et les « g[ueuses] » qui dévalisent les étrangers, quitte à garder une relative indulgence pour ces « filles obligeantes qui appellent tous les passants ».[3] Apparemment tout est clair ; nous avons affaire au droit commun, à la police de la rue, et le fla-

---

2. Lot, Paris, 4 vol., t. IV, Livre III, titre 5e, chap. 5, p. 496-497.
3. *Chronique de la Régence et du règne de Louis XV,* éd. Charpentier, 1858, 8 vol., t. VIII (1742-1743), p. 170, 177, 263, 284.

grant délit est assez facile à établir : ces filles « de rue », « de joie » ou « de mauvaise vie » sont à tous points de vue « publiques ».

Où les choses se compliquent, c'est avec la prostitution semi-privée ou demi-mondaine. Assurément les actrices, chanteuses et danseuses font souvent commerce de leurs charmes et s'offrent à l'enchère publique ; nombre de « filles du monde », tributaires d'appareilleurs ou d'illustres maquerelles (la Fillon, la Pâris, la Jourdan, etc.), sont d'authentiques prostituées et sont soumises à la surveillance d'inspecteurs de la police, comme le montrerait le *Journal des inspecteurs de M. de Sartine*. Cependant leur statut n'est pas celui de la prostitution, et si elles sont poursuivies et condamnées, c'est pour des délits de vol ou de rupture de contrat. Quel nom leur donner et comment les classer ? Les frères Goncourt, dans un brillant chapitre de *La Femme au XVIIIe siècle,* distinguent les actrices, chanteuses et danseuses, de la classe des « filles galantes » et « demoiselles de bon ton », tout en classant à part les « femmes entretenues ». Cette mouvante taxinomie est reprise par de Lescure ; on la retrouve à peu de chose près chez Pierre Fauchery, qui distingue les actrices, les courtisanes et favorites, les femmes entretenues et les filles des rues.[4] Jacques Rustin, dans *Le Vice à la mode,* précise, avec des références nombreuses et pertinentes, la classification entre actrices et filles du monde, filles entretenues et prostituées de bas-étage.[5] Entre cette galanterie semi-privée et la prostitution publique des filles de joie, la différence reste cependant considérable. Les femmes du peuple sont soumises à la police de la rue ; les demi-mondaines jouissent d'un régime de tolérance qui les soustrait en fait au droit commun. Les filles de théâtre inscrites au catalogue de l'Opéra ou de la Comédie-Française échappent à la contrainte paternelle ou maritale ; en 1784 encore, ce serait le seul moyen pour

---

4. Voir Edmond et Jules de Goncourt, *La Femme au XVIIIe siècle,* éd. Elisabeth Badinter, Flammarion (Champs), Paris, 1982, chap. VII, p. 239 et suiv. ; *Manon Lescaut,* éd. de Lescure, Paris, 1879, p. 30-35, Pierre Fauchery, *La Destinée féminine dans le roman au XVIIIe siècle,* Armand Colin, Paris, 1972, p. 430-436 ; voir également Laurent Versini, *Laclos et la tradition,* Klincksieck, Paris, 1968, p. 41 et 100.
5. Jacques Rustin, *Le Vice à la mode,* Paris, 1979, chap. IV, p. 140 et suiv.

Ursule, l'héroïne de *La Paysanne pervertie*, d'échapper à la basse prostitution.[6] Même si les termes de « putains », « gueuses », « coureuses » ou « filles de joie » peuvent toujours désigner dans le langage populaire ou sous la plume de Buvat, Marais ou Barbier, toutes les héroïnes de la galanterie, jusqu'aux favorites royales, il existe entre le libertinage sous toutes ses formes et la prostitution une frontière redoutable ; passer d'un bord à l'autre est toujours dramatique ; on le voit dans *La Paysanne pervertie*, on le devine dans *Manon Lescaut*.

On perçoit à plusieurs reprises dans l'*Histoire du chevalier Des Grieux et de Manon Lescaut* la présence du code de la prostitution. Manon est embarquée au Havre pour le Mississipi, sur ordre du Lieutenant-Général ; c'est le sort en 1719 des « filles de joie » enlevées de la Salpêtrière pour peupler la nouvelle colonie, et dont les estampes du temps gardent tant de témoignages réalistes.[7] Elle subit dans toute sa rigueur le règlement rappelé dans le *Traité de police* de La Mare. Les présomptions ne manquaient pas au Lieutenant de police pour lui appliquer le châtiment des prostituées. Son frère s'est affirmé dès le début comme un « appareilleur » déterminé : « Une fille comme elle devrait nous entretenir vous, elle et moi » (page 89). C'est lui qui met Manon à la « solde » du vieux G... M... (page 99) et conclut, en l'absence du chevalier, cet « honorable marché ». Manon, de son côté, sait « capituler » aussi vite qu'il le faut et « travailler » pour son chevalier (page 100), qui joue dès lors un « infâme personnage » (page 103). Rien ne nous sera caché des marchés par lesquels elle se livre ou se fait livrer à ses trois clients successifs. Ce vocabulaire mercantile souligne apparemment le métier qu'a exercé Manon, et dont vivent Lescaut et le chevalier. Les lecteurs ne s'y sont pas trompés : le *Journal de la Cour et de Paris* parle d'un « escroc » et d'une « catin », Montesquieu d'un « fripon » et d'une « catin » ; Mathieu Marais écrit, plus crû-

---

6. Sur l'« encataloguement », voir les Goncourt, ouvr. cité, p. 238 et *La Paysanne pervertie*, éd. Béatrice Didier, Flammarion (GF), Paris, 1972, p. 397 et 398.

7. Voir Pierre Heinrich, *Prévost historien de la Louisiane*, Guilmoto, Paris, 1907 et l'iconographie présentée dans *Manon Lescaut*, planches V et VII.

ment encore : « ... cette héroïne est une coureuse sortie de l'Hôpital et envoyée au Mississipi à la chaîne ».[8] On notera toutefois que ces appréciations un peu cyniques émanent de nouvelles à la main ou de correspondances privées, où apparaît constamment un discours médisant et réducteur, presque naturaliste dès qu'il s'agit de faits divers. Dans les comptes rendus de la presse imprimée, on se montrera infiniment plus réservé, et le discours est plus souvent prudent et moral. Les uns et les autres peuvent se réclamer du texte de Prévost : si le code de la prostitution est latent dans le récit, le nom et la notion y sont soigneusement évités.

D'une façon générale, Prévost ne prononce jamais le mot de « prostituée » ; même s'il parle de professionnelles, comme dans l'*Histoire d'une Grecque moderne*, il s'agira simplement, le bon goût l'exige, d'une « esclave » née dans le « désordre ». Dans *Le Pour et Contre*, il peut raconter, à la manière de Defoe, la scandaleuse carrière de Molly Siblis, prostituée notoire ; il ne sera question que de « désordre », de « libertinage », et au pire, de « faveurs accordées à prix d'or » dans « une maison de débauche ».[9] Ce type de périphrase élégante se retrouve dans les *Mémoires d'un homme de qualité* à propos des prostituées de Londres :

> Les filles de plaisir s'y rencontrent à chaque pas. C'est une chose digne de compassion de voir les plus charmantes créatures du monde abandonnées à cet infâme commerce, et s'offrir sans pudeur à la lubricité de ceux qui veulent les payer. On dit que le nombre en est incroyable à Londres. Il y a des rues qui en sont entièrement peuplées, et l'on ne saurait passer sans être invité par plusieurs signes ou par des regards lascifs. La plupart des seigneurs et presque tous les jeunes gens qui ont du bien, en entretiennent dans des maisons particulières ; mais lorsque leurs amants viennent à s'en dégoûter, elles sont contraintes de retourner à l'usage du public...[10]

---

8. Jugements reproduits dans *Manon Lescaut*, p. CLXI-CLXIII.
9. *Histoire d'une Grecque moderne*, *Œuvres de Prévost*, IV, 20 ; *Le Pour et Contre*, t. IV, p. 315-336.
10. *Œuvres de Prévost*, I, 248.

Si Prévost reste fidèle à l'euphémisme, du moins sait-il circonscrire la prostitution, ses frontières, et tous les malheurs qu'elle recouvre. Sans prononcer le mot de « prostitution », il en désigne la nature par tout un ensemble de mots qui la caractérisent : « lubricité », « débauche » « commerce », « infâmie ». Or ce sont des mots que l'on ne trouve pas dans *Manon Lescaut*, sinon par dénégation. La jeune prostituée envoyée au chevalier par Manon et le jeune G... M... est elle-même distinguée de la classe commune : elle « paraissait avoir plus de pudeur que ses pareilles » (page 160). Les deux amants évitent toute occasion de scandale : « Cependant comme la débauche n'avait nulle part à ma conduite, et que Manon se comportait aussi avec beaucoup de retenue... » (page 64). Si Manon cède à trois amants successifs, c'est en quelque sorte par mégarde : elle était à sa fenêtre quand B... est passé (page 82) ; elle a écouté son frère par faiblesse (page 99), et s'est prêtée au jeune G... M... par désir de se venger du père (page 156). Sans doute a-t-elle tendance à enjoliver son récit ; Des Grieux lui-même, par une excessive indulgence, fait tout pour éluder la moindre allusion à un acte vénal. Mais il est vrai aussi que Manon ne se sent jamais liée par un contrat. Elle considère comme justement acquis les cadeaux du jeune G... M... : « Quoi ! nous n'emporterons pas même les dix mille francs ? répliqua-t-elle. Il me les a donnés. Ils sont à moi » (page 170-171). Dans ce cri du cœur, on doit reconnaître une conviction constante. En toute occasion, elle se sent totalement libre. « Je ne lui ai donné nul pouvoir sur moi » dit-elle de M. B... (page 84). Ce mot-là sonne juste et désigne, lui aussi, une ligne de partage : Manon n'est pas soumise à son appareilleur ou à ses clients ; elle n'a même pas cherché, comme la plupart des actrices ou des « maîtresses en titre », à s'engager par contrat, à obtenir ainsi une sécurité pour l'avenir. Elle ne doit donc rien à personne. Elle spécule sur la folie de ses « amants » sans se lier à eux. Elle reste libre et intrépide comme une aventurière. Son vocabulaire est celui de la galanterie, non de la prostitution : elle est la « maîtresse » de Des Grieux, elle cède à de « nouveaux amants », elle commet des « infidélités », elle peut être « cruelle », « volage », « inconstante »,

« légère et imprudente » (page 170). Cette dernière expression est celle-là même que le Lieutenant-Général emploie à propos du chevalier : « ... il était aisé de remarquer qu'il y avait dans mon affaire, plus d'imprudence et de légèreté que de malice » (page 181). Avec la même indulgence et non sans humour, il parle de Manon comme d'une « dangereuse personne » ; mais dans un cas comme dans l'autre, le délit n'est pas évident. D'où la question que l'on peut se poser : pourquoi Manon est-elle enfermée à l'Hôpital-Général et expédiée en Amérique comme une « fille de joie » ?

M. B..., à qui Manon a soutiré en deux ans soixante mille francs pour services attendus ne peut porter plainte et négocie directement avec le père du chevalier. Le vieux G... M..., lui, se trouve volé d'un collier de perles et de deux mille quatre cents livres avant même d'avoir usé de son privilège. Ayant du crédit, il peut obtenir rapidement du Lieutenant de police que les amants soient punis, mais « moins comme des criminels que comme de fieffés libertins » (page 109). Autrement dit, le cas n'est pas pendable, il s'agit plutôt d'une semonce. Comme l'assassinat du portier de Saint-Lazare et l'évasion de Manon sont déguisés, nul grief ne pèse sur eux. Reste que cela fait beaucoup de rouerίes dissimulées ; ajoutées à l'enlèvement du fils G... M... et au dernier vol (dix mille livres et le collier de perles), elles pèseront lourd, car la récidive est grave. Manon constitue un véritable danger pour la fortune des fils de famille, entre autres pour « les héritiers de la maison de G... M... » (page 177). Quand le père du chevalier et G... M... uniront leurs efforts pour convaincre le Lieutenant de police, celui-ci se laissera facilement persuader. C'est encore une fois affaire de « crédit ». Personne n'est là pour défendre Manon ; sa famille, de naissance « commune », s'est débarrassée d'elle dès le début du récit et n'interviendra pas ; deux pères de famille nobles peuvent aisément, en invoquant la protection de l'honneur familial et du patrimoine, obtenir, en simple audience de Chambre de police, l'ordre de déportation. Manon n'est pas condamnée pour prostitution, mais pour libertinage et abus de confiance avec récidive ; et seule l'intervention de personnages haut placés provoque ici l'assimilation au délit de prostitution publique. Elle se retrouve donc parmi les « filles de joie », mais le texte du préambule de Pacy nous dit bien qu'elle pouvait passer aussi pour une « personne du premier rang », et qu'il s'agit d'un tragique malentendu, sinon d'un déni de justice.

Un cas analogue, qui défrayait la chronique en mars 1730, montre à quel point le sort de Manon est inique. Mlle Pelissier, actrice de l'Opéra, avait, nous dit Barbier, « fait la conquête de Du Lis, banquier juif de La Haye », dont elle avait tiré « plus de soixante mille livres de pierreries »[11] – c'est exactement ce que Manon a tiré de M. de B... Quand Du Lis veut regagner son pays, Mlle Pélissier garde l'argent ; elle n'a jamais cessé entretemps d'être la maîtresse du musicien Francœur. Au dire de Barbier, elle peut être considérée comme une p... ; mais elle est aimée du public, et protégée par l'Opéra ; et lorsque Du Lis tente de se venger et de faire bâtonner Francœur, c'est lui qui est condamné à être pendu en effigie. Qu'elle soit « gueuse » et cause de tout le scandale n'empêche pas que l'actrice soit acquittée : Mlle Pélissier ne saurait être traitée comme une prostituée.

Manon semble appartenir au même milieu : par son esprit et ses goûts, par sa culture – elle aime l'Opéra et cite Racine de mémoire – elle est proche des actrices ; elle en a la liberté, la fantaisie et le talent. Mais elle ne jouit d'aucun appui, se moque de ses protecteurs, s'acoquine à un frère joueur, et joue elle-même avec le feu. A la façon des actrices, elle dévore des fortunes : soixante mille francs chez B..., plus de sept mille chez le vieux G... M... et plus de dix mille chez son fils. Quand on sait que cinq mille francs constituent au XVIIIe siècle le revenu annuel d'un bourgeois fortuné, ce sont là des sommes fantastiques.[12] Mais elle dépense sans compter, sans songer à l'avenir. Tout est monnayé en plaisirs, en luxe, en caprices, avec une sorte de désintéressement, paradoxal : « Elle n'eût jamais voulu toucher un sou, si l'on pouvait se divertir sans qu'il en

---

11. *Chronique de la Régence,* éd. citée, t. II, p. 100, 155-158.
12. Voir Jean Sgard, « L'Échelle des revenus », *Dix-Huitième Siècle* 14, 1982, p. 425-433.

coûte... » (page 94). Cette insouciance prodigue tranche avec le caractère sordide de la prostitution, souvent signalé dans les romans du temps.[13] De tous ces désordres, le cœur sort préservé ; comme le dit le chevalier au Nouvel Orléans, les deux amants n'ont rien de « ces libertins outrés, qui font gloire d'ajouter l'irréligion à la dépravation des mœurs » (page 206). Jusqu'au bout, la débauche, la luxure, la rapacité sont écartées du champ sémantique ; à leur place, nous trouvons les désordres, l'inconstance et une sorte de libertinage modéré qu'il nous reste à cerner de plus près.

Guidé par un narrateur passionné, le lecteur de *Manon Lescaut* serait tenté de considérer l'héroïne comme un phénomène inclassable. Or dans les *Mémoires d'un honnête homme* (1745), un narrateur assagi nous donne un tableau de la société parisienne et une sorte de physiologie du libertinage qui éclairent rétrospectivement le statut social de Manon. Trois états peuvent définir la condition féminine : celui des femmes honnêtes, celui des « filles », et un « troisième ordre », qui intéresse plus particulièrement le romancier. Le libertinage féminin se manifeste donc sous deux formes opposées. D'un côté, les « filles ». Elles s'appellent Fanchon, Lisette ou Catin, « trois créatures » qui font un « indigne usage de leurs charmes ».[14] Comme elles sont jeunes et que leur santé est garantie, elles valent cinq louis par nuit, ce qui est beaucoup. Pour ce prix, elles dispensent leurs faveurs à tout venant, racontent des histoires scandaleuses, se livrent sur un matelas à « toutes les culbutes et les gentillesses du bel usage ». A la fin de la nuit, on les retrouvera « échevelées, déchirées, égratignées » comme « trois bacchantes à la fin de leurs fureurs » (VI, 226). Cette « infâme orgie » nous donne un vivant tableau du « libertinage outré ». De l'autre côté, nous allons rencontrer le libertinage éclairé. Quelques jours plus tard, le narrateur va se trouver mêlé à une partie fine : « ... au lieu de filles, on y avait ordinairement des demoiselles d'opéra et des maîtresses entretenues, qui formaient une compagnie fort aimable » (VI, 228).

---

13. Voir Jacques Rustin, ouvr. cité, p. 148 et suiv., ou le chap. IV du *Sopha*.
14. *Œuvres de Prévost*, VI, 222.

Pour mieux analyser cette compagnie, Prévost attribue à chacune un numéro générique : Mlle X est chanteuse à l'Opéra et s'enrichit des « libéralités de deux amants » (VI, 235) ; Mlle XI chante aussi et se flatte de ses quarante conquêtes, mais n'a jamais conduit qu'une seule intrigue à la fois ; Mlle XII est danseuse du Magasin, c'est-à-dire de l'Académie royale de musique ;[15] elle a eu la sagesse de préférer un financier à un duc, dont la femme eût pu l'envoyer à l'Hôpital. Quant à Mlle XIII, elle est la maîtresse en titre d'un homme de robe fort « commode », qui prend soin de ses affaires. Toutes ont de l'esprit et du sentiment ; toutes ont assuré leur avenir et bénéficient de la sécurité que leur donne le statut d'actrice, de chanteuse ou de maîtresse attitrée. Elles savent ainsi éviter la débauche et la dépravation inséparables de la misère. Tel est cet « ordre de demoiselles », si largement représenté à Paris au milieu du siècle, « espèce de luxe inconnue à nos ancêtres » (VI, 256), et qui abolit le désordre inhérent à la prostitution. Prévost ne se cache pas que cet équilibre entre l'honnêteté et le libertinage est instable ; mais c'est aussi l'instabilité qui en fait le prix :

> Les plus heureuses, et sans doute les moins coupables, sont celles qui se tenant au premier degré de leur chute, regardent avec horreur des précipices beaucoup plus profonds, qui ne sont pas bien loin au-dessous d'elles. Dans cette situation, où la débauche grossière les révolte encore et où quelques restes de sentiments échappés au naufrage de leur vertu produisent le goût de la bienséance, sans affectation et sans austérité, si elles joignent de l'esprit et de la politesse aux agréments naturels qui ont causé leur perte, elles forment ce troisième ordre, cette classe singulière, où l'on trouve presqu'autant de décence que de liberté dans les plaisirs (VI, 258).

Ce développement un peu inattendu sous la plume de l'abbé doit certainement quelque chose à l'intérêt que manifestent les romanciers, à partir de 1740, pour les petites sociétés libertines et le monde des courtisanes. Elles forment, écrit Godard d'Aucour en

---

15. Voir la note 4 de la p. 250 par Peter Tremewan dans le tome VIII des *Œuvres de Prévost* ainsi que l'excellent commentaire qui accompagne tout l'épisode.

1743, « un petit Etat qui se trouve libre au milieu de la France » ; elles proposent aux philosophes de nouveaux modèles de vie et inspirent une pédagogie paradoxale.[16] Même en faisant abstraction de l'expérience personnelle de Prévost et de ses liaisons affichées avec des actrices connues,[17] cette entrée du libertinage dans les valeurs mondaines devait retenir son attention. L'apparition d'un « troisième ordre » fournit en quelque sorte une réponse à l'ambiguïté sociale du personnage de Manon.

Manon est encore au premier degré de la chute, et sous ses pas s'ouvre un précipice. Elle ne peut avoir que de l'horreur pour la prostitution des « filles de joie », cet abîme de misère auquel sont poussées celles que personne ne protège. Elle a perdu la vertu, mais elle a gardé le goût de la bienséance, les agréments de l'esprit et les sentiments naturels qui séduisent le chevalier. Il ne lui manque que la prudence, ou un peu d'expérience, pour rallier le petit monde des actrices et des maîtresses entretenues, dans lequel elle a fait une si brève apparition. Imprudence et légèreté, vertige du plaisir et ivresse de la liberté l'empêchent de s'agréger à l'« ordre des demoiselles ». Inscrite au catalogue de l'Opéra ou du Magasin, liée par contrat à un financier ou à un homme de justice, elle aurait le droit d'être Manon ; mais elle veut ignorer la réalité des pouvoirs, elle ne croit qu'à son pouvoir de femme, sans savoir qu'elle jouit d'un simple régime de tolérance. Que la tolérance disparaisse, et elle tombe dans le « précipice », ce vide qui aspire les filles de joie.

C'est pourquoi, tout au long du roman, la prostitution est toujours exprimée en creux. Seul un soudard cynique peut parler de « filles de joie » ; l'homme de qualité, témoin direct de la scène de Passy, ne parlera que de la « maîtresse » du jeune homme. Le chevalier est parfois hanté par l'image de la prostitution ; il parle à

---

16. Voir Jacques Rustin, ouvr. cité, p. 142-143, et Robert Granderoute, *Le Roman pédagogique de Fénelon à Rousseau*, Slatkine, Genève, 1985, 2 vol., t. II, p. 692 et suiv.

17. Voir le texte cité par Peter Tremewan dans les *Cahiers Prévost d'Exiles* 1, 1984, p. 2.

mots couverts de l'« honorable marché » qu'on lui propose, du « partage » auquel il doit se résigner, et de l'« infâme personnage » qu'il va jouer ; mais la débauche et la dépravation, la vénalité et le cynisme sont toujours éloignés, et Manon ne sera jamais une prostituée. Palissot, dans un long développement du *Nécrologe* a opposé à la Milwood du *London Merchant* de Lillo, la Manon de Prévost :[18] l'une est un monstre tiré de la « vile populace », l'autre est un miracle de délicatesse... Milwood était en effet une prostituée de bas-étage, cynique et dépravée, une « courtisane » de métier, comme le constate Prévost lui-même dans *Le Pour et Contre* (tome III, page 339) ; et seule la littérature anglaise a su, à cette époque, plonger dans de tels abîmes. Prévost est resté fidèle, comme en toute occasion, aux bienséances françaises ; mais il s'est aussi proposé un autre but. Manon garde la retenue, l'esprit et les sentiments d'une toute jeune fille au bord de sa perte ; la prostitution est l'avenir qui la menace, mais elle ne semble pas en avoir conscience. Prévost, qui s'est toujours attaché à présenter la femme comme une victime des hommes, et qui n'a jamais considéré sans pitié les prostituées, évoque une fois de plus le malheur de la femme ; mais il suggère aussi une autre société dans laquelle la femme échapperait à la servitude. Dans un monde immobilisé, hiérarchisé, soumis à l'ordre moral, il se prend à décrire, comme l'ont fait à la même époque romanciers et philosophes, cet espace de liberté qu'avaient su ménager autour d'elles quelques actrices, quelques femmes d'esprit. A la faveur de cet « ordre » à part, il se plaît à concilier en imagination les arts, les grâces, l'amour et la liberté. De cet idéal, Manon nous a donné une première fois l'image. Ce récit, qui s'ouvrait sur le cauchemar de la prostitution, se développe en songe de plaisir et de liberté.

---

18. *Nécrologe des hommes célèbres,* Moreau, Paris, 1767, Eloge de Prévost, p. 69-70.

LES FIGURES DE
MANON LESCAUT
EN 1753

P ERSONNE NE DOUTE qu'en 1753, Prévost n'ait voulu donner à l'*Histoire du chevalier Des Grieux et de Manon Lescaut* un lustre tout particulier. Détaché des *Mémoires et aventures d'un homme de qualité,* le « petit ouvrage », purgé des « fautes grossières qui le défiguraient », réapparaît sous la forme de deux élégants volumes de 303 et 252 pages, parfaitement composés, tirés sur papier bleuté. On sait que le texte, corrigé en plus de 860 endroits, est en outre augmenté de l'épisode du Prince italien. L'édition, donnée sous adresse d'Amsterdam, mais certainement réalisée par François Didot, s'adresse visiblement à des amateurs fortunés. Le libraire écrit dans le *Mercure de France* en mai 1753 :

> L'auteur de *Manon Lescaut,* ouvrage si original, si bien écrit et si intéressant, sollicité depuis longtemps de donner une édition correcte de ce roman, s'est déterminé à ne rien épargner pour la rendre telle qu'on la désire : papier, caractères, figures, tout y est digne de l'attention du public. Elle a paru dans le courant d'avril avec des additions considérables. On en a tiré peu d'exemplaires afin que la beauté des figures et des caractères ne reçût aucune diminution. Ce livre se vend chez Didot, Quai des Augustins, à la Bible d'Or.

Prévost lui-même précisait dans le *Nota* liminaire : « Les vignettes et les figures portent en elles-mêmes leur recommandation et leur éloge ». Ce sont ces figures que je me propose d'étudier : comment ont-elles été choisies ? dans quel style ont-elles été conçues ? Vingt ans après avoir donné ce qui est resté son chef d'œuvre, Prévost l'a relu ; il le modernise et l'adapte aux goûts, aux exigences d'un nouveau public ; il en propose une nouvelle lecture. Or les figures nous suggèrent elles-mêmes un parcours de lecture, sur lequel il vaut la peine de s'interroger.

*

Le commentaire illustratif de *Manon Lescaut* se présente en 1753 sous la forme d'une séquence de huit « figures » :

I Première partie,	p. 29	[la rencontre d'Amiens] par Pasquier
II	p. 97	[la scène de Saint-Sulpice] par Gravelot, gravée par Le Bas
III	p. 186	[la comédie chez le vieux G... M...] par Gravelot, gravée par Le Bas
IV	p. 262	[la rencontre à l'Hôpital-Général] par Pasquier
V Deuxième partie, p. 20		[la scène du Prince italien] par Pasquier
VI	p. 115	[l'arrestation chez G... M...] par Pasquier
VII	p. 183	[sur la route de Passy] par Pasquier
VIII	p. 241	[la mort de Manon] par Pasquier

Deux des figures sont dessinées par Hubert-François Gravelot (1699-1773) et gravées par Jacques-Philippe Le Bas (1707-1783) ; les autres sont dessinées et gravées (« inv. et sc. ») par Jacques-Jean Pasquier (1718-1785). Soit donc huit figures, quatre pour chaque partie, mais inégalement réparties : rien ne vient illustrer l'épisode de la rue V..., le séjour à Chaillot, l'épisode de l'Hôtel de Transylvanie, la liaison avec le jeune G... M... ou le séjour au Nouvel

Orléans. Quelques grandes scènes ont été retenues, comme si l'on s'acheminait vers une vision théâtrale de l'œuvre. Dans chacune de ces scènes, les amants sont au premier plan, et leur histoire se déroule en une courbe d'une belle simplicité. La scène de Passy, que l'on attendait au début, disparaît au profit d'une scène pénultième qui annonce la catastrophe : la belle passion et la terrible punition s'opposent terme à terme, avec un infléchissement certain vers le pathétique.

Une seconde observation s'impose d'emblée : le rapport entre l'image et le texte a été voulu et souligné ; chaque gravure porte en haut et à droite l'indication de la page qu'elle illustre. On peut constater dans l'exemplaire de la Bibliothèque nationale[1] que ces indications ont été suivies à la lettre : chaque figure commente la page de vis-à-vis ; la gravure a été placée tantôt à droite, tantôt à gauche pour faciliter le parallélisme. S'agissant de pages courtes et très aérées (20 lignes par page, correspondant à 11 lignes dans l'édition des Classiques Garnier), cette mise en rapport dut exiger beaucoup de soins. Peut-être les artistes ont-ils disposé d'un exemplaire de base, comme l'édition de 1742, qui leur permettait de savoir, de manière sensiblement comparable, ce que contenait la page à illustrer ; mais dans le tome II figurait l'épisode nouveau du Prince italien, décrit avec précision dans la figure correspondante : Pasquier a-t-il disposé du manuscrit, ou travaillé d'après un texte déjà composé ? Cette dernière hypothèse expliquerait le caractère un peu hâtif des illustrations, et le recours à trois artistes différents. On ne possède malheureusement aucune trace d'un contrat éventuel entre Didot et ses graveurs : le Minutier central des notaires parisiens ne mentionne pas leurs noms, qui sont absents du dépouillement systématique effectué pour l'année 1752. Si l'on observe de près les illustrations, on constatera simplement qu'elles commentent la page entière, et qu'elles supposent une parfaite connaissance du roman.

---

1. Rés. Y² 3274-3275.

I. *La rencontre d'Amiens*
(édition de 1753, tome I, page 29 ; *Manon Lescaut*, page 19)

La page commentée va de « Son vieil Argus étant venu nous rejoindre... » à « je lui proposai de se loger... » Manon a usé d'un petit subterfuge en nommant le chevalier son « cousin » ; celui-ci entre dans le sens de la ruse et lui propose de se loger dans une hôtellerie, que visiblement il montre de la main. On est tenté de croire que le « vieil Argus », qui un instant plus tôt « s'empressait pour faire tirer son équipage des paniers », est maintenant le vieil homme à gauche, qui apporte à Manon ses bagages. Dans ce cas, le personnage de droite, vu de profil arrière, assez jeune et élégant, en perruque à catogan, mais en habit foncé et sans épée, représente Tiberge, dont on nous dira un peu plus tard qu'il ne comprend rien à la scène et suit son ami « sans prononcer une parole ». Cette figure, tout en reposant sur une réplique (« je lui proposai de se loger »), regroupe en fait toutes sortes d'informations sur le cours du récit. C'est une figure d'exposition : la cour de l'hôtellerie, les équipages qu'on tire des paniers de la voiture, le vieil Argus qui s'approche en maugréant, Manon qui s'évente délicatement dans la chaleur de juillet, Des Grieux qui s'enhardit, qui d'un pas en avant sépare Manon de Tiberge et engage un mouvement dans une autre direction, tout suggère l'importance de l'instant, du tournant qui se dessine. Pasquier n'a pas cédé à la tentation du théâtre ; il représente une transition, une modification. La scène n'est pas anecdotique ni réaliste, malgré les arrière-plans rustiques à la manière de Boucher ; elle esquisse de façon poétique un suspens, un je-ne-sais-quoi qui se décide à travers deux pas de danse et une auréole de lumière.

I.re Part.   Pag. 29.

J. J. Pasquier inv. et Sc.

II. *La scène de Saint-Sulpice*
(édition de 1753, tome I, page 97 ; *Manon Lescaut*, page 44)

La page à illustrer comporte quatre répliques et un moment d'intense émotion, marqué par des larmes. Gravelot semble d'abord isoler la phrase introductive : « Elle s'assit. Je demeurai debout, le corps à demi tourné, n'osant l'envisager directement ». Comme Pasquier dans la scène précédente il a donc focalisé sur un instant de suspens et de transition : le jeune abbé pivote sur le pied gauche, une main tendue vers les calmes couloirs du séminaire, qu'on aperçoit par la porte entrebâillée ; le regard, lui, est tourné vers les yeux de Manon, un peu plombés (rougis de larmes ?). Manon va parler ; comme souvent chez Gravelot, toute l'action est dans les mains, mains de Manon qui plaident, s'entrouvrent, et mains du chevalier qui ne savent où se poser. Rien ou presque rien n'est dit du lieu, aussi impersonnel qu'une antichambre de tragédie classique ; toute la description porte sur le contraste entre la soutane de soutenance de l'abbé, riche, soyeuse, sombre et mobile, et le luxe provoquant de la robe et des bijoux de Manon ; tout ceci dessiné un peu vite, sans ornements, mais tendu, mouvementé, inquiet. Le graveur a parfaitement réparti les valeurs ; une grande diagonale soulignée par l'arrivée de la lumière suffit à dramatiser la scène, à opposer un territoire du sacré et un territoire du profane. Du corps « à demi tourné » du chevalier, Gravelot a saisi toute la signification.

I.Part.
Pag. 97.

H. Gravelot inv.
P. Le Bas sc.

III. *La comédie chez le vieux G... M...*
(édition de 1753, tome I, page 187 ; *Manon Lescaut*, page 77)

Ici encore, le commentaire illustré repose en premier lieu sur une réplique, la première qui apparaisse en haut de la page 187 : «Je lui trouve l'air de Manon, reprit le vieillard en me haussant le menton avec la main». Mais une fois encore, toute la scène de comédie est suggérée, et d'abord par le jeu des mains : main protectrice de G... M... sur l'épaule de Manon, et main badine sous le menton de Des Grieux, mains timides que Manon avance vers son amant, mains appliquées du chevalier, bien posées comme il faut sur le bord du chapeau, et main démonstrative de Lescaut, l'impresario, le metteur en scène de la comédie. L'expression des visages est elle-même rendue avec un souci de psychologie qu'on ne retrouvera guère par la suite : niaiserie affectée du chevalier, suffisance un peu attendrie de G... M..., *morbidezza* de Manon. Pour une fois, le décor de la scène est richement gravé et suggère tout le déroulement de la scène : entrée à droite et présentation du chevalier devant les paravents, vaisselier luxueux d'où un serviteur impalpable sort le plat qui ornera la table, toute prête à gauche ; une fête s'annonce discrètement, dont G... M... sera le payeur et la dupe. Il faudrait dire encore le mouvement des gilets entrouverts, les ronds de jambes qui préparent le ballet comique, les falbalas de Manon, plus irrésistibles que jamais, et puis encore ce miroitement des surfaces, ce luxe fascinant, parfaitement obtenus par le graveur : c'est le chef-d'œuvre !

LES FIGURES DE *MANON LESCAUT* EN 1753 159

IV. *La rencontre à l'Hôpital-Général*
(édition de 1753, tome I, page 262 ; *Manon Lescaut*, page 103)

Avec la figure suivante, de Pasquier, la chute est brusque. La page 262 évoquait la réunion des amants dans la cellule de la prison : « J'entrai, lorsqu'elle y accourait avec précipitation. Nous nous embrassâmes avec cette effusion de tendresse, qu'une absence de trois mois fait trouver si charmante à de parfaits amants ». Pasquier, à l'accoutumé, tente de rendre la totalité de la scène : l'entrée du chevalier, la précipitation de Manon, l'attendrissement de M. de T., qui doit durer « un quart d'heure », et jusqu'à la présence de Marcel, dont on saura, quelques pages plus loin, qu'il a été témoin de cette entrevue, et que « ce tendre spectacle » l'a beaucoup touché ; pour le moment, il en reste la bouche ouverte. Pasquier ne pèche que par excès de fidélité ; rien ne manque au tableau : les barreaux de la prison, les pelottes et les aiguilles de Manon, le chapeau tombé ; mais l'embrassade est manquée ; les corps sont raides et étirés ; le témoin attendri, M. de T., diminué exagérément pour créer un arrière-plan, est bonnement ridicule. Ce médiocre *happy end* clôt pauvrement la première partie du roman.

LES FIGURES DE *MANON LESCAUT* EN 1753

V. *La scène du Prince italien*
(édition de 1753, tome II, page 20 ; *Manon Lescaut*, page 123)

La page 20 commence effectivement par la scène décrite : « Manon ne lui laissa pas le temps d'ouvrir la bouche. Elle lui présenta son miroir... » Pas plus que Gravelot en pareil cas, Pasquier ne tente de représenter la parole, mais il suggère au moins la conclusion de la folle harangue de Manon, car celle-ci tient les cheveux de son amant : « ... tous les princes d'Italie ne valent pas un seul des cheveux que je tiens ». La figure repose donc, une fois encore, sur un enjambement, sur le début et sur la fin du discours de Manon. Elle vise surtout à représenter les amants au temps de leur apogée : Manon, plus gracieuse que jamais, le chevalier chez lui, parfaitement élégant dans un drapé improvisé, tandis que le Prince fait figure de repoussoir. C'est le temps du triomphe ; l'Amour, ce « bon maître », règne dans la décoration ; les amants sont comme encadrés dans une image-souvenir. On peut croire que Prévost a donné ici des instructions précises au graveur, car la figure contribue à la « plénitude d'un des principaux caractères », pour reprendre l'expression du *Nota* liminaire. Pasquier, très consciencieusement, a exécuté la commande ; l'essentiel est dit, non sans grâce.

LES FIGURES DE *MANON LESCAUT* EN 1753 163

VI. *L'arrestation chez G... M...*
(édition de 1753, tome II, page 115 ; *Manon Lescaut*, page 153)

La gravure s'accorde parfaitement au contenu entier de la page 115 : « Après cette découverte, le vieillard emporté... » jusqu'à « les reconnaissez-vous ? lui dit-il avec un sourire moqueur ». Pasquier, ici encore, s'impose par son honnêteté et sa fidélité au modèle littéraire. La scène est totalement rendue et assez bien composée : Des Grieux, en bonnet de nuit, va se mettre au lit, sur lequel Manon est déjà « assise » ; G... M..., avec un sourire moqueur (bien proche, à vrai dire, de la grimace) fait voir « de près » à Manon le collier de perles et la bourse contenant les dix mille francs. Si Des Grieux n'est pas représenté « crevant de rage », comme le voudrait le texte, du moins faut-il le maintenir assis. Le décor, celui de la petite maison du jeune G... M..., est résolument galant et moderne : trumeau encadré de rocaille Louis XV, pendule rococo marquant l'heure exacte de la scène – « quoiqu'il fût au moins dix heures et demie » –, lit à baldaquin et à pompons, etc. La scène, très dramatique, est saisie dans le contraste violent de l'ombre et de la lumière : le halo de lumière des candélabres encercle les trois protagonistes, tandis que bougent dans la pénombre les figurants, les spectateurs : trois gardes à la fois inquiets et sceptiques. Comme souvent chez Pasquier, la scène s'immobilise dans une sorte d'instantané, mais la composition reste éloquente, et l'animation des mains, prises dans une sorte d'ellipse centrale, rappelle assez bien la manière de Gravelot.

LES FIGURES DE *MANON LESCAUT* EN 1753

VII. *Sur la route de Passy*
(édition de 1753, tome II, page 183 ; *Manon Lescaut*, page 179)

La page 183 évoque dans ses vingt lignes deux mouvements différents ; Manon reconnaît Des Grieux et tente de se précipiter vers lui, Des Grieux quitte son cheval pour s'asseoir auprès d'elle. Pasquier représente l'intervalle de ces deux moments : Des Grieux a quitté son cheval, qui reste là au premier plan, et il se hisse – on se demande un peu comment – vers Manon qui se penche en avant. Les visages des amants se rejoignent ainsi au centre parfait du tableau, et se détachent sur un fond mouvementé de chevaux, de voitures ; il y faut encore une église dans le lointain, des claquements de fouet et un chien qui se gratte au premier plan, on se demande pourquoi. Dans cette composition très anecdotique, l'accessoire l'emporte sur l'essentiel, au point qu'on hésite à identifier Manon dans la femme qui se penche (la main du chevalier semble plutôt aller vers la femme de gauche). Il y a là, il faut en convenir, beaucoup de bavardage.

LES FIGURES DE *MANON LESCAUT* EN 1753   167

2.ᵉ Part. Pag. 283.

J.J. Pasquier inv. et Sc.

VIII. L'enterrement de Manon
(édition de 1753, tome II, page 241 ; *Manon Lescaut*, page 200)

Comme dans la plupart des cas, le texte de la page 241 contient tous les détails repris par le graveur : les vêtements étendus sous le corps de Manon, l'épée rompue, et le chevalier qui se sert de ses mains ; la scène de l'ensevelissement est naturellement éludée, quoique le geste du chevalier l'annonce. En tout ceci, Pasquier reste parfaitement fidèle à Prévost, et sa scène est imposante, même si l'on ne peut éviter de compter les boutons de l'habit, ou de dénombrer au premier plan le chapeau, le baudrier et le fourreau. Le dessin est rapide, la gravure aussi : d'horribles rochers sont restés à l'état d'ébauches nuageuses ; sable et broussailles sont réduits à de simples pointillés. Du moins le graveur a-t-il réussi à suggérer l'espace désert qui entoure les amants, et donné une image ultime du couple parfait. Pour donner un tableau unique en son genre, il suffisait de suivre littéralement le texte de Prévost, et c'est ce que Pasquier a fait.

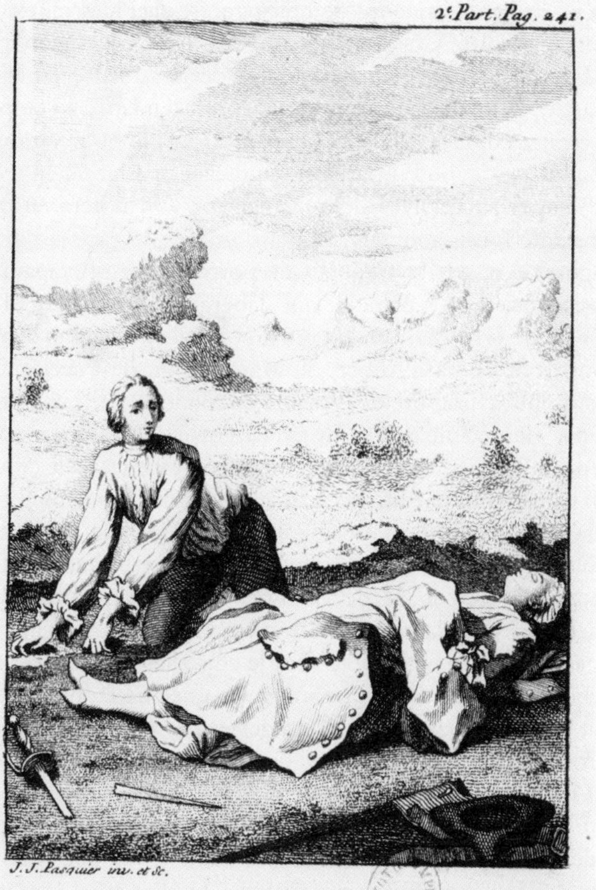
2e. Part. Pag. 241.
J. J. Pasquier inv. et Sc.

Au vu de cette séquence de huit figures, quelques réflexions viennent à l'esprit. Ces huit scènes dessinent, de façon purement linéaire, la courbe d'une existence, de la radieuse rencontre à la catastrophe finale ; les scènes graves ont tendance à l'emporter sur les scènes enjouées ; le pathétique tend à s'imposer, surtout dans la seconde partie, où l'apparition lumineuse de Manon en V est suivie des étapes successives de son malheur. On notera en outre une constante focalisation sur les deux amants. Il s'agissait bien sûr de « figures », et par conséquent de portraits des principaux personnages ; mais on a à peine deviné Tiberge ; on ne voit ni M. de B..., ni le jeune G... M..., ni le père du chevalier. Comme dans les versions pour opéra d'Auber, de Massenet ou de Puccini, la morale s'estompe, le nombre des amants de Manon se réduit à un seul, les scènes de réconciliation disparaissent. Seul l'amour est mis en scène. Si Prévost avait voulu, comme on est porté à le croire, ôter à son roman tout parfum de scandale et provoquer la pitié ou l'attendrissement, rien ne pouvait mieux l'y aider que ce commentaire gravé. Lorsque des témoins figurent dans le tableau, ils anticipent la réaction du lecteur : M. de T. est pénétré d'admiration pour ces parfaits amants et Marcel en est tout ému (IV) ; les trois gardes s'interrogent, mais traitent visiblement le chevalier avec douceur (VI) ; les archers contemplent les amants avec quelque étonnement, et l'on voit le palefrenier esquisser un geste d'admiration (VII). Les deux héros bénéficient désormais d'une indulgence plénière.

On ne saurait affirmer que Prévost a guidé constamment le graveur ; mais il est certainement intervenu pour mettre en relief l'épisode du Prince italien. On serait tenté de croire que l'égale répartition des huit figures sur deux parties lui doit aussi quelque chose. La division du roman en deux parties, consacrée par la publication en deux volumes, trouve ici sa justification : l'épisode moral de la prison clôt la première partie comme la mort de Manon clôt la seconde. Mais le trait le plus original de cette suite de gravures est leur fidélité scrupuleuse au texte. Les graveurs semblent avoir eu devant eux la page qu'ils devaient illustrer, et se sont attachés à regrouper, à la ligne près, tous les détails qu'elle renfermait. On est ainsi invité à procéder à deux lectures parallèles : l'image devient discours, le texte devient légende. Les figures illustrent des moments plus que des répliques ; elles cernent le texte dans son développement et invitent à rêver sur la totalité du récit qui nous est présenté. Il y a là une conception relativement nouvelle de l'illustration, qu'il nous faut tenter d'éclairer.

*

Nous ne savons rien des rapports de Prévost et de Gravelot. Ils ont pu se rencontrer en Angleterre : Prévost a eu l'occasion, dès 1733, de voir les vignettes de l'*Astrée,* car il donne un compte rendu de cette édition dans *Le Pour et Contre* (tome I, page 260-261), sans toutefois parler des gravures. Gravelot, entre 1741 et 1748, semble avoir fait de nombreux voyages entre l'Angleterre et la France, avant de se fixer à Paris, vers 1750-1753. Après avoir collaboré avec Hogarth, il s'était spécialisé dans l'illustration du roman anglais : *Pamela* en 1742, *Tom Jones* en 1750 ; mais il ne conquiert la célébrité en France qu'avec l'illustration du *Decameron* en 1757-1761. Didot eut sans doute plus d'occasions de connaître Jacques-Jean Pasquier, honnête artisan qui avait donné à divers éditeurs nombre de vignettes, de portraits et d'illustrations. En 1750, nous le trouvons associé à Gravelot pour le *Tom Jones* ; il collabore encore avec lui pour le *Decameron.* Mais il a surtout gravé, avec Eisen, dès 1751-1752, la suite de figures de *Clarisse Harlowe* dans la traduction française de Prévost, et c'est par là qu'il a pu intéresser notre romancier. Sans doute existait-il, avant cette date, de nombreuses suites de figures, en général composées pour des rééditions soignées ; c'est le cas de l'édition de 1726 du *Diable boiteux,* dont les douze figures illustrent de façon précise autant de passages du texte ; *Gil Blas, La Vie de Marianne, Les Aventures de Télémaque* ont fait l'objet également d'un commentaire illustré. Ce que l'on découvre avec la *Clarisse* d'Eisen et Pasquier, c'est une sorte de commentaire littéral du roman, en vis-à-vis du texte, avec un luxe de connotations visuelles qui permettent d'envisager l'ensemble de la scène. On retrouvera aisément dans le dessin de Pasquier la raideur, le pathétique immobilisé qui sont sa marque, mais aussi le goût de l'ornementation rocaille, la pendule ciselée qui marque l'heure exacte, ce caractère anecdotique qui est son faible. Mais l'ensemble de ces illustrations forme véritablement un discours en images dont l'influence fut certainement décisive pour l'illustration de *Manon Lescaut* et pour celle de *La Nouvelle Héloïse*.

Deux tendances semblaient alors diviser les illustrateurs : l'illustration allégorique ou emblématique, qui avait régné au XVIe et au XVIIe siècle, commençait à perdre du terrain ; l'illustration pathétique ou dramatique, directement appliquée à un épisode du texte, ne s'était pas encore imposée. Une nouvelle génération de graveurs (Gillot, Oudry, Boucher, etc.) s'applique à restaurer l'autonomie du discours illustratif, mais le renouveau du livre illustré n'apparaît vraiment qu'après 1750. Les gravures de *Clarisse* inclinent vers le pathétique ; celles de *Manon* obéissent à un idéal plus subtil et en partie contradictoire : elles marquent une transition.

Ce qui fait le charme de ces figures, c'est assurément leur accent poétique et emblématique. La page entière est commentée, et par là même la démarche du récit. On a vu comment le dessin tendait à fixer un double mouvement, une modification ; l'instant précis de la parole, du baiser, de l'arrestation ou de l'ensevelissement est comme éludé. C'est cet entre-deux qui permet d'introduire dans le récit une pause, un suspens, un temps de réflexion ou de rêverie. Il arrive aussi que l'illustration colle littéralement à une réplique du texte : « Je lui trouve l'air de Manon… » (III), « Nous nous embrassâmes… » (IV), « Les reconnaissez-vous ? » (VI). Et l'on est tout près alors du style d'illustration dénotative qui dominera vers 1770, en particulier dans le *Cleveland* de 1777 ou dans les *Œuvres choisies* de 1783, illustrées par Marillier dans un style néo-classique et théâtral. Ici, la phrase même est portée par un cartouche, gravée sur une sorte de pierre lapidaire qui immobilise la réplique tout juste sortie de la bouche ouverte du héros. Pourtant, si la réplique citée est toute proche dans certaines gravures de *Manon,* elle ne donne pas à elle seule le sens de la scène, et jamais nous n'y trouvons de bouche ouverte. Si le commentaire visible épouse la forme du texte, il n'en suit pas moins ses propres règles. Tout se passe comme si Gravelot avait retenu Pasquier sur la pente où l'entraînait Eisen.

Si l'on tente de caractériser le style propre de Gravelot et de Pasquier, on se heurte en fait à des interférences de styles. Dans les deux dessins de Gravelot se manifeste un coup de crayon original : on admire la clarté de la composition, un sens aigu des valeurs et des fonds brillantés, parfaitement rendus par Le Bas (III), l'exquise sinuosité des lignes du vêtement, l'arabesque souple qui développe une sorte de discours des mains, l'éloquence des gestes, le jeu des jambes dans un ballet esquissé. Dans ce dessin nerveux, vivant, fuselé, on croirait retrouver parfois la trace de Gillot et de Watteau, une manière très française et qui, curieusement, ne doit rien à Hogarth. Mais peut-être Gravelot doit-il à ce dernier son sens du commentaire visuel, cet esprit de la « Suite » qui s'était imposé avec *A Harlot's Progress* en 1732, et *The Rake's Progress* en 1735. Rappelons que dans la *Carrière d'une prostituée,* Hogarth avait représenté l'arrivée en diligence de la jeune étourdie, sa liaison avec un riche financier, son internement à Bridewell et son enterrement, le tout dans un style haut en couleurs, souvent burlesque, réaliste jusqu'au sordide. Prévost a sans doute apprécié Hogarth, dont il a commenté, dans *Le Pour et Contre,* le portrait de Sara Malcolm (tome I, page 19-21), tout en sachant que ce goût était inacceptable en France. En rêvant un peu, on pourrait imaginer qu'il ait discuté avec Gravelot de ce modèle du discours en images, et de sa transcription dans le goût français...

Le Bas et Pasquier sont d'honnêtes graveurs à l'apogée de leur carrière. Le Bas semble avoir suivi, autant qu'on peut le supposer, les indications de Gravelot. Pasquier, lui, exécute sans génie la commande du libraire. Il travaille sans doute comme le faisaient nombre d'illustrateurs, à partir de marionnettes de bois, sans réussir à s'abstraire de ces silhouettes maigres, raides et légèrement déséquilibrées (IV, VIII). Mais il lui arrive, au moins à deux reprises, de s'inspirer de la manière de Gravelot : la scène d'Amiens (I) et la scène de l'arrestation (VI) sont relativement convaincantes. Son domaine préféré était celui de la vignette, et il n'est pas étonnant que Didot lui ait confié le soin de la vignette initiale, donnée en tête des tomes I et II. Ce qui surprend plus, c'est la médiocrité de son travail : la composition est confuse, les détails sont oiseux, l'allégorie démodée tranche curieusement avec l'esprit des autres figures. On ne serait pas surpris, à vrai dire, qu'il ait emprunté sa vignette à un ouvrage plus ancien. Cela nous conduit à revenir, en conclusion, sur la lecture qui nous est proposée.

Le choix des épisodes, on l'a vu, est très explicite : Des Grieux et Manon, avec leur jeunesse, leur insouciance, leur amour, forment le centre de chaque composition, du premier pas sur la place d'Amiens à la scène finale. Les trahisons de Manon sont à peine suggérées. Les représentants de la morale n'interviennent pas. La religion est absente, même dans le parloir de Saint-Sulpice – là où, au XIXe siècle, on placera au moins un crucifix. Nous nous trouvons devant une sorte de plaidoyer pour l'amour et la jeunesse ; à ce point de vue, l'œuvre s'est modernisée. Le décor lui-même s'est renouvelé : les meubles, les trumeaux, les ornements, tout jusqu'à la pendule, jusqu'aux assiettes d'argent est en rococo Louis XV. Cette adaptation va naturellement dans le sens de la modernisation du texte en 1753 : si Prévost n'a pas guidé ses illustrateurs, du moins devait-il les approuver. Mais comment croire qu'il n'a pas choisi lui-même de mettre en valeur dès le début la rencontre d'Amiens, et en tête de la seconde partie l'épisode tout nouveau du Prince italien ? Dans cette nouvelle version, que le romancier défend dans son *Nota* de 1753, et qu'il reprend intégralement en 1756, l'*Histoire du chevalier* a soudain rajeuni ; elle s'est accordée aux temps nouveaux ; elle ne montre plus que deux jeunes amants, leurs plaisirs et leur malheur. Elle ne met en scène que « des peintures vraies et des sentiments naturels » : c'est ainsi que dès 1734, Prévost avait défendu son roman dans *Le Pour et Contre* (tome III, page 139). Sur les suggestions de l'auteur, ou peut-être parce qu'ils aimaient *Manon Lescaut,* deux artistes ont développé leur propre lecture, peint le monde nouveau qu'ils avaient sous les yeux, suggéré la tendresse, la complicité, l'insouciance des amants, et parfois marqué l'émotion qui pouvait gagner un public étonné. Leurs illustrations ne sont pas simplement dénotatives ; elles témoignent d'une lecture personnelle, de pauses réflexives ou sentimentales dans le cours du récit. Ces figures ne sont assurément pas des chefs-d'œuvre, et tout porte à croire qu'elles ont été réalisées dans la hâte. Gravelot fera beaucoup mieux avec Boccace, Marmontel ou Rousseau, Cochin avec Fénelon, Eisen, Gravelot et Moreau avec *La Nouvelle Héloïse*. La suite des figures de *Manon Lescaut* reste pourtant, par sa conception à la fois poétique et dramatique, par le libre rapport qu'elle entretient avec le texte, un moment de l'histoire du livre illustré. D'une certaine façon, elle mène à la suite parfaitement réussie des illustrations de *La Nouvelle Héloïse*.

MANON SUR LA SCÈNE

V OLTAIRE A ÉCRIT un jour de Prévost : « ... j'ay souhaité qu'il eût fait des tragédies, car il me paraît que le langage des passions est sa langue naturelle ».[1] Prévost, qui a beaucoup traduit le théâtre anglais, n'a jamais écrit lui-même pour la scène. Le sentiment éprouvé par Voltaire est cependant bien fondé : l'abbé, qui aimait le théâtre et les actrices, a souvent pensé au théâtre quand il écrivait les *Mémoires d'un homme de qualité* et l'*Histoire du chevalier Des Grieux*. Non seulement il connaît le langage des passions, mais il aime les grands affrontements, les dialogues tendus, l'intrigue stupéfiante, le suspens, les scènes spectaculaires, la fabrique théâtrale. Aussi n'est-il pas surprenant qu'on ait souvent songé à porter *Manon Lescaut* à la scène, même si peu de ces pièces sont passées à la postérité. L'enquête est difficile : rien ou presque rien au XVIIIe siècle ;[2] sans doute un certain nombre de titres à l'époque romantique, comme on le verra ; mais, semble-t-il, une grande faveur au

---

1. Lettre du 28 décembre 1735 à Thieriot.
2. Brenner signale deux pièces tout au plus ; Monglond dans la *Bibliographie de la France révolutionnaire et impériale* ne donne aucun titre pour la période 1789-1808.

début du XXe siècle.³ Aucune de ces versions scéniques n'a survécu : l'adaptation de romans au théâtre n'a jamais donné de chefs-d'œuvre. Elles peuvent pourtant nous apprendre quelque chose, non seulement sur la structure interne du roman, mais sur la façon dont on l'a lu et ressenti. Je me limiterai ici à trois adaptations qui ont connu un certain succès, comme l'attestent éditions, rééditions et reprises : *La Courtisane vertueuse* (1772), *Manon Lescaut et le chevalier Desgrieux* (1821) et *Manon Lescaut* (1851).

La Courtisane vertueuse – « comédie en quatre actes, mêlée d'ariettes ; le sujet est tiré du Roman de Manon & Desgrieux, fait par M. l'Abbé Prévôt » – est attribuée par Brenner à C. Ribié.⁴ La pièce fut publiée à Londres et Paris en 1772 et réimprimée en 1774 sous le titre modifié : *Manon Lescaut ou la courtisane vertueuse* ; elle ne fut jouée, au théâtre des Grands Danseurs, qu'en octobre 1782. Il s'agit d'une comédie sensible, l'auteur l'annonce dans sa préface : « ce sujet est propre à fournir le fonds le plus riche d'un intérêt réel et touchant, ainsi que d'un comique noble et piquant ». Les quatre actes de la comédie sont centrés sur quelques scènes mémorables du roman : l'acte I commence, ou peu s'en faut, avec l'épisode de Saint-Sulpice, lieu qui bien sûr n'est pas nommé. Manon vient de voir son chevalier soutenir sa thèse, et c'est l'occasion d'une assez jolie entrée en scène :

> Ah ! si tu savois Lisette, je viens de voir Desgrieux en habit d'abbé ;
> il parloit latin comme un ange, il tenoit tête à l'auditoire ; tout le
> monde l'applaudissoit. (I, 3)

---

3. En 1913, selon une collection de programmes conservés à la bibliothèque de l'Arsenal, on jouait *L'Amour de Manon* de Porto-Riche, l'*Histoire de Manon* de D. Cold, *Manon fille galante* de H. Bataille, et *Manon* de M. Nozière. On peut sans doute y ajouter *Manon Lescaut*, « drame d'amour » de P. de Segonzac et M. Bernard-Chambeaux, joué à Grenelle en octobre 1913.

4. *A Bibliographical List of Plays in the French Language, 1700-1789*, Berkeley, Cal., 1947, n° 10475 et 10484 ; pour l'attribution, voir l'index des titres. Brenner signale que le manuscrit se trouve à la BN (n.a.fr. 2893) ; Ribié est un auteur de mélodrames assez actif à l'époque impériale. Brenner mentionne également, sous le n° 3476, une *Manon Grioux* de A.L. Beaunoir, jouée en 1771, mais qui ne fut pas publiée.

Inutile de dire que la scène de la réconciliation, longuement développée, donne dans le vif et le touchant à chaque instant, à grand renfort de citations textuelles du roman. Dans les actes II et III, c'est le comique qui l'emporte, car l'auteur a réussi à développer sur deux actes la « ridicule scène » du souper chez le vieux G... M... A l'acte IV, le touchant revient à la charge quand à Saint-Lazare, Desgrieux apprend de G... M... la nouvelle de l'internement de Manon :

> A l'Hôpital, Manon à l'Hôpital ? (*Il se jette sur lui, le renverse par terre, et lui met le pied sur le dos*) Ma chère maîtresse à l'Hôpital !

Comme on le voit, l'inspiration manque. Mais il faut que tout finisse vite et bien : le père du chevalier arrive, les amants tombent à genoux, le comte Desgrieux veut marier Manon au financier ; plus spirituelle que jamais, Manon présente à ce dernier un miroir, il « ouvre les yeux », renonce à l'amour et fait de Manon sa légataire universelle ; elle peut dès lors épouser son amant : amour, mariage et vaudeville terminent la comédie. Cette bluette insignifiante a l'intérêt de montrer d'emblée tous les malheurs auxquels s'expose l'adaptateur de *Manon*. Impossible de reprendre les trois trahisons de Manon ; donc il faut simplifier et trahir. Impossible d'évoquer le long soliloque de Des Grieux ; ce sera donc toujours Manon qui occupera le devant de la scène. Impossible de montrer l'héroïne livrée au libertinage ; il faut affadir. Dès sa première adaptation scénique, l'œuvre est exposée à toutes les trahisons que l'on verra par la suite : Manon est innocente, elle ne trompe pas le chevalier, elle est victime de malentendus et d'un vieillard concupiscent, elle est sauvée par un autre vieillard aux cheveux blancs, le comte Desgrieux, père du chevalier. Pour relever cette sensiblerie, on usera du comique le plus lourd : le frère Lescaut sera constamment ivre, le financier sera sénile ; on invente un abbé ridicule qui courtise Manon pendant le souper (II, 10) ; et surtout, il faut des chansons : l'abbé ridicule chante l'air du « Code de la mode » ; Desgrieux désespéré chante :

> Quel état malheureux/ Où mon âme est plongée.
> Ma raison égarée/ Est dans un trouble affreux (IV, 1)

Et à la fin, tout le monde (Manon, le chevalier, le financier, le père et Tiberge) entonne les couplets du vaudeville. La force dramatique, dont on peut dire qu'elle soulève le récit de Prévost, ne donne à peu près rien ici ; et c'est quand l'auteur cite le plus consciencieusement le roman que l'on perçoit le mieux l'indigence de l'adaptation :

> DES GRIEUX : Que me demandes-tu ?
> MANON *l'embrassant & le relevant* : Ton cœur, cruel, sans lequel il est impossible que je vive.
> DES GRIEUX : Demande-moi plutôt la vie, car mon cœur n'a jamais cessé d'être à toi. (I, 5)

L'auteur manquait assurément de souffle. Ce n'est pas le cas d'Étienne Gosse,[5] auteur de *Manon Lescaut et le chevalier Desgrieux* « mélodrame en trois actes, de MM.***, musique de M. Propiac ; ballets de M. Lefèvre, présenté pour la première fois, à Paris, sur le Théâtre de la Gaîté, le 16 novembre 1820 » et édité chez Barba en 1821. Étienne Gosse, assurément, a du métier et *Manon Lescaut* passe pour sa meilleure pièce ; il taille dans le roman et crée une forte progression dramatique. A l'acte I, les amants sont au bord de la ruine ; Derville (Lescaut) est un dangereux libertin qui les entraîne à leur perte, d'où un fort contraste entre les scènes d'amour et la montée de la fête dont le financier, Degerson, sera la dupe ; mais la fête tourne mal, les huissiers arrivent, Desgrieux blesse le valet de Degerson, il est arrêté. L'acte II s'ouvre sur un tableau impressionnant :

> Le Théâtre représente le dehors d'une barrière de Paris : sur la hauteur, le bâtiment de Bicêtre. A droite et à gauche, sur le devant de la scène, des guinguettes. Une tonnelle d'un côté. Un banc de pierre

---

5. Sur Étienne Gosse (1773-1834), auteur dramatique estimé et journaliste, voir *La France littéraire* de Quérard et la *Biographie universelle* de Feller et Weiss (éd. 1846).

sur lequel Desgrieux est endormi. Le jour se lève. Le Théâtre se remplit de marchands qui entrent par la barrière.

L'acte entier s'ordonne sur un nouveau contraste, celui des amours tragiques de la ville et des amours simples de la campagne. Au début, le peuple bavarde et s'étonne : il y a là « une grande dame qui avait des diamants, et qui va partir à pied » (I, 1). Manon paraît entre deux archers, Desgrieux, Tiberge interviennent en vain, la « cloche fatale a sonné » et Manon descend la « montagne » tandis que se déploie la noce villageoise :

> Ici la paix, l'innocence et l'amour ; plus loin les regrets, les remords et la honte ; quelle leçon ! (II, 15)

Le dernier acte se déroule à la Nouvelle-Orléans, à l'aube, entre les cabanes et les rochers. Nouveau contraste, bien orchestré, entre la simplicité des indigènes et le conflit implacable qui oppose Desgrieux et Synnelet. Au lever de rideau, on attend le bateau et Synnelet guette Manon ; voici un bon nègre, Zabi, serviteur du gouverneur, tout prêt à s'apitoyer :

> Bon maître à moi, venir par ci, par là, planteurs, créoles, nègres. Tout quitte l'habitation pour voir petites femmes blanches, et porter à vous fleurs et fruits. (III, 3)

L'action repose sur l'imminence du malheur et les vains efforts de Tiberge, des amants, plus unis que jamais, du Gouverneur qui hésite, du père Desgrieux, qui a pardonné. Rien n'y fait ; Synnelet provoque le chevalier, qui le tue : on s'enfuit dans la nuit, dans l'orage, Manon meurt, les soldats accourent : Synnelet n'était pas mort ; trop tard !

Le drame est fort, mais le style est faible. La distribution des actes est habile et les contrastes prêtent à de beaux tableaux ; Scribe, qui s'y connaissait, s'en souviendra pour le livret de la *Manon Lescaut* d'Auber en 1856, où l'on retrouvera la distribution en trois actes, les grands tableaux de vie populaire, le contraste des amours simples et de la fatale passion, la fête nègre en début de dernier acte et bien d'autres menus détails. Pour que *Manon* devienne opéra-comique, il fallait passer par le drame, par la simplification de l'intrigue et l'opposition des tableaux ; et ce fut peut-être l'obscur Gosse qui réussit pour la première fois cette prouesse.[6] Mais Gosse est pressé ; Gosse simplifie à tour de bras, et ses personnages sont en carton-pâte : Desgrieux aime et souffre : « Oui, je mourrai de douleur et d'amour ! » (II, 2) ; la petite Manon est fidèle et passive : « Je ne reverrai donc plus la France [...]. Je vais mourir... » (II, 9) ; Tiberge est devenu un prêcheur de la Congrégation : « Tu fléchis sous des lois nécessaires au bonheur des sociétés et au repos des familles » (II, 14). Et quand l'ennui gagne, on chante.

On chantait certainement beaucoup aussi au théâtre du Gymnase, où fut représentée, le 12 mars 1851, *Manon Lescaut*, « drame en cinq actes, mêlé de chant par MM. Théodore Barrière et Marc Fournier ». On est étonné de voir que durant la seule saison d'hiver, on a joué sur cette scène, d'octobre à mars, dix pièces, dont six vaudevilles. *Manon* fut sans doute le sommet de la saison : la distribution est exceptionnelle (13 acteurs), et les répétitions semblent avoir pris un mois. Le succès fut bien réel, puisqu'il faut attendre un mois encore pour voir succéder à l'affiche la nouvelle pièce de Barrière, *Midi à quatorze heures*... Une autre preuve du succès de l'œuvre est sa reprise au théâtre du Vaudeville, le 3 février 1875, et plusieurs rééditions, notamment dans le *Répertoire du Gymnase* et dans le *Théâtre contemporain illustré*.[7] Ce qui frappe à première lecture, c'est le savoir-faire de l'auteur, professionnel de spectacles qui n'hésite pas sur le choix des moyens. Il exploite délibérément le roman et se montre, plus que ses prédécesseurs, attentif à sa progression : acte I à Amiens, acte II à Chaillot, acte III chez G... M..., dans le boudoir de Manon, acte IV au Havre, acte V à la Nouvelle-

---

6. Voir « Manon avec ou sans camélias », page 189 de ce volume.
7. Tome 3 du *Répertoire du Gymnase* (Ars. 8° BL 14842), 118e et 119e livraison du *Théâtre contemporain illustré* (Ars. Rf 37853). Théodore Barrière (1825-1877) est connu par une œuvre théâtrale considérable (voir le catalogue de la BN), et par de nombreuses adaptations, en particulier de *La Vie de Bohème* (1849) et du *Lys dans la vallée* (1853).

Orléans. Il sait composer des entrées fracassantes (Lescaut brutal et assoiffé, I, 1 ; le cabaret du Havre, IV, 1), des liaisons de fuite (I, 8 ; III, 5, 10), des apartés suggestifs, comme dans la scène où Synnelet, absorbé en apparence dans la lecture du journal, énumère à voix haute la liste des déportations en Louisiane (II, 5). Certaines scènes brillantes se retrouveront dans la *Manon* de Puccini : la scène du boudoir de l'acte III, ou le début de l'acte du Havre. Il sait aussi inventer, et accuser le trait : au premier acte, l'entrée brillante de Manon est suivie du passage inattendu d'une mendiante, vieille courtisane tombée dans la misère : « J'ai été jeune, j'ai été belle... et vous voyez... La charité, s'il vous plaît... » (I, 4). Sans se soucier vraiment de psychologie, Barrière et Fournier ont su créer de solides personnages de mélodrame. Synnelet prend un relief imprévu : il apparaît dès le premier acte, en maître-chanteur ignoble (I, 6), puis en traître qui livre les amants à la police (III, 10). Le Commandeur, vieux libertin impuissant et hypocrite, est fait pour allumer l'indignation du parterre : « Une jeune personne si pure et si naïve ! Vous comprenez ; et la morale, Monsieur, la morale ! » (I, 3). Et que dire de la scène où Synnelet le menace de dévoiler son impuissance au public ? C'est du XVIIIe siècle noir, façon Gymnase. Apprécions aussi les passages ambigus d'un homme de qualité, sorte de personnage-auteur qui promène sa mélancolie, son scepticisme, son ironie bienveillante (I, 2, 5). Côté amants, c'est moins bien, et l'on voit ici comment le « langage des passions » exigerait des dons d'écrivain. Desgrieux est fait pour « aimer toujours », Manon pour « aimer longtemps » (I, 4), c'est toute la différence. Desgrieux, aux abois, triche au jeu avec l'homme de qualité : fatalité de la passion ! mais il n'est pas méchant, et il rend l'argent (II, 4). Manon le trahit avec le Commandeur impuissant, ce qui ne tire pas à conséquence, mais refuse de le trahir avec Synnelet, ce qui lui vaudra l'absolution. Et comme le souvenir de *La Dame aux camélias* (1848) est dans toutes les mémoires, on fera paraître le vieux comte Desgrieux, soutenu par ses laquais : Manon se sacrifie et s'enfuit (IV, 7). Une assez belle scène, à la fin de l'acte IV, accentue sa noblesse : sa grâce lui est accordée pourvu qu'elle quitte le chevalier, elle refuse avec un air de fausse gaîté presque émouvant (IV, 12). L'amour et la détresse, eux, auront eu bien du mal à s'exprimer ; et c'est sans doute pourquoi l'on en revient, bon gré, mal gré, à la tradition de l'opéra-comique, dernier refuge du lyrisme. Manon était entrée en scène sur une chanson gracieuse et mélancolique :

> Tout est fauché, plus de faucilles ; Faneuses, retournez-vous en.
> (I, 4)

Elle quitte la vie sur un retour du leitmotiv :

> Mourir ainsi ! mourir aimée ! mais c'est le pardon du ciel ! Oh ! Je t'assure, je n'ai plus peur... Viens, dis-moi adieu
> *L'orchestre rappelle en sourdine les premières mesures de la chanson favorite de Manon*
> («Tout est fauché [...] Car la... petite paquerette.../ est morte... avec le serpolet »)

Cette pièce écrite à la diable est en fait d'une redoutable efficacité. Barrière et Fournier savent toucher toutes les cordes, utiliser toutes les ficelles du théâtre avec un cynique brio. Ils savent exploiter toutes les ressources dramatiques du roman : la scène de réconciliation (III, 4), ou la scène du souper chez G... M... (III, 9). Mais quand une idée scénique se présente – et « le hasard est parfois grand poète » (II, 5) –, ils inventent. Peu leur importe la vraisemblance historique : on annonce la sortie des *Mémoires d'un homme de qualité* dans l'acte II, mais Manon lit avec émotion *La Nouvelle Héloïse* à l'acte III. Le public, visiblement, n'est pas regardant. L'important pour nos acteurs, c'est la scène à faire et la salle à remplir. D'où le succès en 1851, et la reprise en 1875 au théâtre du Vaudeville, avec des acteurs connus (Mlle Barthet dans le rôle de Manon, Abel en Desgrieux) ; d'où aussi les réticences du public lettré. Un feuilleton de Clément Caraguel dans le *Journal des débats* du 8 février, un autre de Léon Daudet dans le *Journal officiel de la République française* du même jour[8] montrent assez bien les réactions de

---

8. Ces comptes rendus m'ont été signalés par Régine Baudry, dont on verra le commentaire dans les *Cahiers Prévost d'Exiles* 8, p. 75 et suiv.

spectateurs cultivés pour qui le texte de Prévost a gardé toute sa virulence. Peut-être aussi la lecture de Prévost est-elle en train de se modifier : les éditions préfacées par Dumas fils en 1875, par Anatole France en 1878, par Lescure en 1879, témoignent d'un fort retour d'intérêt pour le texte.

*

Nos trois adaptations, bien que séparées par plus d'un demi-siècle, appartiennent à un même monde, relèvent d'un même type de lecture ; elles se placent dans une tradition et ont en commun quelques caractères marquants. Le premier : elles simplifient l'action et la réduisent à une seule infidélité de Manon, suivie d'une réconciliation et d'une catastrophe. Le dénouement *ex machina* de la *Courtisane vertueuse* ne modifie pas cette structure simple. On retient du roman quelques scènes mémorables, toujours les mêmes : la réconciliation à Saint-Sulpice, la « ridicule scène » chez G... M..., la scène du miroir avec le Prince italien et la scène finale ; et on les coud ensemble. L'action repose moins sur une déchéance progressive que sur une imprudence des amants, suivie d'un châtiment terrible, sans proportion avec la faute. C'est en quoi il y a mélodrame ou drame. J'ai cru naguère que cette réduction était due à l'influence de *La Dame aux camélias* ;[9] c'était négliger la tradition du vaudeville, dont Dumas lui-même est sans doute tributaire ; car sur le marché du théâtre, les idées scéniques passent de l'un à l'autre. Je ne jurerais pas que Barrière et Fournier n'aient à leur tour rapidement écrit *Manon Lescaut* pour devancer l'adaptation théâtrale de la *Dame aux camélias*, reçue au Vaudeville en 1850, mais retenue par la censure jusqu'en février 1852.

Second trait d'union entre les trois adaptations : les bons sont totalement innocents, les mauvais sont noircis. Les amants ont pour eux la jeunesse, l'amour fidèle et l'imprudence de leur âge ; les vieillards sont des ganaches, Lescaut est un ivrogne, Synnelet

9. Voir ci-après « Manon avec ou sans camélias ».

tourne au traître de mélodrame. Si Des Grieux est transformé en jeune premier, toujours amoureux, toujours malheureux, Manon est profondément transformée pour devenir le personnage central de l'action. Rien ne rappelle sa duplicité, sa facilité, son goût effréné du plaisir. Coquette, légère, cela va de soi ; mais amoureuse et fidèle avant tout. Dans la *Courtisane vertueuse*, au titre éloquent, le financier n'a rien obtenu d'elle ; dans la *Manon* de Gosse, il a à peine le temps d'ouvrir la bouche ; chez Barrière et Fournier, il est impuissant. Manon est fidèle, elle aime du début jusqu'à la fin : « c'est une véritable passion, une passion première » (*Manon* de Gosse, I, 1). Elle est donc totalement innocentée. Dans tous les cas, les amants sont victimes de la société. Un public bourgeois condamne les financiers, les abbés de cour (*La Courtisane vertueuse*), les libertins aristocratiques (la *Manon* de Gosse), les parasites et les fils de famille (la *Manon* de Barrière) ; et il absout le jeune amant et la fille du peuple. On trouvera même dans la *Manon* de Gosse cette belle réplique de Des Grieux, digne d'un amant bien élevé :

> C'est moi qui l'ai séduite ; moi seul, j'ai causé sa perte ; mais je la réparerai... (II, 2)

Naturellement, le mariage est toujours à l'horizon. Prévost l'avait suggéré comme l'aboutissement d'une longue folie ; dans nos trois pièces, le mariage est un aboutissement tout court, une finalité.

Troisième caractère propre à ces versions scéniques : elles comportent toutes de la musique, elles s'inscrivent dans la tradition du mélodrame musical, de l'opéra-comique ou du vaudeville. Le plus curieux est en effet que *Manon Lescaut* ait si souvent appelé la musique, qu'elle ait prêté au XIXe siècle à tant d'opéras et d'opéras-comiques, de comédies à ariettes ou avec musique de scène ; *La Courtisane vertueuse*, à cet égard, ouvre la voie, dans un style qui est celui de Favart. La *Manon* de Gosse est accompagnée de musique et de ballets, et tout l'acte II, avec sa fête villageoise, est conçu pour la musique ; dans l'acte III, les airs du nègre Zabi compensent un tragique sans doute désagréable au public du théâtre de la Gaîté. Dans la pièce de Barrière et Fournier, les airs, les chœurs et la musique de scène ont certainement donné à l'œuvre un style qui manque singulièrement au texte : chanson « favorite » de Manon, air des mousquetaires et airs d'ensemble pour les chutes de rideau. C'est dire qu'entre les versions dramatiques et les grands opéras d'Auber, Massenet ou Puccini, il n'y a pas de rupture de continuité. On lit, on entend, on ressent *Manon* comme une œuvre lyrique.

L'*Histoire du chevalier Des Grieux et de Manon Lescaut* n'a pas inspiré de chef d'œuvre dramatique. Des trois versions retenues ici, aucune n'est l'œuvre d'un écrivain authentique. Leurs auteurs sont d'honnêtes fournisseurs du répertoire ; ils adaptent *Manon* comme ils adapteraient n'importe quel succès de librairie, soulignant complaisamment leur dette : « le sujet est tiré du Roman de Manon & Desgrieux, fait par M. l'Abbé Prévôt » (*La Courtisane vertueuse*). Comme le remarquait Caraguel dans son feuilleton du *Journal des débats* : « Si on leur disait que leur comédie vaut mieux que le livre, ou même qu'elle vaut autant, ils seraient les premiers à rire de cette flatterie ingénue ». Ils répondent à une demande très précise de mélodrames à la Gaîté, de vaudevilles au Gymnase. Selon les disponibilités de la troupe, ils ajoutent des personnages, des chœurs ou un orchestre. Mais ce qu'on peut remarquer également, c'est qu'on ne voit pas d'adaptation avant 1772 : l'idée ne serait venue à personne d'écrire une tragédie en style classique sur l'*Histoire du chevalier*. La comédie sensible offre tardivement une possibilité d'expression du pathétique prévostien ; après quoi, *Manon Lescaut* sera un drame avec musique et spectacle, lyrique et sentimental. On y ajoutera un peu de réalisme de convention : Bicêtre, des guinguettes, une noce villageoise, des mousquetaires dans un cabaret du Havre, la savane, un « paysage enflammé des feux obliques du couchant » (Barrière et Fournier), et des nègres. Tout cela nous conduit fort loin de l'épure racinienne de Prévost ; mais rien ne montre mieux que *Manon Lescaut* est un livre pour rêver.

MANON AVEC OU SANS CAMÉLIAS

La descendance des opéras tirés du roman de Prévost est à la fois nombreuse et tardive. Tous ces opéras sont, à l'exception d'un seul, postérieurs à la *Traviata*. Or, l'opéra de Verdi repose sur *La Dame aux camélias* de Dumas fils, qui ne se cache pas d'avoir récrit à sa façon l'*Histoire du chevalier Des Grieux et de Manon Lescaut*. C'est pourquoi nous devons considérer la *Traviata* comme un élément essentiel et peut-être décisif de la descendance prévostienne. On peut en effet se demander si le librettiste de Verdi, Francesco Maria Piave, n'a pas été le premier à résoudre les difficiles problèmes d'adaptation posés par le roman de Prévost, s'il n'a pas du même coup donné au personnage de Manon l'unité dramatique qui le rendait transposable sur la scène lyrique. Ces problèmes de transposition sont délicats à traiter. Gérard Condé le rappelait récemment :

> La grande question à l'opéra est de savoir si le ténor finira par épouser la soprano et comment ils viendront à bout des pièges du baryton, vaincront l'obstination de la basse et déjoueront les intrigues menées par le contralto.[1]

---

1. *Le Monde*, 9 mai 1984.

La répartition des voix, la caractérisation des timbres, le retour d'un nombre limité de personnages, le découpage des scènes avec airs, duos, trios, quatuors vocaux sont effectivement le premier souci du librettiste ; l'intervention des chœurs, voire des ballets, l'obligent en même temps à suppléer au récit romanesque ou tragique, qui en font rarement usage. Tout ceci entraîne un remodelage et une réduction drastique du texte dont on tient généralement rigueur au librettiste. Mieux vaudrait considérer qu'on chante moins vite qu'on ne parle, que le vers lyrique doit suggérer beaucoup en disant peu, et que l'analyse psychologique tiendra peu de place sur la scène. Je voudrais donc pour un moment m'identifier au librettiste et suivre, à travers les multiples adaptations de *Manon Lescaut*, la façon dont il doit découper le texte avant de parvenir à son but, qui est l'évocation d'un personnage lyrique. Il me faudra parler des problèmes de structure dramatique posés par le texte, des solutions inventées par Dumas fils, mais surtout de la transformation profonde du personnage central, symbolisée par l'emblème du camélia. Dans les cinq opéras composés sur le texte de *Manon* après la *Traviata*, je crois sentir le parfum frêle et tenace de ces camélias, et c'est ce parfum de la dame en noir que je voudrais identifier.

L'Histoire du chevalier Des Grieux et de Manon Lescaut nous paraît aujourd'hui, par une forte illusion rétrospective, appeler l'opéra. C'était assurément l'une des passions des deux héros, le chevalier l'a dit à Manon : « Vous aimez l'Opéra : nous irons deux fois la semaine ».[2] Dans le cours du roman, les grandes scènes semblent s'offrir d'elles-mêmes, scènes à deux (Saint-Sulpice), à trois (la rencontre d'Amiens, l'Hôpital-Général), à quatre (chez le vieux G... M...) et même à cinq (arrestation de Manon ou conflit au Nouvel Orléans). Le retour cyclique des protagonistes est aussi réglé que dans une tragédie classique et la répartition des voix est

---

2. Éd. GF, par J. Sgard, p. 85.

assurée d'avance : un ténor (Des Grieux) et même un second ténor (le jeune G... M...), une soprano légère (Manon), différents timbres de barytons (Tiberge, Lescaut, le vieux G... M...) et une basse noble (le père du chevalier). Heureux librettiste ! Or, personne, pendant plus d'un siècle, ne semble saisir l'occasion, et la première tentative en 1836 est apparemment ratée. On ne saurait vraiment s'en étonner. Outre que *Manon Lescaut*, séparée des *Mémoires d'un homme de qualité*, ne s'impose comme chef-d'œuvre tragique qu'à la fin du XVIIIe siècle, l'œuvre ne pouvait entrer dans le cadre des grands opéras de Haendel ou de Rameau, musiciens profondément admirés de Prévost, et encore moins dans les comédies à ariettes ou les premiers opéras-comiques. Le mélange des genres, très complexe dans le roman, présente des difficultés redoutables, et *Manon* ne sera transposable sur la scène qu'avec l'avènement du drame : la première adaptation durable du roman date du drame de Théodore Barrière et Marc Fournier en 1851.

Or, considérons maintenant la lignée des versions-opéra du roman. Je laisse de côté le ballet-pantomime de Daniel Halévy sur un livret de Scribe présenté à l'Opéra le 3 mai 1830. Ces trois actes de danses, « modernes » au premier acte, « anciennes » au second, précédant la mort de Manon au troisième acte, annoncent d'une certaine façon le second livret de Scribe pour l'opéra d'Auber, mais ils procèdent d'une autre rhétorique. Reste donc :

– *Manon Lescaut or the Maid of Artois*, musique de Michael-William Balfe, livret de Bunn, chanté par la Malibran à Drury Lane le 27 mai 1836.

– *La Traviata*, opéra en trois actes de Giuseppe Verdi sur un livret de Francesco Maria Piave, donné à la Fenice de Venise le 6 mars 1853.

– *Manon Lescaut*, opéra-comique en trois actes de Daniel-François-Esprit Auber sur un livret d'Eugène Scribe, donné à l'Opéra-Comique en 1856.

– *Manon*, opéra-comique en cinq actes (six tableaux) de Jules Massenet sur un livret d'Henri Meilhac et Philippe Gilles, représenté le 19 janvier 1884 à l'Opéra-Comique.

— *Manon Lescaut oder Schloss de Lorme*, opéra de Riccardo Kleinmichel, représenté à Magdebourg en 1887.[3]
— *Manon Lescaut*, drame lyrique en quatre actes de Giacomo Puccini sur un livret de L. Illica, G. Giacosa, M. Praga, R. Leoncavallo et G. Ricordi, donné le 1er février 1893 à Turin.
— *Boulevard Solitude*, drame lyrique en sept actes de Hans-Werner Henze sur un livret de Greta Weil, donné à Hanovre le 17 février 1952.

Voici donc sept opéras sortis, directement ou indirectement, de *Manon Lescaut*. De deux d'entre eux, je ne dirai à peu près rien, car je ne les connais pas. *The Maid of Artois*, si j'en crois la notice de Balfe dans le *Dictionary of National Biography*, fut composé par ce ténor devenu producteur très prolifique, sur un livret du directeur de Drury Lane, Bunn ; ce livret, à en croire W. Barclay, auteur de la notice, est la première de ces « étonnantes bouillies bourbeuses » (*farragoes of balder-dash*) qui portèrent Bunn « au premier rang des poétastres ». A ne considérer que les titres des opéras de Balfe, qui se suivirent en foule, il s'agissait de mélodrames historiques dont aucun n'a survécu. Le *Schloss de Lorme* de Kleinmichel (1846-1901), œuvre d'un honnête fournisseur du théâtre de Magdebourg, ressortissait peut-être à la même inspiration ; le sous-titre au moins le suggère. Ce qui surprend au premier abord dans cette généalogie, c'est le caractère tardif de la descendance de *Manon Lescaut* ; c'est aussi l'hésitation entre les formes différentes (opéra-comique, opéra, drame lyrique), entre divers découpages, de trois à sept actes. Le roman posait donc plus de problèmes qu'on ne pouvait croire. D'abord un problème de distribution : Manon n'a pas d'amie, pas de confidente ; où trouver une mezzo ? Des Grieux a bien en Tiberge un confident idéal ; mais comment chanter l'attente de la grâce efficace ou la douce assurance de la conversion finale ? Et puis, où trouver les chœurs ? Les femmes de la place d'Amiens se retirent aussitôt ; Saint-Sulpice, Saint-Lazare,

---

3. D'après J. Towers, *Dictionary-Catalogue of Operas and Operettes*, Da Capo, New York, 1967.

l'Hôpital-Général sont vides de figurants. Seule la première scène à Pacy est collective, mais il s'agit d'un préambule, soigneusement contourné par nos librettistes. Le côté baryton, comme je l'ai dit, est bien fourni, avec les amants de Manon. Mais précisément, ils sont trop ! Pas un librettiste ne gardera la structure du roman en trois épisodes de trahison. Des trois amants successifs, M. de B..., le vieux et le jeune G... M..., ils font généralement un seul personnage : visiblement, les subtiles variations de Prévost sur une trahison et une réconciliation trois fois différentes, ne passent pas la rampe. Pour passer du roman à l'opéra, il fallait d'abord cette radicale simplification. Mais elle entraîne d'autres difficultés : plus de glissements progressifs vers l'abîme, plus d'évolution sourde des héros ; d'un acte à l'autre, on passera de la folie de la jeunesse à l'horreur de la mort injuste. Et cette qualité du « lien » – au sens bergmanien du terme – qui unit les deux amants malgré les trahisons et la dépravation, risque de se perdre. Que reste-t-il alors de Manon ?

*

La structure n'est pas réellement évidente dans le roman. La tragédie et la comédie alternent, ou se juxtaposent ; l'*Histoire du chevalier* peut même apparaître comme une suite de petites comédies qui finissent mal. Manon, elle-même, participe de cette ambiguïté ; elle est instable, elle est tour à tour gaie ou triste, partagée entre le rire et les larmes, parfois au cours de la même scène. Elle peut être « folle », éprise de « fantaisie » ou de « badinage » ; mais on sent à chaque moment la présence sournoise du tragique, ne serait-ce que par le récit rétrospectif du chevalier. La simplification dramatique oblige à faire passer brutalement l'héroïne de la légèreté au désespoir, d'où, par exemple, le surprenant dernier tableau d'Auber ; ou encore à annoncer par les ouvertures, préludes, leitmotive, la marque d'un destin ; mais pour y parvenir, il faut du génie... Ces choix vont modifier profondément le caractère de l'héroïne et même sa signification sociale ; ils accentuent en effet le caractère paradoxal de Manon, et de sa conversion finale. La Manon de Prévost était sans doute une aventurière, mais aussi une femme libre qui échappait à tous ses maîtres, pour découvrir tardivement l'amour véritable du chevalier ; elle pouvait apparaître à la fois comme une « catin », Montesquieu le dit, et comme une victime de la société ; mais tout cela est suggéré, et Manon reste un phénomène inclassable. Avec l'opéra, il faut choisir : Manon sera donc un oiseau pris au piège (Auber), une dévoyée qui se rachète (Verdi), une faible femme qui se cherche elle-même (Massenet), une femme libre et révoltée (Puccini), un être en perdition (Henze). Il n'est pas de solution aux problèmes techniques du livret qui n'entraîne ainsi une vision particulière de l'héroïne.

Ces problèmes n'ont pas tourmenté Eugène Scribe : du ballet-pantomime de 1830 à l'opéra d'Auber en 1856, il reste fidèle aux trois actes et à la vision contrastée. Manon chante et danse pendant deux actes et meurt misérablement au troisième... Le livret fourni à Esprit d'Auber ne manque pourtant pas d'ingéniosité. La distribution des voix est toute trouvée : Des Grieux, ténor, et Manon, soprano ; l'amie de Manon devait être inventée : c'est Marguerite, mezzo, accompagnée de son fiancé Gervais, ténor. Lescaut est baryton, tout comme l'amant de Manon, le marquis d'Hérigny. La solution proposée par la *Traviata* est adoptée d'emblée : Manon n'aura qu'un amant, qui se querelle avec le chevalier et le provoque en duel ; les registres hauts sont doublés par les registres moyens. Le problème des chœurs est vite réglé : chœurs d'ouvriers et de bourgeois à l'acte I, de soldats et de bonnes gens à la fin de l'acte II, de nègres au début de l'acte III... Car il y a des nègres, naturellement, au Nouvel Orléans ; ils chantent les vertus du travail, de la fidélité, de l'attachement aux bons maîtres. On croirait que dans ses vieux jours, Auber – qui avait soixante-quatorze ans – s'est souvenu de sa jeunesse et des formes d'opéra qui régnaient encore au début du siècle : dans l'opéra-comique selon l'esprit de Grétry, de Philidor, de Favart, il faut des scènes gracieuses ; nous aurons donc Manon aux lilas, Manon au miroir, la leçon de danse et le rire de Manon. Il faut des scènes pittoresques, des intermèdes à l'italienne : ainsi du tableau des nègres. Et il faut du mouvement, de la surprise : l'arrestation de Des Grieux, le duel du second acte, les retrouvailles sur le quai du Nouvel Orléans, et la fuite dans la forêt peuplée de tigres rugissants.

Cette succession de tableaux ne nuit pas à l'enchaînement dramatique. Scribe a un sens aigu du mouvement, de la progression. Il commence *in medias res* : au premier tableau, d'Hérigny est déjà amoureux, Lescaut est tout prêt à vendre sa sœur ; au troisième tableau, Manon essaie de coudre et s'ennuie à mourir ; le projet d'un repas au restaurant Bancelin, la fête – « Vive la guinguette, le vin blanc et le sentiment ! » – la querelle, l'arrivée de la police et le recrutement forcé de Des Grieux, tout vient d'un seul mouvement ; c'est ainsi que l'air des éclats de rire de Manon, qui se moque ouvertement du commissaire, entraîne la colère et la vengeance de celui-ci. Scribe, assurément, sait faire « monter » une scène. Les hésitations de Manon au second acte, ses tentations, ses regrets, son goût de la danse, et le projet de voler au marquis son argent, sa maîtresse et son souper, tout cela est bien dans Prévost, et fort bien machiné. Reste ce troisième acte contrasté et inquiétant, cette fête nègre, ce retour des personnages, la mauvaise querelle, la fuite et la mort ; ce qui pouvait paraître le plus absurde dans le livret est finalement ce qui a le mieux inspiré Esprit Auber : dès lors, pourquoi se plaindre ?

Fidèle à ses premières amours, Auber n'a guère pensé à la *Dame aux camélias*. Point de camélias dans *Manon Lescaut* de 1856, mais des roses et des lys comme au bon vieux temps : « Oui, vermeille et fraîche, / C'était de la pêche / Le doux incarnat / La rose nouvelle, / placée auprès d'elle, / La rose aurait moins d'éclat » (I, 1). Manon n'est pas une lorette ou une demi-mondaine, mais une « grisette » ; elle en a la « grâce coquette » et le « piquant minois ». Gentille, amoureuse, coquette, gaie et sentimentale, elle tient beaucoup de Mimi Pinson (1845) et n'a rien d'une dévoyée. Tout nous dit au contraire qu'elle a toujours aimé son chevalier, qu'elle a accepté l'argent du marquis en toute innocence – ou presque ! – et qu'elle est victime d'un triste malentendu. Au dernier acte, elle ferait volontiers une jolie accordée de village et le malheur la surprend totalement. Dans son désarroi, elle se confie entièrement au chevalier, et dans le désert, le mariage est prononcé : « ... sa femme ! Je suis sa femme ! / Comme un doux rêve, / Ce jour s'achève ! / Mon cœur s'élève/ Vers l'éternel ! / Je suis sa femme... » (III, 2). Le miracle de cette version sentimentale est que jamais Manon n'a trompé vraiment son amant : imprudente et volage sans doute, mais née pour la vertu ; mais cela, Des Grieux l'avait dit, sous la plume de Prévost. Cette version XVIIIe siècle d'un Prévost revu par Bernardin de Saint-Pierre ne manque pas, en définitive, de cohérence littéraire et morale.

*

Affrontés aux problèmes techniques, les librettistes se lisent les uns les autres. Scribe n'a certainement pas ignoré Dumas fils et Piave ; Meilhac et Gilles connaissent bien Piave et Scribe ; Puccini se souvient constamment de la *Traviata*, mais aussi de la *Manon Lescaut* d'Auber ; Henze cite Verdi et Puccini. Leur souci commun est de réduire et d'unifier l'intrigue du roman. L'*Histoire du chevalier Des Grieux et de Manon Lescaut* pouvait apparaître comme un développement en cinq actes : 1) préambule de Pacy et récit de Calais ; 2) rencontre d'Amiens et première trahison, rue Vivienne ; 3) rencontre de Saint-Sulpice, séjour à Chaillot, arrestation après la deuxième trahison ; 4) intrigue avec le jeune G... M..., rupture du chevalier et de son père ; 5) convoi des déportées au faubourg Saint-Honoré et épilogue du Nouvel Orléans. Mais cette disposition en cinq actes est trompeuse : le préambule ne forme pas une exposition, et la composition en trois boucles appartient à la comédie (voir par exemple *L'École des femmes*) plutôt qu'à un enchaînement dramatique. Il fallait donc conserver le contraste des tableaux tout en renforçant l'unité dramatique. C'est à quoi Dumas est parvenu avec *La Dame aux camélias* (1848). Que le roman soit placé sous le signe de Manon, nul ne peut l'ignorer : l'exemplaire offert par Armand à Marguerite est vendu aux enchères et entraîne le récit ; cité sept fois, admiré, critiqué, annoté, mouillé de larmes,[4] il inspire constamment les deux amants. Il a certainement inspiré l'auteur : la vente aux enchères et la funèbre exhumation du préambule doivent à la scène de Pacy ; la rencontre aux Variétés et le souper à quatre rappellent l'atmosphère heureuse de la rue Vivienne ; le séjour à Bougival développe l'épisode de Chaillot ; la mort de Marguerite domine le récit tout entier comme faisait la mort de Manon dans le roman de Prévost. Mais on voit en même temps comment Dumas circonscrit l'intrigue ; tout en gardant trois amants à Marguerite, il les réduit au rôle de comparses ; Armand lui-même flotte dans le « voile » de ses doutes et Marguerite figure seule au centre de la composition : sa conversion est le véritable objet du roman. Cette radicale simplification apparaît encore mieux dans la version dramatique de 1852. Ici le préambule est supprimé ; la rencontre et les aveux se passent dans le boudoir de Marguerite, au lever de rideau ; le retour d'Armand, juste avant la mort de Marguerite, donne au dernier acte une résonance plus pathétique. D'où le découpage en cinq actes : 1) dans le boudoir de Marguerite, le souper, les aveux, puis les chansons ; 2) dans son cabinet de toilette, la « combinaison » qui doit permettre le séjour à Auteuil ; 3) à Auteuil, l'intervention du père d'Armand et les adieux difficiles ; 4) dans le salon d'Olympe, la scène de jeu, le dépit d'Armand et l'insulte ; 5) la mort de Marguerite. A cette disposition, Francesco Maria Piave n'a apporté que peu de modifications. Il inverse le dispositif de l'acte I : le bal précède les aveux, d'où le sensationnel lever de rideau que l'on sait. L'acte II est supprimé, et l'on passe directement à Auteuil : le sa-crifice de la *traviata* est devenu définitivement le centre de l'action dramatique. Piave avait d'autant moins à intervenir que l'équilibre des registres vocaux était donné par le roman de Dumas : ténor et soprano – la nuance *coloratura* étant déjà implicite

---

4. Voir l'édition de Hans Georg Neuschäfer, Garnier-Flammarion, Paris, 1981, qui donne le roman, le drame et le livret dans sa traduction française, p. 64, 146, 149, 164, 178, 194 et 207.

dans le rôle de Marguerite –, deux barytons (le rival et le père), une mezzo-soprano légère (l'amie de Marguerite). Les chœurs eux-mêmes étaient bien présents dans *La Dame aux camélias* : Marguerite est inséparable du monde des « lorettes » dont elle se détache difficilement, et Armand est lié à tout un groupe d'étudiants et de noceurs qui contribuent à son irrésolution. Le drame de 1852 excluait en bonne partie ces mouvements collectifs, mais il permettait le retour des mêmes protagonistes au cours des cinq actes ; Piave n'aura plus qu'à y ajouter le retour du père au dernier acte et l'équilibre vocal est parfait.

Le livret de *La Traviata* résolvait donc les principaux problèmes de l'adaptation scénique : concentration de l'intrigue, équilibre des registres, focalisation sur l'héroïne ; c'est en quoi son rôle est déterminant. Mais il est évident aussi que *La Dame aux camélias* n'est pas *Manon Lescaut*, et que le respect de l'intrigue de Prévost oblige les librettistes à d'autres détours, en particulier par le Nouvel Orléans... Comment garder, à travers la multiplicité des lieux, la belle unité révélée par Dumas ? Auber, on l'a vu, simplifie les contrastes : l'acte I se passe à Paris, dans la « mansarde » de Manon (rue Vivienne ?) et boulevard du Temple, au restaurant Bancelin ; l'acte II dans le salon du marquis d'Hérigny ; l'acte III au Nouvel Orléans. Massenet est apparemment plus fidèle à Prévost : acte I, cour de l'hôtellerie d'Amiens ; acte II, rue Vivienne ; acte III, Cours-la-Reine et Saint-Sulpice ; acte IV, l'Hôtel de Transylvanie ; acte V, la route du Havre. Mais cette fidélité apparente repose sur l'escamotage d'une moitié du roman, et la scène de l'Hôtel de Transylvanie, très accessoire dans le roman de Prévost, devient ici le nœud de l'action, suivi d'une prompte catastrophe. Le contraste est plus brutal encore chez Puccini : actes I et II à Amiens et Paris, actes III et IV au Havre et en Amérique. Le centre de gravité de l'intrigue, qui chez Massenet était à l'Hôtel de Transylvanie, épisode du début du roman, se déplace ici vers la fin. Une moitié du roman, ici encore, est escamotée, mais ce n'est plus la même, et Puccini semble finalement devoir plus à Auber qu'à Massenet ; dans son acte II, on retrouve une Manon au miroir et une leçon de danse, le retour de

Des Grieux et la fuite précipitée ; on passe brusquement de la fête au drame. L'adaptation modernisée de Greta Weil pour le drame lyrique de Henze se révèle finalement la plus fidèle au développement de Prévost : 1) la rencontre ; 2) le marché de Lescaut ; 3) le vol chez Lilaque père ; 4) le dialogue avec Francis (Tiberge) ; 5) le désarroi de Des Grieux et le marché avec Lilaque fils ; 6) le vol et le crime chez Lilaque fils ; 7) le transfert de Manon. Greta Weil est la seule à avoir conservé deux amants de Manon, G... M... père et fils, et à avoir donné à Tiberge un rôle important. La dégradation, l'entrée dans la nuit, la solitude des héros sont irrémédiables et s'imposent peu à peu sans éclat. Mais dans la grisaille et le désarroi du Paris d'après-guerre, toutes les scènes brillantes ont disparu, les départs sont impossibles et peut-être même l'amour. Ces voyageurs sans bagages demeurent dans le hall de gare qui servait de décor au premier tableau. Pour que l'*Histoire du chevalier* devînt livret d'opéra, il fallait que le roman devienne drame ; mais chaque réduction entraîne avec elle une vision nouvelle : que l'accent soit mis sur les scènes brillantes du début, ou sur la folie du jeu, ou sur l'exode américain, ou encore sur la narration désespérée du chevalier – comme c'est le cas chez Henze – et toute l'économie de l'œuvre est changée. A chaque fois naît une nouvelle Manon.

*

Digression sur le camélia... Le camélia est une grande fleur d'origine exotique, importée en France en 1739 par le R.P. jésuite Camelli, cultivée et développée en espèce double à partir de 1786, adoptée par Joséphine de Beauharnais, et popularisée par le roman de Dumas fils. L'emblème du camélia, si l'on en juge par les notices du *Dictionnaire de la conversation,* du *Dictionnaire* de Pierre Larousse et de *La Grande Encyclopédie* devait réunir pour Dumas les images de la « splendeur » (le mot se retrouve dans ces diverses notices) et de la fragilité. Cultivé en serre sous le climat de Paris, le camélia n'est exposé au soleil que de juin à septembre ; mais plus longtemps on le sort, et plus il prend de forces : tel sera l'effet du soleil de Bougival sur la santé de Marguerite ; mais aux premières pluies, il faut rentrer à Paris, et le premier janvier tout sera fini. Splendeur et misère des courtisanes : Marguerite tient d'elles sa splendeur de fleur rose ou blanche, luxueuse et fragile, mais aussi sa misère de fleur de serre exposée aux injures du temps. Des courtisanes aux camélias, la relation fut aisée à faire : Pierre Larousse signale qu'au lendemain du triomphe de la *Dame*, on parlait d'une « camellia » comme d'une « lorette dans la prospérité ». On sait que la bonne bourgeoisie n'a jamais manqué d'euphémismes pour désigner les prostituées ; l'euphémisme est après tout signe de tolérance... Vers 1840, on parlait de « lorettes » pour désigner les Madeleines non repenties qui fréquentaient du côté de Notre-Dame-de-Lorette ; un peu plus tard, on parle aussi de « grisettes ». La distinction n'est pas négligeable : les grisettes sont de petite condition (modistes, petites-mains) et fréquentent les étudiants du Quartier Latin ; les lorettes ont « des mœurs plus vénales et des toilettes plus soignées » (*La Grande Encyclopédie*) ; on les trouve plus volontiers sur la rive droite. Mais à quelle espèce florale appartient Manon ? Pas à celle des « caillettes », femmes qui ont « peu d'esprit et beaucoup de babil » (Prévost, *Manuel lexique*), encore moins à celle des « catins » : rien dans le texte ne le suggère. Femme entretenue sans doute, mais qui passe en un mois du statut de fille légère à celui de femme de luxe ; assurément, elle coûte cher à ses amants et annonce par là les lorettes. Verdi, Massenet, Puccini s'en souviendront ; Auber reste fidèle aux grisettes, et Henze nous ramène sur la rive gauche : le statut social de Manon est mouvant, Prévost l'a voulu ainsi.

L'instabilité du personnage de Prévost est évidente, on l'a souvent dit : elle peut être gaie ou triste, légère ou grave, tentée par la prostitution et finalement rachetée par le mariage. Elle a le goût du badinage, des petites roueries, de la fantaisie scénique ; mais elle a peur, peur de son frère, de son amant, du Lieutenant de police, car rien ne la protège. Elle n'est pas définitivement femme entretenue, car elle n'a jamais accordé à ses amants de droits sur elle ; mais en contrepartie, elle ne jouit d'aucune protection et peut, du jour au lendemain, être traitée en « fieffée libertine », en voleuse, en fille de joie. D'où cette brève carrière d'aventurière au sens le plus fort du terme, et cette façon de déjouer à chaque instant le sort qui la menace. Mais tout ceci, Prévost le suggère plus qu'il ne le dit. Le librettiste doit souligner, mais souligner, fût-ce d'un lilas ou d'un camélia, c'est déjà dire autre chose.

Auber a choisi de Manon le côté « grisette » : l'insouciance, le goût du plaisir et une sorte d'innocence foncière ; il accentue en elle la peur du travail et de l'ennui, la coquetterie, mais aussi la fidélité, si bien qu'elle passera en un instant de la tentation au regret et du chagrin à la « joie enivrante » du présent (acte III : « Plus de rêve qui m'enivre… »). Que le décor change, et le cœur change aussi : sur ce point, Auber et Scribe sont restés fidèles à la logique sensualiste qui était celle de Prévost. Dumas fils et Piave portent l'accent sur la conversion de l'héroïne. Dès le début, Marguerite (ou Violetta) exprime son ennui, son regret de la vie perdue, de l'amour manqué, et sa peur de la mort. Elle est au faîte de la gloire, elle est une « lorette dans la prospérité », mais déjà à deux pas du renoncement. Qu'elle découvre l'amour sincère d'Armand, puis l'affection paternelle de Georges Duval, et la voici rêvant de cette sérénité bourgeoise, ancrée dans la durée, dont elle s'était exclue. Aussi l'image de la fleur porte-t-elle toujours en elle l'image de la mort :

> Un seul matin vivent les fleurs,
> La mort prend les plus belles,
> J'aurai vécu comme elles
> Et comme elles, je meurs.[5]

Il est significatif que dès le début du roman de Dumas, la fleur évoque la perte de sang : « pendant vingt-cinq jours du mois, les camélias étaient blancs, et pendant cinq ils étaient rouges ; on n'a jamais su la raison de cette variété de couleurs… »[6] Le lecteur est

---

5. IV, 7, Livret de Piave, trad. Ed. Duprez.
6. Un peu plus tard, Marguerite, qui porte ce jour-là des camélias rouges, diffère son rendez-vous avec Armand « parce qu'on ne peut pas toujours exécuter les traités le jour où on les signe » (p. 122). Voir le commentaire de Jean-Claude Bonnet dans « Malheur à celles qui rient », *Cinématographe*, mars-avril 1981, p. 80.

évidemment invité à suppléer. Fleur merveilleuse et souffrante, le camélia évoque à la fois la splendeur et la mort imminente ; les librettistes ne l'oublieront pas. Les musiciens non plus : dès que la mort est inscrite dans l'origine, le musicien se doit de la rendre présente dans le discours musical ; cette contrainte va se révéler précieuse.

L'opéra-comique de Massenet met en pleine lumière cette nouvelle utilisation du temps. L'œuvre est dominée par le sentiment du passé, du temps perdu, de la mémoire et de la nostalgie. Massenet se montre préoccupé par l'histoire : sous l'influence des frères Goncourt et des Parnassiens, le XVIIIe siècle réapparaît dans les années quatre-vingt comme image d'un bonheur perdu. Massenet situe délibérément l'action en 1721, il relit Prévost, il prétendra même s'être enfermé, durant l'été 1882, à La Haye, dans la chambre de Prévost...[7] Meilhac et Gilles n'ignorent rien des recherches de Sainte-Beuve ou de Lescure sur le décor historique du roman ; les astéronymes (Brétigny pour B., Guillot-Morfontaine pour G... M...) sont consciencieusement éclairés. Ce respect parfois naïf de l'histoire est unique en son genre. La musique en tire son profit : les menuet, gavotte et pavane dans le goût ancien, à l'acte III, en apportent la preuve. L'œuvre est d'autre part unifiée par un certain nombre de thèmes (passion du chevalier, destin menaçant) qui lui donnent parfois un peu de force. Toutefois, ce n'est pas le tragique qui domine le récit, mais la nostalgie. La fille sans mémoire de Prévost est ici hantée de souvenirs et de prémonitions, de rêveries et de « je ne sais quoi ». C'est elle qui dès le premier acte regrette le bonheur entrevu – « Voyons, Manon, plus de chimères... » C'est elle encore qui, au moment de trahir une première fois son chevalier, s'attendrit sur « ces beaux jours déjà passés » et sur la « petite table » ; et c'est elle enfin qui, dans le dernier tableau, rappellera le

---

7. *Mes souvenirs (1848-1912)*, P. Laffite, Paris, 1912, p. 144. Notons au passage que Massenet, contrairement à une légende largement répandue, n'a pas composé son opéra en quelques semaines, mais de l'été 1881 à la fin de 1883 ; les récitatifs pour la version-opéra, récemment redécouverts, semblent avoir été écrits assez tard.

passé heureux, le coche, la petite table, la scène de Saint-Sulpice, belle occasion de rassembler tous les thèmes majeurs de l'œuvre, dans un finale qui parut saisissant à l'époque. Nous serions tentés de reprocher aujourd'hui à la *Manon* de Massenet son aspect décoratif, sentimental et souvent un peu mièvre. En 1884, ce terrible raccourci et cette agonie pathétique étonnèrent le public. H. Maret écrivait dans le *Radical* du 23 janvier : « De ce pastel simple et gracieux, il a fait une fresque effroyable... »

Manon, elle-même, apparut comme une image parfaite de la femme ; cette instabilité d'une jeune femme qui rit et pleure sans savoir pourquoi, qui rêve de chimères et de « désirs éphémères », qui trahit sans cesser d'aimer, qui n'est « que faiblesse et fragilité », c'était la féminité même ! Il est vrai que Massenet se montre parfois profond dans l'expression de la futilité ; mais son livret ne l'a pas servi, Meilhac et Gilles semblent avoir souvent confondu les vérités universelles et les pires platitudes : « Pro-ofitons bien de la jeunesse / Aimons-ons-ons, chantons sans cesse, / Nous n'avons encore que vingt ans ».[8] Ce texte bien construit mais mal écrit ne prêtait guère aux subtilités psychologiques. Mais il est vrai que la musique dit plus et qu'en exprimant la fragilité, l'ennui, les inspirations fugaces et l'irrésolution, Massenet permet un autre pathétique. Peu de camélias sans doute, mais « les arbres frissonnant au vent » (I), « le zéphyr parfumé qui passe » (II), et la frêle senteur du regret.

Passer de la *Manon* de Massenet à *Manon Lescaut* de Puccini, c'est changer de monde. La couleur XVIIIe siècle est désormais très atténuée, de sorte qu'on pourrait se croire parfois dans le décor de la *Traviata*. L'allusion au passé est tellement filtrée qu'elle semble plutôt s'adresser aux dilettantes qu'au large public – ainsi du madrigal du second acte. La temporalité du discours musical doit moins aux leitmotive qu'à l'expression du mouvement : dynamique des

---

8. Ce texte ne figure pas dans le livret imprimé de Meilhac et Gilles (Calmann-Lévy, Paris, 1884) ; rajouté tardivement, il doit quand même être de leur main.

chœurs et des solistes au premier acte, finales organisés sur de puissants mouvements de dispersion à la fin de l'acte I et de l'acte II, enlèvement manqué et appel des déportées de l'acte III, succession lente d'accords au début du IV. La marche d'un destin et l'imminence de la mort sont ici entièrement confiées au discours musical. Manon, elle-même, ne se penche guère sur son passé, sur son avenir ou sur ses rêves. Puissante force naturelle, elle incarne toujours une énergie présente. Son goût de l'amour, sa forte sensualité, son horreur de l'ennui la rendent irrésistible, sans le secours de la coquetterie ; quand elle s'abandonne définitivement à Des Grieux (II, 2), son destin est scellé sans retour ; ce n'est pas Des Grieux qui pourrait le contrarier. Cette énergie dans l'amour, dans la passion de liberté et plus tard dans la révolte communique à l'opéra sa fièvre de vie et sa force ; cela, on ne l'avait pas vu encore, même dans *La Traviata*. Non pas que Puccini ait ignoré ses prédécesseurs : il cherche délibérément à se démarquer de Massenet ; il n'oublie ni Verdi ni même Dumas fils. Si l'on voulait comprendre sa conception du personnage de Manon, peut-être faudrait-il se pencher sur la préface que Dumas fils donna à *Manon Lescaut* en 1875.[9] Le rapprochement évident entre *La Dame aux camélias* et *Manon* y est explicité ; mais surtout, Manon apparaît bien comme une force de la nature : « Tu es la jeunesse, tu es la sensualité, tu es l'instinct, tu es le plaisir, l'éternelle tentation de l'homme. » Il n'est pas un de ces mots qui ne convienne à la Manon de Puccini.

*

Pour terminer, je voudrais saisir une dernière fois le double signe du camélia, splendeur et mort. Ces deux signes étaient intimement mêlés dans le roman de Prévost, par la seule magie du récit rétrospectif. Dans le récit opératique, qui se compose de présents succes-

---

9. *Manon Lescaut*, Glady Frères, Paris, 1875, préface de Dumas fils, p. XXXVIII. Puccini n'a sans doute pas lu ce texte ; il ne lisait pas le français et dut recourir à une traduction italienne du roman.

sifs, nous devons passer, à un moment ou à un autre, de la splendeur à l'imminence de la mort. A quel instant sentirons-nous le parfum de la dame en noir ? Auber, on l'a vu, ignore la mort jusqu'au prélude du dernier tableau ; mais ce prélude, écrit dans le style d'une ode funèbre ou d'un intermède dramatique de Gluck, frappe d'autant plus l'imagination qu'il est sans analogue dans le reste de l'œuvre. Manon sent venir la mort ; elle a mal, elle a peur, elle ne pense plus qu'au chevalier à qui elle fera de la peine, elle voudrait se faire pardonner sa mort, oiseau blessé qui tente vainement les dernières vocalises. Verdi a pris le parti inverse : la mort est présente dans les premières notes de l'ouverture, elle réapparaît dans la chanson de Rodolphe et de Violetta (*Brindisi*) : « Demain / Pour nous est-il certain ? / Pauvres fleurs passagères, / Nous mourons en un jour. » Elle ne cesse plus d'être présente. Le livret de *Manon* ne le permettait pas ; à un moment donné, il faut que l'on passe de la folle gaîté à la crainte. Massenet a conçu ce renversement avec un réel bonheur d'invention. C'est à sa demande qu'en 1881, Meilhac divise l'acte III en deux tableaux ;[10] le premier se passe au Cours la Reine et met en scène l'apothéose de Manon ; le second se passe dans le parloir de Saint-Sulpice et commence par le choral religieux et la prière de Manon. Un nouveau « contraste », demandé expressément par Massenet, entraîne tout le monde à l'Hôtel de Transylvanie au quatrième acte. La prière de Manon, la scène de séduction, encore empreinte de rouerie et le *moto perpetuo* du jeu de cartes créent incontestablement dans l'action dramatique une suite de rebondissements toute nouvelle : un ange est passé, les diables surgissent, les jeux sont faits.

Puccini a longtemps hésité, avant de garder le contraste conçu par Massenet. On sait qu'un premier livret, composé par Praga, Oliva et Illica, avait été refusé par Ricordi et Puccini ; l'acte II illustrait alors les hésitations de Manon entre la fuite et la trahison, et Des Grieux ne semblait survenir que pour « laisser Manon à la dis-

---

10. *Mes souvenirs (1848-1912)*, ouvr. cité, p. 143.

position du vieux » ; Puccini travaille alors avec Leoncavallo : « *Si ricorda quanto lottamo col Leoncavallo per evitar cio* » ;[11] ils parviennent à tracer le plan d'un nouveau second acte ; Illica refondra le tout. Le second acte, comme le troisième acte de Massenet, oppose à un tableau de fêtes galantes la réconciliation entre les amants, qui rappelle de près la scène de Saint-Sulpice. C'est dans cette grande scène (*Tu, tu, amore*) que se dessine tout à coup la fatalité de la passion, par un premier *ostinato* de timbale, par un assaut irrésistible de Manon, par ce *fascino d'amore* qui s'établit entre les amants et le *dolcissimo soffrir* qui annonce la mort d'amour. Quelques instants plus tard, l'incident éclate qui conduira les amants au Havre et en Amérique. Parler de la fatalité de la passion reste ici un peu vain : Manon est d'abord la « tentatrice » qui enveloppe le chevalier de ses sortilèges, mais le duo fait éclater aussi une passion nouvelle, totalement assumée dans le corps et l'âme, une sorte de volonté de l'être entier qu'on trouvait parfois chez Verdi mais qui s'exprime ici avec une extraordinaire véhémence. A cet instant, on risque le tout ; et c'est pourquoi la mort est présente dans ce moment de vie intense.

Dans *Boulevard Solitude*, la mort est au rendez-vous dès le premier tableau. En cela, Henze peut se souvenir de *La Traviata* ; le titre de l'œuvre rappelle l'un des thèmes de Verdi : « *Sola, abandonnata in questo populo deserto* » (I, 1). Ce n'est pas non plus le hasard qui lui fait donner à Des Grieux le prénom du héros de *La Dame aux camélias*. Armand Des Grieux lutte vainement contre la mort qui menace son amie. Au cinquième tableau, drogué et désespéré, il s'imagine dans le rôle d'Orphée, en quoi il se montre fidèle à l'esprit du véritable Des Grieux.[12] Mais la solitude absolue est finalement la forme

---

11. *Epistolario di Giacomo Puccini*, éd. G. Adami, Mondadori, Milan, 1928, p. 77 ; la lettre semble dater de septembre 1890. Mario Morini a relaté avec précision l'histoire du livret dans la préface du programme de *Manon Lescaut*, Teatro Massimo de Palerme, 1979 (conservé à la bibliothèque de l'Opéra, dossier *Manon* de Puccini).

12. Voir Jean Sgard, *Prévost : les labyrinthes de la mémoire*, ouvr. cité, chap. V.

vécue de la mort : comme Orphée, emmuré dans ses rêves, Des Grieux voit disparaître vers sa prison une Manon condamnée au tombeau et qui ne le regarde même plus. Qu'on se souvienne une dernière fois de la détresse de Marguerite (ou de Violetta) et de l'aveuglement de son amant, et l'on conviendra que ce septième opéra inspiré par *Manon Lescaut* doit sans doute, lui aussi, son étrange parfum à *La Dame aux camélias*.

*

Des roses, des lilas, des camélias, des feuilles et des branches, cela ne fait pas un bouquet et encore moins une conclusion. Tentons pourtant de rassembler ces suggestions disparates. Par sa splendeur et sa fragilité, le camélia marquait l'entrée de *Manon Lescaut* dans le drame. Que l'histoire de Manon pût se résumer en un court destin, et la transposition lyrique devenait possible. C'est à quoi le livret de *La Traviata* a puissamment contribué. Après quoi la forme du drame évolue au gré du goût et des modes : drame historique, drame romantique, drame sentimental, drame naturaliste. Le drame allemand est présent à son tour dans *Boulevard Solitude*, qui doit beaucoup à la *Lulu* de Berg et Wedekind. Chacun des librettistes emprunte ainsi au goût du temps et à la manière dont *Manon Lescaut* a été réinterprétée pendant plus d'un siècle. Nos musiciens ont lu eux-mêmes beaucoup plus qu'ils ne disent, et l'on jurerait parfois que Massenet lisait Sully-Prudhomme et Verlaine, Puccini Maupassant, et Henze Anouilh – après avoir vu peut-être la *Manon* de Clouzot...

Librettistes et musiciens ont surtout relu *Manon Lescaut* pour comprendre le sens de cette mort absurde à laquelle la musique doit apporter ses propres raisons. Auber évoque la mort injuste d'une petite fille imprudente, Massenet tente de donner à son personnage le pressentiment du sort qui la guette, Verdi donne à cette mort la valeur d'un sacrifice, Puccini et Henze laissent percevoir une révolte contre un destin cruel. La mort de Manon oblige en même temps à s'interroger sur la condition de la femme. Manon meurt d'avoir joué sa vie, d'avoir défié tous les pouvoirs en choisissant sa liberté. Prévost ne l'a pas considérée comme une prostituée et souligne son désir de ne jamais laisser prise sur elle. C'est ce qu'à leur manière Auber, Puccini et Henze ont tenté d'exprimer. Dans la perspective romantique de Dumas, il fallait que la dévoyée tombe au plus bas avant de se racheter. Cette vision nous a éloignés de Prévost. Puccini et Henze nous ramènent à lui. Le sort de Manon est celui d'une femme prise au piège et qui se révolte ; Des Grieux assiste impuissant au déchaînement du malheur. Il reprend par là une présence qu'il avait longtemps perdue. Ce qui compte désormais, c'est moins le jugement de la société sur une dévoyée que le regard d'un homme sur une femme. Si l'on aime Prévost, peut-être faut-il préférer Manon sans camélias.

LE SPECTRE ET LA MORT
CHEZ PRÉVOST

Mais pénétrer dans le cœur, qui passe pour impénétrable ! Oui, si malgré le préjugé commun, des routes secrètes, ménagées par la nature, en ouvrent l'accès à ceux qui peuvent les découvrir. Je les ai recherchées pendant quarante ans et j'abandonne au lecteur le jugement de mes découvertes. Cyrano s'est promené dans le monde lunaire ; Kircher dans un monde souterrain ; Daniel dans le monde de Descartes, Bekker dans un monde enchanté ; et moi, j'ai pris pour objet de mes courses et de mes observations, le Monde Moral...[1]

Lorsque Prévost tente de résumer, à la fin de sa vie, le sens de son entreprise romanesque, il la figure comme un parcours : le « cœur », lieu mythique où se forment les passions, est donné comme un espace fermé et secret ; l'étude apparaît comme un voyage difficultueux par des routes cachées, voyage auquel convient le nom de « course » aventureuse plutôt que celui de « promenade ». Le monde des chimères et des utopies (Cyrano), celui des rêveries sur la matière (Kircher) ou sur l'esprit (Descartes), celui de la magie et

---

1. *Le Monde moral*, *Œuvres de Prévost*, VI, 289. Nous citons toutes les œuvres romanesques dans cette édition, à l'exception de l'*Histoire du chevalier Des Grieux et de Manon Lescaut*, pour laquelle nous renverrons à l'édition Deloffre et Picard.

des superstitions (Bekker) peuvent se décrire ; le monde des passions semble se refuser au regard, être frappé d'interdit ; il sera l'objet d'une approche et d'observations intermittentes, de la part d'un voyageur initié. Un lecteur familier de l'œuvre de Prévost ne manquera pas de reconnaître ici, sous forme d'image, quelques incursions des héros des *Mémoires et aventures*, de *Cleveland* ou du *Monde moral* dans le monde souterrain des passions : descente dans la crypte de Tusculum ou dans les grottes du Devonshire, révélations par le rêve ou par l'angoisse. Pour reprendre l'image de Tusculum, il semble que l'étude du cœur nous conduise toujours plus avant et plus dangereusement jusqu'à une crypte où se cachent, comme des statues voilées, nos passions secrètes, nos « fureurs » : passion de posséder, de dominer, de savoir, d'aimer au-delà du possible, au-delà de la mort. Il est en même temps évident que ces chemins et cette descente dans les profondeurs ne renvoient qu'à une réalité, qui est la littérature : quarante ans de création romanesque, de « course », d'« observations » notées se totalisent en une sorte de discours continu, labyrinthique, dont l'objet ou le point central serait le « cœur », cet espace secret que seul le langage peut parcourir et représenter. Lire Prévost, ce serait, de la même façon, parcourir de nouveau tout le labyrinthe du récit, et trouver ainsi l'accès aux images constitutives du cœur, à ce qu'on pourrait appeler le « crypto-récit » prévotien.

Il se trouve que les *Mémoires et aventures d'un homme de qualité* sont précisément constitués en écriture double, l'une, le récit, dévidant le fil des aventures de Renoncour, l'autre, le crypto-récit, évoquant soudainement, sous une forme imagée, une sorte de descente dans les profondeurs du rêve, de l'angoisse, ou de l'approche des morts : rêve prémonitoire de la mort de Julie, épisode de Tusculum, descente au tombeau de Venisi, évocation des morts dans la province de Salamanque, etc. Les épisodes reliés à une infinité d'anecdotes ou à des résurgences thématiques dans *Cleveland* ou dans le *Monde moral* sont comme les transformations d'un discours par images, discours que l'on ne saurait réduire à une succession d'histoires ou de « contes de Vieilles » comme l'ont fait parfois les lecteurs de l'époque, ou comme l'ont fait plus tard les spécialistes du roman noir,[2] mais qui constitue plutôt le point central, la série d'archétypes qui fonde le roman de Prévost. Deux d'entre eux méritent une attention particulière : le spectre et l'évocation des morts ; le spectre parce que, sous une forme encore anecdotique, il met en cause la réalité de l'apparition ; l'autre, l'évocation des morts, parce qu'il organise et justifie cette apparition selon une démarche proprement littéraire. Le « spectre », c'est d'abord un mot, qui ne se confond pas tout à fait avec le mot « fantôme ». Il désigne traditionnellement une réalité conjecturale, ou comme le dit l'*Encyclopédie*, une « substance » : « On appelle spectres certaines substances spirituelles qui se font voir ou entendre aux hommes » : sont-ils âmes des morts, ou « esprits », distincts du corps et de l'âme, ou particules élémentaires, ou exhalaisons des corps pourris, ou émanations diaboliques, les conjectures sont nombreuses mais un fait est posé. Le « fantôme » ne réfère qu'à un phénomène subjectif, comme Prévost le dit lui-même dans son *Manuel lexique* :

> Phantome : mot formé du grec qui signifie *Etre d'imagination,* apparence qui a l'air de réalité. Comme on n'aperçoit les objets extérieurs qu'en conséquence de l'impression qu'ils font sur le nerf optique, si l'on suppose que par quelque désordre des esprits, ce mouvement soit le même dans l'organe, on croira voir ce qu'on voit effectivement quand l'objet est réel.

Aussi Renoncour affecte-t-il volontiers un certain scepticisme devant les faits d'apparition ; il a « quelque difficulté à croire les trois apparitions du lecteur » dans l'histoire de Saint-Bruno ; il ne « garantit » pas les apparitions de loups-garous dans la province de Salamanque ; il a « naturellement un peu d'incrédulité pour les événements surnaturels ».[3] Il arrive pourtant qu'il rencontre un fait de

---

2. On trouvera dans *Manon Lescaut* l'ensemble des comptes rendus consacrés à cette œuvre. Dans un article « Prévost et le roman noir », *L'Abbé Prévost. Actes du Colloque d'Aix-en-Provence*, ouvr. cité, Jean Fabre a montré tout ce qui sépare l'enfer prévotien d'une thématique de l'horreur.
3. *Mémoires et aventures d'un homme de qualité*, I, 186, 187.

réalité, et non plus un fait d'imagination ; quand un témoin lui rapporte un fait tout récent de meurtre rituel perpétré par cinq hommes « démesurés », son incrédulité ne résiste pas à « un fait si récent et si bien circonstancié ». Alors se pose le problème du spectre : est-il « un effet de la justice de Dieu » ou de la « malice du démon » (I, 188) ? De la même façon, le problème est envisagé sous toutes ses faces quand l'enchanteur Miracoloso Florisonti fait apparaître un ours dans le cabinet de Renoncour ; c'est tout d'abord un fait, et les « opérateurs » italiens sont experts dans ces sortilèges ; mais c'est peut-être un mirage, selon le médecin Bosi, qui est « bon physicien » ; ce sera pour l'Inquisition une opération diabolique (I, 92). Pour le romancier, c'est déjà beaucoup plus ; grâce à l'enchanteur, Selima va accoucher sans douleur, sorte de miracle qui porte à son plus haut degré l'enchantement du héros, juste avant qu'un malheur non moins inexplicable vienne le frapper. Il arrive alors que le spectre anticipe sur le fait ; il est comme l'émanation préalable du fait tragique dont il va recevoir sa confirmation. Quand Renoncour croit voir, dans un demi-sommeil, les rois de Castille sortir de la tapisserie espagnole pour lui annoncer la mort de Louis XIV, ce ne sont peut-être que des fantômes, une hallucination causée par l'aspect mystérieux de ces rois vêtus de noir ; mais si Louis XIV est réellement mort, comme il l'apprend le lendemain, n'étaient-ce pas des spectres ? La première annonce du malheur, dans les *Mémoires et aventures* emprunte les chemins du rêve ; le jeune héros, encore heureux et comblé, a un cauchemar effrayant : « Je vis une foule de spectres qui m'environnaient. La terre sur laquelle je marchais était couverte de corps morts et à demi pourris... » (I, 21). Le rêve impose par lui-même l'évidence des faits : les spectres poursuivent le héros qui s'enfuit dans une forêt, se métamorphose en arbre que les spectres vont mutiler, avant de se précipiter sur sa sœur Julie. La réalité viendra les confirmer : sur le chemin du retour, « six hommes masqués » arrêtent le frère et la sœur ; il se bat ; elle est tuée par une balle perdue. Les spectres avaient une réalité ; ils sont, nous dit le narrateur, « une manière d'avertissement à l'approche de certains malheurs ». Le

ciel peut donc, en stricte orthodoxie, s'en servir, mais le romancier bien plus encore, qui nous donne en une seule figure, plusieurs des archétypes de son récit, appelés à se développer en plusieurs séries parallèles :
1) le spectre, l'homme masqué, le rival dissimulé, le ravisseur caché dans une voiture ;
2) la terre couverte d'ossements, les cendres prêtes à se réveiller ;
3) la forêt-refuge, la pétrification, la descente au tombeau, le cloître ;
4) la femme-martyre, enjeu et victime du duel, sœur ou amante.[4]
Il nous livre ainsi dans un bref scénario, la syntaxe d'un discours imagé dont le spectre est en quelque sorte le sujet.

Le travail du romancier l'entraîne par des routes paradoxales. Prévost semblait d'abord s'intéresser au fait de croyance, comme tous les écrivains et philosophes qui, au début du siècle, s'occupent des faits d'apparition, de magie. Tout en jouant sur l'attrait des phénomènes irrationnels, il en faisait un objet d'étude : le fait d'imagination relevait de l'analyse. Il a donc repris à son compte les observations de Montfaucon de Villars, de Bayle, de Malebranche, de Bekker, autant d'écrivains « modernes » qui appliquent à l'irrationnel une méthode d'analyse de type cartésien, non sans ménager l'orthodoxie chrétienne. Bayle, Bekker ou Malebranche ne nient pas le fait d'apparition, largement attesté par l'Écriture ; ils nient seulement l'objectivité du « fantôme ». Les anges ou apparitions, dit Bayle, agissent sur le nerf optique qui produit, dans le cerveau, des hallucinations : « ... il y a certains endroits du cerveau qui, étant affectés de telle ou telle sorte, excitent l'image d'un objet qui n'existe point réellement hors de nous » *(Dictionnaire,* art. « Spinoza »). Bekker prétend à une « connaissance claire et distincte » des « com-

---

4. Il m'est difficile de développer ici tous les aspects de ce scénario : je l'ai tenté dans *Prévost romancier* (voir en particulier p. 64-65, 136-137, 233-235). Aurelio Principato a proposé une interprétation convaincante du rêve de Renoncour dans « "Romanesque" e "retraite" nella narrativa dell'Abbé Prévost », *Rivista di Letterature Moderne e Comparate*, vol. XXV, 1972, p. 175-176.

muns sentiments touchant les esprits, leur nature, leur pouvoir, leur administration et leurs opérations ».[5] Il n'écarte aucun fait, pressentiments, sympathies, visions, influences astrales ; il s'efforce seulement de distinguer ce qui relève de l'avertissement divin (présages, songes, indices, anges, apparitions) et ce qui relève de l'opération diabolique (possessions, hallucinations, visions morbides, mystifications). Chez lui comme chez Bayle, le schéma explicatif emprunte largement à la physique cartésienne : la « communication », le « mouvement des parties volatiles des corps » et leur action sur le cerveau expliquent les phénomènes de pressentiments ou de sympathie, tout ainsi que « le mauvais temps se fait pressentir dans les membres des hommes » (I, 92). Ces préoccupations à la fois scientifiques et théologiques ne sont pas étrangères à Prévost, mais il les dépasse dans le mouvement de la création imaginante. Quand, dans le *Monde moral*, il évoque l'« étrange extase » du Père Célerier qui voit apparaître, lui tendant les mains, sa femme et son fils morts par sa faute, c'est pour poser d'abord une double question :

> Le ciel, me dis-je à moi-même, ne me doit pas de miracle ; et rien ne m'oblige ici de reconnaître l'opération de sa puissance : ainsi je suis libre de traiter mon songe, ou ma vision, de vapeur montée au cerveau de toutes les parties d'un corps languissant, et condensée en noires images qui ne m'ont représenté que de vains fantômes. (VI, 328)

Mais cette double réduction fait place aussitôt à une interrogation sur la « réalité du lieu terrible » figuré par la vision ; la révélation d'un enfer de l'amour jaloux et meurtrier le persuade de la réalité de l'Enfer chrétien ; et c'est bien par des « routes secrètes, ménagées par la nature » qu'il découvre la réalité d'un cœur jusque là « impénétrable ». Le spectre n'est donc pas un « vain fantôme », il est

---

5. Balthazar Bekker, *Le Monde enchanté*, « ou examen des communs sentiments touchant les esprits, leur nature, leur pouvoir, leur administration et leurs opérations et touchant les effets que les hommes sont capables de produire par leur communication et leur vertu... », trad. française. Amsterdam, chez P. Rotterdam, 1694, 4 volumes.

l'image redoutée et maintenue à distance d'une réalité qui s'impose à travers le rêve. Déchiffrer le rêve, élucider et développer l'image funèbre, ce sera découvrir comment en nous se parle la mort.

L'apparition du spectre était accidentelle ; l'évocation des morts sera au contraire une quête délibérée, une descente aux enfers. Cette quête porte traditionnellement le nom de « nécromancie », ainsi définie dans le *Manuel lexique* :

> Nécromancie : nom grec de l'Art, vrai ou prétendu, d'évoquer les âmes des morts. Les Païens s'imaginaient qu'il n'y avait que ceux qui étaient morts avant leur temps, soit par quelque accident, soit par une mort volontaire, qui fussent soumis aux mystères de cet art ; parce qu'ils supposaient que les âmes de ces gens-là résidaient comme aux confins du monde et n'étaient pas encore parvenues aux Enfers…

Prévost semble considérer avec distance la pratique d'évocation dont l'*Odyssée*, la Bible, les relations de voyage ou de sorcellerie lui fournissaient maint exemple. Ce qui dans la nécromancie va retenir son attention, c'est tout d'abord le désir passionné de trouver un contact avec le mort – toujours « mort avant son temps » –, puis l'effraction du tombeau et le dialogue imaginaire avec le mort ou la morte. Si la mort est sans cesse présente dans les premiers romans de Prévost, c'est qu'elle est d'abord refusée : la morte est idolâtrée, embaumée, évoquée tout au long d'un deuil qui ne veut pas finir. Aussi le mort ou la morte sont-ils appelés sans fin, jusqu'à s'imposer à l'imagination hallucinée :

> L'imagination remplie de la mort de mon frère, et portée par une triste habitude à me figurer tout ce qui pouvait ajouter quelque chose à mes frayeurs ou à mes peines, je ne doutai point que ce ne fût sa malheureuse ombre…[6]

L'important n'est pas que Fanny se trompe sur l'ombre qui paraît derrière un rideau, mais plutôt qu'elle veuille aller au devant du mort, le retrouver chaque soir, lui parler, l'attendre avec des senti-

---

6. *Le Philosophe anglais ou Histoire de M. Cleveland*, Œuvres de Prévost, II, 411.

ments mêlés d'horreur et d'avidité. Prévost emprunte les chemins de l'imaginaire, il découvre et décrit les fantasmes de l'amour masochiste, de la mémoire culpabilisée, de la passion et du remords, c'est-à-dire le désir funèbre qui provoque le voyage.

*

Ce voyage est sacrilège ; il manifeste un refus du destin, une volonté suicidaire, peut-être aussi une curiosité impie : qui sait ce que recouvre le tombeau ? Renoncour, visitant les ruines de Tusculum, met à jour un bâtiment mystérieux dans lequel il entre par effraction, faute d'en trouver la porte ; il découvre successivement un vestibule, une salle spacieuse, puis, quatre degrés plus bas, cachée par une armoire et barrée d'une croix de fer, une crypte en forme de « salon » ; dans cette crypte apparaissent trois statues : « Ces statues étaient si affreuses et en même temps si naturelles que je me sentis le cœur glacé de crainte ».[7] Devant elles, un coffre contenant « le reste d'un corps consumé de pourriture » ; une flamme s'en échappe, qui embrase un instant le visiteur sacrilège ; on ne réveille pas impunément les morts, et souvent la cendre cache encore la flamme.[8] On ne saura pas ce que signifiaient ces statues spectrales, emblèmes de la haine ou de l'« amour outragé » : l'inscription, *Furori sacrum*, reste mystérieuse : on devine un drame à trois acteurs, comme celui de César, Antoine et Cléopâtre, dont une pyramide garde le secret.

Au fond de ce « labyrinthe immense » où l'esprit se perd,[9] l'enfer des passions se survit à lui-même. De même, dans l'immense dédale des cavernes de Devonshire où Cleveland s'est caché, il

---

7. *Mémoires et aventures*, I, 94.
8. I, 95. Voir *Prévost romancier*, ouvr. cité, p. 139-140. On se souvient de la devise du *Pour et Contre* : *Incedo per ignes suppositos cineri doloso*.
9. Voir l'article du *Pour et Contre*, t. II, p. 5-6, cité par nous dans « Une image de Prévost : Marc-Antoine aux portes du tombeau », *Revue d'Histoire littéraire de la France*, vol. LXVIII, 1968, p. 605.

découvre, au terme d'une marche difficile, la crypte où agonise Lady Axminster, victime malheureuse de Cromwell, veillée par son mari : celui-ci est cause de sa mort et n'empêchera pas l'irréparable. Ces agonisants, ces morts qui se survivent sont morts de mauvaise mort. La crypte est aussi l'asile provisoire où le héros peut se livrer au rituel de l'incantation, de l'évocation de la morte. C'est dans une sorte de chapelle ardente, un « tombeau » dans lequel il vient « s'ensevelir tout vivant »,[10] que Renoncour tente de rejoindre son épouse ; le cœur de Selima est dans une urne ; ses vêtements sont suspendus au mur ; un portrait, placé sur une sorte d'autel, la représente « au naturel et dans toute sa beauté ». L'infraction vient ici de ce que le héros veut mourir ; il cède au désespoir, ne croit plus en Dieu, et tente de s'identifier à la morte ; il devient lui-même « une ombre sous la figure d'un homme », après quoi, à la faveur des fétiches disposés autour de lui, il peut évoquer Selima : ce « cœur si tendre » semble lui parler et il lui répond ; à mi-chemin de la vie et de la mort, dans cet espace nocturne, l'amant devenu ombre et l'amante, évoquée « dans toute sa beauté » semblent se rejoindre. Il s'agit bien d'un fait d'imagination, mais d'une imagination mortelle. Prévost rapporte dans *Le Pour et Contre*, une aventure analogue « qui aurait été d'une grande utilité au Père Malebranche pour son chapitre de l'Imagination » : un jeune veuf vient chaque nuit s'entretenir au cimetière avec la morte ; cette « communication muette de sentiments et de pensées » agit sur son imagination comme un « poison », si bien qu'un soir, il croit la voir :

> Il adressa aussi mille expressions tendres au fantôme que son imagination lui représentait, et son âme fit tant d'efforts pour se hater de le joindre qu'elle se dégagea effectivement des liens du corps. Il tomba mort sur le tombeau… (tome IV, note 51, pages 143-144)

Le « fantôme » est un fait d'imagination, mais l'évocation de la morte et la descente aux enfers sont ici bien réels. Renoncour, lui, ne meurt pas ; le désir de s'identifier avec la morte ou de dialoguer

---

10. *Mémoires et aventures*, I, 97-98.

avec son spectre va se sublimer en littérature, car le livre qu'il écrit dans la retraite est fait de ces « mille expressions tendres » qu'il adresse à une morte ; il n'a pas d'autre public :

> On lira cette histoire si l'on trouve qu'elle mérite d'être lue. Je n'écris mes malheurs que pour ma propre satisfaction...[11]

Les *Mémoires et aventures* nous renvoient ainsi à un mythe funèbre, le mythe d'Orphée. Le héros tente à plusieurs reprises de forcer les portes de la mort, et son récit est fait de morts qui se répondent : mort de sa sœur et de sa mère, mort de Selima ou de Diana, ou sous une forme atténuée, entrée au cloître de son père ou de sa fille. Si la descente au tombeau apparaît comme un recours à l'imagination suicidaire, l'œuvre entière, comme récit, devient elle-même descente aux enfers, tentative lyrique pour faire revivre un moment la morte. L'écriture, dans la mesure où le narrateur, indifférent au public, tente de ressusciter une morte à qui il va parler, devient une démarche orphique.

*

Jacques Proust a montré, de façon très convaincante, comment le corps de Manon, ce « composé » de grâces qui toujours se dérobe et se défait, n'est décrit textuellement qu'en fonction de sa mort : « ... l'œuvre entière peut être considérée comme une figure du corps décomposé de Manon ».[12] Toutes les images qui nous sont données de son corps se détachent ainsi en « paragrammes » sur la vision de sa mort et de son ensevelissement. Le corps de Manon n'a pas de présence « réelle », il échappe à la description ; ce serait plutôt, sinon un corps « glorieux » (ange, apparition), du moins l'image irréelle, toujours menacée, d'un corps enseveli et toujours recomposé, une image spectrale. J'ajouterais, dans le même sens, que la présence de Des Grieux est elle-même spectrale. L'image qui

---

11. *Mémoires et aventures*, I, 13.
12. « Le corps de Manon », *Littérature*, décembre 1971, n. 4, p. 5 et suiv.

nous est donnée de Des Grieux au début du roman est celle d'un mort-vivant ; à Eurydice qui se dérobe au regard correspond un Orphée revenu des enfers et tout embrumé de la mort. À sa première apparition, à Pacy-sur-Eure, il est « enseveli dans une rêverie profonde », mais sous le linceul de rêverie se révèle, dès qu'il se lève, un air « fin » et « noble ». Deux ans plus tard, à Calais, c'est un revenant qui s'offre soudain aux yeux de Renoncour, « beaucoup plus pâle » que la première fois, plus misérable aussi et en « fort mauvais équipage », mais une fois encore reconnaissable à sa « physionomie ». Cette double image est celle de tous les héros « défigurés » de Prévost. Tel était le jeune Renoncour, « méconnaissable » après la mort de sa sœur, ou encore son père au jour de la prononciation des vœux, le visage déjà « pâle » et « défiguré », comme ceux de tous les trappistes, « défigurés » par le deuil et la pénitence. La descente au tombeau implique toujours ce mimétisme funèbre, cette volonté masochiste de se transformer en « ombre vivante ». Paradoxalement, dans des situations comparables, les jeunes mortes ou les jeunes cloîtrées portent un visage radieux ou transfiguré : « Elle ne me parut pas changée par la mort. Des traits aussi réguliers que les siens ne pouvaient pas être aisément défigurés... »[13] De même, à propos d'une jeune religieuse : « Jamais elle ne m'avait paru plus aimable que sous cette livrée de mort et de pénitence » (I, 351). Devant la jeune morte, et dès les premiers instants, le narrateur refuse la mort et recompose avec passion l'être qu'il a aimé, tout comme il embaumera son corps.[14] Cleveland parle donc de sa fille Cécile dans les mêmes termes que Des Grieux de Manon : « Je considérai avec une morne avidité ce composé de perfections et de grâces que la mort n'avait pas eu encore le pouvoir de défigurer ».[15] Les deux séries de visages, défigurés ou transfigurés, s'opposent ainsi trait pour trait, en images spectrales qui se

---

13. *Mémoires et aventures*, I, 178-179.
14. Sur le rite de l'embaumement, on lira l'article très suggestif de Robert Favre, « Sur un regret de l'abbé Prévost », *Dix-Huitième Siècle*, 5, 1973, P. 304-310.
15. *Le Philosophe anglais*, II, 617.

déchifreront de manière différente : sous le masque de Des Grieux défiguré transparaît la physionomie d'un héros ; inversement, sous le portrait radieux de Manon se révèle le visage d'une morte. Les deux visages d'Orphée et d'Eurydice vont un moment (l'espace de la narration), s'animer et se rejoindre ; mais Eurydice reste une création du souvenir ; elle ne peut être ni décrite ni regardée en face ; et Orphée, enseveli dans sa rêverie, ne fait que se survivre dans l'imagination de la morte ; il émerge d'une « morne et sombre tranquillité » le temps qu'il faut pour évoquer Eurydice ; il ne vit que sur sa lyre.

L'*Histoire du chevalier Des Grieux et de Manon Lescaut* nous relate, à sa façon, l'échec et le triomphe d'Orphée. Deux fois, Des Grieux aura tenté de passer l'Achéron. Une première fois, il force les portes de l'Hôpital dont l'équivalent mythique nous est donné par le vers de Racine que Des Grieux parodie un instant sans le révéler : « Ces morts, cette Lesbos, ces cendres, cette flamme ».[16] Une clé « d'une grandeur effroyable », un louis d'or au geôlier, un changement d'habits et d'identité figurent autant d'épreuves vaincues. Une voiture surnaturelle les emmène au galop (« Touche au bout du monde ! ») et Des Grieux étreint Manon : « ... ce n'est pas là un fantôme de bonheur » (page 108). La seconde fois, l'échec sera total : toutes les portes se ferment, les complices s'enfuient, les archers sont implacables et le père du chevalier, tel un juge des enfers, prononce une malédiction sans appel. Ce n'est plus un carrosse rapide mais une « pesante voiture » qui s'éloigne, emmenant Manon vers la mort. Quand il retrouve les rivages de France, le chevalier a lui-même affronté la mort, pendant trois mois de maladie ; il ne retrouve de vie et de force que pour chanter l'histoire de Manon. Le récit n'est lui-même qu'une descente aux enfers, sans fin recommencée, un effort pour mimer la mort par la parole, et se fondre en elle. Parvenu au dénouement, Des Grieux touche une

---

16. *Manon Lescaut*, p. 130 ; *Iphigénie*, acte II, scène 5, vers 681. A la place de ce vers, mais en respectant le contexte, Des Grieux dira : « J'aurais peine à penser que l'Hôpital, Madame, / Fût un trait dont l'Amour l'eût gravé dans votre âme ».

fois encore son but : « Pardonnez si j'achève en peu de mots un récit qui me tue ». Ce récit qui « tue » et qui s'achève dans l'atonie, l'indifférence et la consternation est lui-même un récit spectral, un récit d'outre-tombe.

Romancier de la mort, Prévost n'a utilisé l'imagerie funèbre que pour exprimer plus profondément notre relation avec la mort. Ses héros créent des fantômes, descendent aux enfers, évoquent les morts, deviennent spectres eux-mêmes non par crédulité, mais par un appel profond de l'imagination désirante. S'ils éprouvent cruellement l'échec de leur entreprise, ils en manifestent aussi le triomphe, dans un récit orphique. La première œuvre connue de Prévost, une Ode à saint François-Xavier, évoquait sous les apparences du saint Jésuite, le triomphe d'Orphée :

> La mort même à ses lois soumise
> Se laisse vaincre et rend prise
> Du fond ténébreux du tombeau[17]

L'*Histoire du chevalier* nous dit qu'il n'est pas d'autre miracle que celui de l'écriture. Par la « douceur infinie » et la « grâce » du récit, Eurydice peut enfin, pour un moment, revivre. Sans doute n'est-elle qu'un fantôme, un « être d'imagination » ; ce qui est réel, c'est le travail du deuil et du désir à travers l'écriture, c'est cet art « vrai ou prétendu d'évoquer les âmes des morts ». Par lui se dessine et se dit le vide, le vertige intérieur par quoi se définit le sentiment de la mort.

---

17. Voir *Prévost romancier*, ouvr. cité, p. 44.

LE TEMPS

PRÉVOST ROMANCIER
ET JOURNALISTE

PRÉVOST D'EXILES FUT à la fois un romancier et un journaliste. Ce qui nous intéressera ici, c'est le lien entre ces deux activités ; c'est le fait qu'il soit journaliste dans ses romans, romancier dans ses journaux ; c'est qu'il soit le modèle de ces romanciers-journalistes qui ont contribué, durant le XVIII siècle, à créer un style de presse qui est encore en partie le nôtre. Il n'est assurément pas le seul, comme on le verra, mais il a sans doute, plus qu'un autre, réfléchi sur les rapports de l'histoire et du roman, de la nouvelle informative et de la nouvelle romanesque, et sur ce subtil amalgame de récit et d'information dont se constitue le discours de la presse.

L'âge des romanciers-journalistes commence sans doute, vers 1680, avec les Modernes, qui sont les premiers à proposer de nouveaux moyens de communication et des genres littéraires inconnus des Anciens. Le fait qu'ils se regroupent autour du *Mercure* n'est pas en lui-même indifférent : ils se reconnaissent d'emblée dans la forme journalistique. On avait pu connaître auparavant quelques romanciers satiriques, capables à l'occasion de brocher un pamphlet ou une mazarinade ; mais les journalistes de profession, les auteurs de la *Gazette* ou du *Journal des savants* ne prétendaient nullement à l'art du récit. Or avec les Modernes, nous découvrons une pléiade d'écrivains qui ont en propre de cultiver à la fois la littérature de fiction et le journalisme : Donneau de Visé, Fontenelle, Boursault, Dufresny, Guilleragues sont de ce nombre ; on pourrait en citer d'autres (Le Noble, Courtilz de Sandras, Crosnier, Chavigny) qui, sans être du même clan, n'en pratiquent pas moins les jeux ambigus de la fiction et de la réalité. Donneau de Visé fut le premier à s'en amuser : pour lui, qui avait été romancier avant d'être directeur du *Mercure,* les nouvellistes – c'est-à-dire les « nouvellistes de bouche », qui échangent des nouvelles orales au Palais-Royal – sont grands débiteurs de sornettes, dont l'art est de « si bien confondre le vrai et le faux qu'il est impossible de s'y connoître ».[1] Aussi le conte ou la nouvelle romanesque sont-ils souvent, dans le *Mercure,* des ornements, des divertissements de l'imagination, qui viennent relever et transformer insidieusement le discours de la presse. On verra cependant, en lisant Monique Vincent,[2] que Donneau de Visé sut aussi transformer à sa manière la relation de presse. L'équivoque est plus subtile encore dans le cas de Dufresny, qui mêle à tout moment le romanesque et le fait rapporté ; il écrit, à propos du procès des *Bohémiennes,* rapporté dans le *Mercure :* « Je n'y mets rien du mien que le tour des conversations : je vous les rapporterois mot à mot, si j'y avois été présent, et que j'eusse de la mémoire, tant j'aime à estre exact dans les faits que je donne pour véritables ».[3] Sans doute y a-t-il dans son cas, comme l'a montré François Moureau, beaucoup de fantaisie et de négligence ; mais d'une façon générale, on peut considérer qu'entre 1680 et 1715, le style du roman entre dans le journal par les marges,

---

1. *Nouvelles nouvelles,* Paris, 1663, t. II, p. 299.
2. *Donneau de Visé et le « Mercure galant »,* Aux amateurs de livres, Paris, 1987 ; « Anciens et modernes dans le *Mercure galant* », *D'un siècle à l'autre, Anciens et Modernes, CMR* 17, Marseille, 1986.
3. Cité par François Moureau dans *Un singulier Moderne : Dufresny...,* Atelier de Lille III, 1979, t. I, p. 210 ; l'ensemble du chapitre IV, sur les différentes formes de la nouvelle journalistique, p. 209 et suiv. , est à lire. Voir également du même auteur : « Fiction narrative, nouvelles et faits divers au début du XVIIIe siècle : l'exemple du *Mercure galant* de Dufresny », dans *Cahiers de l'UER Froissart* n° 3, Université de Valenciennes, p. 126-134.

à la faveur de ces anecdotes, aventures, contes, nouvelles galantes ou autres, qui en font la partie « littéraire ». Une seconde génération de romanciers-journalistes apparaît au lendemain de la Régence. Elle doit beaucoup à l'exemple de Steele et Addison, qui ont su créer, avec *The Tatler* (1709) et *The Spectator* (1711), un nouveau style de journalisme : l'invention d'un narrateur fictif, d'un milieu social caractérisé, du reportage simulé, de l'intervention personnelle dans les grands débats de société rendent sensible la présence du journaliste et permettront l'avènement d'une presse d'auteur. Avec le *Spectateur français* de Marivaux (1721-1724), un écrivain prend tout à coup la plume du journaliste pour décrire le monde présent et en développer les contradictions. Michel Gilot a souligné l'originalité de cette tentative ;[4] elle fera véritablement école, non seulement avec les innombrables « spectateurs » qui se succèdent tout au long du siècle,[5] mais avec l'entrée dans le monde de la presse, jusqu'alors plus ou moins dédaigné, de nombreux écrivains : Prévost, mais aussi d'Argens, Mouhy, La Barre de Beaumarchais, Bougeant, Desfontaines, Saint-Hyacinthe, Van Effen, etc. Tous ont en commun d'avoir été en même temps des romanciers et de s'être constamment préoccupés de la forme romanesque. Pour être complet, il faudrait ajouter qu'une troisième génération de romanciers-journalistes apparaît vers 1760, au moment où les philosophes, les encyclopédistes rêvent d'une forme littéraire qui leur permettrait de s'adresser au grand public ; or il n'y a plus à cette époque que deux genres véritablement populaires et tournés vers le public le plus large : le roman et la presse. Voltaire, Diderot, Rousseau, et après eux Marmontel, Mercier, d'Arnaud, etc. se tournent simultanément vers le conte ou le roman et vers le journal, comme moyens de grande diffusion.[6] A la fin du siècle, l'anecdote morale, le fait divers

---

4. *Les Journaux de Marivaux...*, Atelier de Lille III, 1974, t. I, p. 239 et suiv.

5. Voir Michel Gilot, ouvrage cité, t. II, p. 874 et suiv., ainsi que Michel Gilot et Jean Sgard, « Le journaliste masqué », dans *Le Journalisme d'Ancien Régime*, Centre d'Étude du XVIIIe siècle de Lyon II, PUL, Lyon, 1982, p. 285 et suiv.

6. Sur 350 journalistes mentionnés dans le *Dictionnaire des journalistes*, publié en

exemplaire, les « traits » de civisme ou de vertu ont envahi une presse, nationale ou régionale, désormais éloquente et sensible, plus littéraire que jamais. Avant d'en venir à Prévost, je voudrais conclure ce bref survol par un détail symbolique : en mars-avril 1789, à la veille de la réunion des États généraux, le *Journal de Paris* s'intéresse à un fait divers dont on suit pendant deux mois le développement : on vient de retrouver Annette et Lubin, les héros vieillis mais bien vivants qui avaient servi de modèle à Marmontel pour le plus célèbre de ses contes moraux :[7] on les fête, on les comble de cadeaux, on ouvre une souscription en leur honneur ; la réalité a rejoint la fiction, elle permet de lui ajouter un épilogue inespéré, en style Louis XVI.

*

Le point de contact entre le roman et le journal, c'est la nouvelle. Notons que dans notre langue, le même mot désigne l'information récente et la narration brève. Ce n'est sans doute pas l'effet du hasard. La tradition littéraire, depuis Boccace, veut que la nouvelle relate un fait récent, étonnant et vraisemblable, donné le plus souvent comme vrai. A l'époque classique, alors que le roman désigne encore une sorte d'épopée en prose très ornée (ornée de poésies, de lettres, de portraits, de descriptions de palais, de villes, etc.), la nouvelle est l'« histoire véritable de quelques accidents particuliers des hommes ».[8] En 1739 encore, d'Argens ne parle pas autrement :

1976 aux Presses universitaires de Grenoble, j'ai relevé environ 45 romanciers, dont la moitié environ ont écrit dans des journaux entre 1750 et 1770. La nouvelle édition du *Dictionnaire* (Voltaire Foundation, à paraître) en compte 89 sur un total de 810.

7. « Annette et Lubin », dans les *Contes moraux* de 1761, adapté à la scène en 1762 ; voir le *Journal de Paris* du 2, 5 et 13 avril 1789.

8. Charles Sorel, *Bibliothèque française*, Paris, 1659. L'auteur ajoute : « il semble que toutes celles qu'on raconte ne doivent être que des choses arrivées depuis peu ». Voir à ce propos René Godenne, *Histoire de la nouvelle française aux XVIIe et XVIIIe siècles*, Droz, Genève, 1970.

le roman, « à l'imitation du Poème épique, emploie de longs épisodes dont quelques-uns se répandent dans tout le cours de l'Ouvrage » tandis que la nouvelle est le simple « récit ingénieux d'une aventure agréable et intriguée ».[9] On a connu, avec Camus, Segrais ou Sorel, des nouvelles tirées de la chronique sociale récente,[10] et plus tard, à la suite de Mme de Lafayette, des nouvelles historiques ; le rapport avec une réalité plus ou moins attestée est toujours présent, et le récit est censé nous apporter des informations inédites, localisées dans le temps et dans l'espace. A cette tradition, Prévost s'est rattaché dès ses premiers romans : les *Mémoires d'un homme de qualité* contiennent des nouvelles tragiques et de brèves nouvelles historiques ; l'*Histoire du chevalier Des Grieux et de Manon Lescaut* doit beaucoup à la forme de la nouvelle ou de l'« histoire ».[11] Ce que Prévost apporte à cette tradition, c'est un sentiment plus aigu des exigences de la nouvelle journalistique. Les nouvelles insérées dans les *Mémoires d'un homme de qualité* s'imposent d'emblée par la simplicité et la brutalité du fait rapporté : un désespéré qui s'enferme dans la tombe d'une morte (histoire de Peretti), une anecdote de sorcellerie en Espagne, une mystification funèbre (histoire de Miss Sally), une captation d'héritage (histoire de la princesse de R***), une rivalité violente entre deux frères (les cadets d'Erletan), un épisode de déportation (Manon Lescaut) ; derrière ces drames esquissés, on devine un arrière-plan social complexe, des motivations ambiguës et en partie secrètes. Le fait brut étant par nature mystérieux, le narrateur se fait enquêteur et témoin direct : Renoncour dans les *Mémoires* et dans *Manon Lescaut* se trouve confronté à une énigme qu'il essaie de percer peu à peu ; la nouvelle prend au départ l'apparence d'un reportage et d'une enquête difficile ; les indices, les

---

9. *Lectures amusantes, ou les délassements de l'esprit* « avec un Discours sur les nouvelles », La Haye, 1739, p. 9 et 12.
10. On pourrait sans doute, dès cette époque, trouver des rapports entre les nouvelles tragiques de la nouvelle française et les relations des « canards », ces ancêtres de la presse à sensation.
11. Voir Manon Lescaut, p. LXXIV-XCIII ; Jean Sgard, *Prévost romancier*, ouvr. cité, p. 254-262.

petits faits vrais, les choses vues acquièrent ainsi dans *Manon* une importance qu'ils n'avaient jamais eue par le passé. Du fait divers, on passe insensiblement à la lente instruction d'un procès, à une « cause célèbre ». Par là même, la nouvelle romanesque rejoint le fait divers. Cette façon très moderne de traiter la nouvelle tragique a transformé le récit journalistique ; dans les « contes singuliers » du *Pour et Contre,* Prévost a développé ce mode de récit, et c'est sans doute par les nouvelles anglaises qu'il y publie en 1733-1734 que s'est imposée la mode du fait divers dans la presse de 1734.[12] Dans les « contes singuliers », on discerne comment le romancier s'est fait journaliste, et comment la simple narration informative se transforme sous la plume d'un grand écrivain.

*

Dans le premier numéro du *Pour et Contre,* le journaliste annonce son programme et en particulier une rubrique des « faits avérés qui paraîtront surpasser les pouvoirs de la nature », où l'on rencontrera les « monstres de la Nature » ; mais il affirme en même temps son intérêt pour les « monstres de la morale », et le premier exemple fourni, celui de Sara Malcomb, donne lieu aussitôt à une brève esquisse de nouvelle : le fait est tiré directement de la presse anglaise,[13] mais le romancier est déjà présent, dans l'ordre narratif qu'il a choisi : d'abord le fait brut du crime et d'une exécution « extraordinaire », puis l'évocation rapide d'une carrière maléfique, et le mystère des derniers instants, de cet inconnu vêtu de noir qui se présente pour embrasser la condamnée. Le bref récit ne porte en fait que sur des indices, l'histoire par elle-même étant réduite à des allusions. Un narrateur qui semble se confondre avec la foule pres-

---

12. Voir Robert Favre, Jean Sgard et Françoise Weil, « Le fait divers », *Presse et Histoire au XVIIIᵉ siècle. L'année 1734,* Éditions du CNRS, Paris, 1978, p. 205-206.
13. *Le Pour et Contre,* t. I, p. 19-21. Voir Marie-Rose de Labriolle, « Les sources du *Pour et Contre* (1733-1734) », *RLC* XXXIII, 1959, p. 239 et suiv. ; l'exécution de Sara Malcolm avait fait du bruit ; Hogarth lui a consacré une estampe dont parle Prévost.

sée au bas de l'échafaud nous fait part de ses doutes, nous entraîne, comme l'avait fait Defoe, dans une réflexion sur les bas-fonds de la société, sur la nature des monstres, sur l'arrière-plan social qui les fait naître. Il n'est pas rare que Prévost s'interroge sur la société anglaise et sur les faits divers inattendus qui la révèlent dans toute sa complexité : cas de libertinage cynique, de suicide, de violence, d'originalité pittoresque, carrières de libertins ou de prostituées dans le goût de Hogarth. Le fait brut est toujours une sorte d'ouverture saisissante sur un monde dense et secret. Là où le journaliste relate et décrit, le romancier fait naître les questions.

Il arrive souvent aussi que le romancier se substitue au journaliste ; alors les sources sont oubliées, et l'histoire de passion ou de désespoir se développe selon les lois du roman prévostien : un jeune Anglais, inconsolable de la mort de sa femme, lui parle chaque nuit sur sa tombe et meurt de douleur ;[14] Molly Siblis, victime de la légèreté de ses amants, se venge de façon atroce ; une jeune Suédoise d'Upsal suit son amant, condamné aux travaux forcés, au fond des mines de Falun ; un inconnu, odieusement trompé par sa fiancée la veille du mariage, se jette dans la Seine ; un mari abusé « massacre » sa femme et son amant sans dire un mot, puis se suicide... (VII, 185, 242, 252). Autant de faits divers qui pourraient être vrais, qui le sont peut-être, mais dont le romancier ne retient que la force tragique. Ici, la passion d'amour, de jalousie, de vengeance se montre à nu, comme dans l'action racinienne.

Il advient parfois que Prévost se complaise, comme dans ses romans, à compléter le récit par l'analyse du sentiment ; quelques histoires se développent sur le rythme d'un roman à épisodes ; c'est le cas de l'« Histoire de Donna Maria et du Prince Justiniani », qui se déploie sur quatre numéros, à partir d'un entrefilet du *Daily Courant* ;[15] mais le fait est rare. Plus souvent, il abandonne l'analyse psy-

---

14. Voir les « Contes singuliers » dans l'édition qu'en a donnée Pierre Berthiaume, au tome VII des *Œuvres de Prévost*. Le texte présent se trouve dans le t. VII, p. 137-138, et le commentaire dans le t. VIII, p. 546.
15. Voir le commentaire de Pierre Berthiaume, VIII, 535-536.

chologique pour ne plus laisser paraître que les indices d'une interprétation ; encore arrive-t-il que l'explication fasse complètement défaut. C'est le cas d'un de ses plus beaux récits, l'« Histoire intéressante d'Amsterdam » (VII, 255) : le narrateur, qui n'est autre cette fois que Prévost, nous rapporte un fait divers, le suicide d'une inconnue, dans cette auberge du Ness où le romancier a dû naguère écrire *Manon Lescaut*... Rien ne nous sera dit des causes de ce suicide, ni des sentiments du baron qui l'accompagnait, et qui revient sept ans plus tard, aussi désespéré que Des Grieux. Dans cette nouvelle, qui est l'une des dernières du *Pour et Contre,* Prévost semble être allé au bout de son art du récit : plus rien n'est expliqué, tout est suggéré, à l'inverse de ce qu'aurait recherché un journaliste. Incontestablement, Prévost s'est appuyé sur les journaux pour y puiser une inspiration, y chercher des thèmes et s'étonner de la complexité du monde immédiat ; mais sa technique journalistique cède aussitôt la place à l'art du romancier ; il est bien un romancier devenu journaliste, et qui sait être à la fois romancier et journaliste. C'est peut-être en quoi il reste supérieur à la plupart de ses successeurs, qui ont préféré le commentaire au récit, et fait dériver la nouvelle journalistique vers le conte moral. Prévost, lui, est resté en même temps un homme de la presse ; il suffit de se pencher sur ses romans pour y saisir la trace profonde qu'y a laissée la lecture des journaux.

*

Il est très curieux de voir, dans les *Mémoires d'un homme de qualité,* le héros se passionner pour les *newspapers* anglais, pour les « papiers nouvelles », comme il les appelle :

> Les cafés et les autres endroits publics sont comme le siège de la liberté anglicane. On y trouve tous les libelles qui se font pour ou contre le gouvernement. On a le droit, pour deux sous, d'en lire une multitude, et de prendre une tasse de thé ou de café. On donne aussi à lire cinq ou six sortes de gazettes, qui contiennent les nouvelles de l'Europe, et particulièrement celles de Londres. Ce dernier article

renferme tout ce qui se passe dans la ville, jusqu'au moindre événement ; les masques y sont toujours nommés, de quelque rang qu'ils puissent être, et l'on en rapporte indifféremment le bon et le mauvais. On y annonce les comédies, les bals, les concerts, les livres qui sortent de la presse, les remèdes des charlatans, les maisons et les terres à louer ou à vendre, les banqueroutes, l'état des compagnies de commerce, l'arrivée et le départ des vaisseaux, en un mot, tout ce qui peut intéresser le public. (I, 247)

Cette énumération est en elle-même fantastique : on croit entrevoir la taverne du Diable boiteux. Trois jours plus tard, l'élève de Renoncour, Rosemont, se verra sollicité par une annonce galante publiée dans le journal... Telle autre aventure nettement plus romanesque nous est donnée comme l'extrait d'une gazette londonienne, car on publie dans les journaux de Londres, non seulement les annonces de mariage, mais un bref récit des aventures des conjoints (I, 269). Il arrive donc un moment où le journal se substitue à la narration pour nous transmettre une histoire galante ; l'annonce de la gazette joue même un rôle dans l'intrigue, puisqu'elle a permis au narrateur de retrouver les héros de la nouvelle. Le cas n'est pas unique dans les romans de Prévost.

Dans son dernier roman, *Le Monde moral*, on verra l'un des personnages, le comte de ***, aimable libertin, fuir sa femme et s'amuser de la voir placer des annonces dans une « gazette étrangère » ; c'est à l'occasion de cette annonce qu'il révèle au narrateur sa véritable identité (VI, 360-361). Il est assez significatif que dans les deux cas, Prévost ait retenu la même rubrique, celle des annonces galantes, sorte de courrier du cœur dont il n'existait pas d'équivalent en France. Marivaux avait tenté, dans son *Spectateur français,* de donner des lettres de lectrices ou de lecteurs supposés ; Prévost traduit une fois, dans *Le Pour et Contre*, une lettre fictive tirée de *The Auditor*;[16] mais il est évident que l'annonce ou la lettre vraies auraient un autre sel : entre l'histoire réelle et sa transcription, rien

---

16. VII, 108-109 ; commentaire de Pierre Berthiaume, VIII, 532-533.

ne viendrait s'interposer ; la crédibilité serait totale. Prévost rêve ainsi d'une chronique des passions secrètes qui viendrait s'inscrire, directement et en temps réel, dans la presse du jour.

*

Cette place que Prévost assigne aux journaux dans le texte fictif, nous pouvons imaginer qu'elle a été grande dans sa vie de romancier. Il n'est pas besoin d'une longue enquête pour trouver dans ses romans une information journalistique très exacte et détaillée. Il semble bien en effet que l'une de ses sources favorites, dès qu'il lui faut assigner un cadre précis et daté à un épisode romanesque, soit la *Gazette*. J. Ducarre s'en était aperçu naguère en annotant les *Mémoires d'un homme de qualité* : les détails les plus concrets du décor historique (usages, noms de personnages, menus épisodes historiques) ne peuvent trouver leur origine que dans la *Gazette* :[17] la réception royale dans la chapelle de Saint-François à Madrid le 4 octobre 1715 est tirée de la *Gazette* du 26 octobre ; c'est là que Prévost a puisé la singulière connaissance qu'il a des grands personnages de la Cour d'Espagne et de l'étiquette ; telle allusion à un épisode diplomatique dans le récit de Brissant vient de la *Gazette* du 5 janvier 1715 ; si Prévost connaît le nom du corregidor de Madrid, Dom Salcedo, il le doit à la même source (26 octobre 1715) ; un peu plus tard, le romancier se risque, par facilité, à donner une relation détaillée de la prise de Majorque, il la doit encore à la *Gazette* (I, 137, 154, 156). Étant encore peu assuré de ses moyens de romancier, et voulant fonder, aussi bien qu'un Courtilz de Sandras, la crédibilité de son récit, il semble bien qu'il ait lu attentivement toute l'année 1715 de la *Gazette*... On peut être assuré, sans trop de témérité, que nombre de détails historiques ou géographiques, de noms de lieux et de personnages, de dates, de péripéties de bataille, lui viennent de la même source. C'est à elle qu'il emprunte sans doute

---

17. Abbé Prévost. *Mémoires d'un homme de qualité. Manon Lescaut*, Hachette, Paris, 1958, notes p. 329-330.

le détail de la déposition de Mustapha dans l'*Histoire d'une Grecque moderne*,[18] ou encore, dans *Le Monde moral,* la description des opérations militaires en Hongrie, ou du siège d'Oldenbourg.[19] Dans tous les cas, la *Gazette* lui permet de multiplier les noms exotiques, d'évoquer le détail très concret d'opérations diplomatiques ou militaires auxquelles les livres d'histoire *(Révolutions de Hongrie* ou *Voyages* de La Motraye) accordaient peu d'intérêt ; en un mot, c'est le journal qui lui permet de faire vrai.

Il arrive aussi que derrière la brève narration du journal, il ait pressenti le drame secret, l'histoire étrange ; c'est alors qu'il comble les lacunes de l'histoire. On en a l'exemple parfait dans l'épisode espagnol des *Mémoires d'un homme de qualité.* La *Gazette* du 28 septembre 1715 disait en quelques lignes :

> Le 3 de ce mois, Sœur Marianne de la Croix et d'Autriche, mourut au Monastère des Religieuses Carmélites Deschaussées de cette ville, âgée de soixante et quinze ans. Elle estoit fille naturelle du Cardinal Infant Don Fernand, et elle estoit née à Bruxelles le 26 de juillet 1641. Elle fut mise dans ce Monastère à l'âge de cinq ans, où elle prit l'habit, et elle a vescu toujours avec une grande piété…[20]

Prévost reprend ce texte énigmatique ; il en accentue le secret par les initiales ; il y ajoute un rien de mise en scène :

> Vers le commencement de septembre, nous eûmes la curiosité d'assister à un spectacle qui attira toute la cour et une partie du peuple de Madrid. Ce fut l'enterrement d'une religieuse carmélite, qui était la fille naturelle du C.I.D.F. Elle s'appelait sœur Marianne de la croix D…

Le sort de la petite religieuse de cinq ans ne le retient guère ; mais qu'elle soit enfant de l'amour et fille d'un cardinal-infant, cela demandait assurément une explication ; il enchaîne donc, dans un seul mouvement : « On nous raconta que le C.I. avait aimé, avec

---

18. IV, 60 et suiv. ; *Gazette* du 20 octobre 1703.
19. VI, 383 ; *Gazette* du 23 et du 30 janvier 1706, et du 6 février.
20. Voir le texte de Prévost, I, 135 et la note 1, VIII, 44.

une passion extrême, la mère de sœur Marianne de... C'était une demoiselle flamande de la maison de V... » Et il brode en quelques lignes une nouvelle galante, un « exemple de constance d'une nature extraordinaire » qui méritait bien d'être inventé.

On pourrait citer bien d'autres cas de cette façon très personnelle de lire les journaux. A. Coïmbra Martins a mis à jour un certain nombre de sources journalistiques de l'épisode du Prince de Portugal dans le même roman.[21] J'aimerais y joindre un texte, qui n'est pas journalistique, mais qui fait état de la rumeur naissante, de la nouvelle colportée ; car c'est bien la rumeur romanesque et ses ramifications successives que décrit la Princesse Palatine, dans une lettre du 10 mars 1722 :

> L'histoire du prince Emmanuel du Portugal est comme un roman. On dit que son frère voulut d'abord le faire prêtre et évêque ; cela ne lui convenait pas, et il voulait s'en dispenser, car on prétend qu'il était amoureux dans son pays. Le roi le fit venir, lui demanda s'il était vrai qu'il ne voulût pas être ecclésiastique. Le prince ayant répondu que c'était vrai, le roi donna, dit-on, un soufflet à son frère ; là-dessus l'infant répondit : « Vous êtes mon frère et mon roi, je ne puis ni ne dois me venger de vous ; mais comme vous m'avez fait un affront, vous ne me reverrez pas de toute votre vie ». On dit qu'il partit la nuit même. Le roi lui avait ordonné de s'en retourner de Paris en Hollande...[22]

Et voilà pourquoi, dans les *Mémoires d'un homme de qualité,* le Prince M., torturé par la mélancolie, gagne la Hollande avec Renoncour et Rosemont. La Princesse Palatine a, de son côté, recueilli un fragment des amours du Prince :

---

21. Notamment les *Lettres historiques* de Mme Dunoyer, la *Quintessence* et le *Journal de Verdun* ; voir « O Padre Prévost e as suas *Memorias do Principe de Portugal* », *Revista da Faculdade de Letras* XII, 1956, p. 234 et suiv., et « Prévost et le Prince de Portugal », *L'Abbé Prévost. Actes du Colloque d'Aix-en-Provence,* ouvr. cité, p. 65-66.
22. *Lettres de la Princesse Palatine de 1672 à 1722,* éd. de M. Goudeket, Club français du Livre, 1964, p. 475-476.

D'autres disent (et c'est ce qui rend le roman encore plus parfait) qu'il aurait été amoureux, en Portugal, de Mme de Ribeira, avant qu'elle ne fût mariée, et qu'il avait voulu l'épouser, que le roi son frère n'avait pas voulu le permettre, et que peu de temps avant son départ, le mari l'avait surpris aux genoux de sa femme, et ce mari est terriblement jaloux, et cela hâta le départ du prince. Le roman est ainsi accompli.

Il ne l'était sans doute pas au goût de Prévost, qui nous donne un long récit des amours malheureuses du Prince, tout entier imaginé et plus beau que nature. Dans cette version, Dona Clara est bien engagée à un amant qu'elle aime, et à qui elle restera fidèle, au grand désespoir du Prince. Du moins peut-on entrevoir comment le récit se détache de la chronique mondaine pour devenir roman. En 1722, Prévost était à Rouen, où il achevait les *Aventures de Pomponius,* chronique de la Régence très inspirée des nouvelles colportées ; on peut penser que l'histoire de Manuel de Portugal ne lui a pas échappé ; il est possible qu'à cette époque, il ait déjà mis en chantier les *Mémoires d'un homme de qualité*.[23]

*

Prévost lit les journaux en romancier. Il y puise les petits faits vrais qui assureront la crédibilité des histoires les plus folles. Il rêve parfois de journaux du cœur qui livreraient à l'état pur des romans naissants. Et comme il ne les trouve pas, il invente le plus souvent ce que les journaux, pas plus que les livres d'histoire, ne peuvent lui donner. La *Gazette* est pour lui un champ de mystères. Il y trouve des passions inouïes, des malheurs, des violences, des sièges de villes, des passages de corsaires, des amants enfouis dans des pyramides, des trésors fabuleux.[24] Ce n'est sans doute pas à cet aspect

---

23. C'est ce que dit Gastelier dans ses nouvelles à la main (voir les *Cahiers Prévost d'Exiles* I, p. 107).

24. L'enquête n'est pas close ; rappelons pour mémoire le beau texte sur les momies retrouvées en Égypte, d'après les journaux anglais de septembre 1733 *(Le Pour et Contre,* t. II, p. 5-6, cité dans *L'Abbé Prévost. Labyrinthes de la mémoire,* ouvr.

que se résume pour lui le métier de journaliste. A vrai dire, il a plutôt songé à inventer un style de journalisme savant et naturel à la fois, qui lui permettrait de parler de tout avec sérénité, et d'aborder tous les sujets auxquels le menaient une immense culture et une inlassable curiosité. Et c'est bien ce que nous donne le plus souvent *Le Pour et Contre*. Il y apparaît comme une sorte de « spectateur » savant. Il arrive, comme Jean Oudart l'a montré à propos des *Mémoires de Montcal*,[25] que ce narrateur ironique invente un autre mode de narration journalistique, singulièrement opposé à la manière conformiste de la *Gazette*. Mais la science à laquelle il revient sans cesse est la science du cœur, qui s'exerce sur les bizarreries, les monstruosités, les états archaïques ou excessifs. La presse lui offre à l'état brut le champ de l'expérience ; mais cette science du cœur ne peut être que la littérature.

---

cité, p. 83) ; ou encore, l'histoire du trésor de Jacques II, dans *Le Doyen de Killerine*, (III, 72 et 113) sans doute prise de la *Gazette* de janvier-février 1689.

25. Voir « La vérité de la guerre d'Irlande selon la *Gazette* et selon Prévost », *Cahiers Prévost d'Exiles* 6, 1989, p. 39-48.

PRÉVOST ET L'ESPÉRANCE AMÉRICAINE

P ENDANT TRENTE ANS, Prévost a rêvé de l'Amérique, et plus particulièrement de ces États qui ne sont pas encore unis, qui sont encore en 1731 des « établissements », puis des colonies avant d'apparaître en 1757, dans l'*Histoire des voyages,* comme des « provinces », huit provinces en voie de fédération. De 1731 à 1757, l'opinion française se désintéresse progressivement de la Louisiane, du Mississipi puis de la Nouvelle-France, des espérances flatteuses attachées aux mines d'or, aux fourrures, au troc, à la spéculation ; et ce sont les provinces anglaises qui représentent peu à peu l'espoir d'une nouvelle société. Nul mieux que Prévost n'a pressenti ce nouveau monde et exprimé ce passage d'une « espérance » diffuse à un « dessein » ; il le fait selon trois discours qui se succèdent dans le temps, celui du roman, du journal et de l'histoire, chacun obéissant à ses propres lois. Le simple passage d'un genre à l'autre, d'un vocabulaire à l'autre est significatif : on saisira ici l'approche écrite du nouveau monde, l'espérance dans le texte.[1]

---

1. Nos références renvoient pour l'*Histoire du chevalier Des Grieux* (ML) à *Manon Lescaut* ; pour *Cleveland* (C) et les *Voyages de Robert Lade* (RL), à l'édition des *Œuvres de Prévost* ; pour *Le Pour et Contre* (PC) et l'*Histoire des voyages* (HV), à l'édition originale.

Au moment où il s'enfuit de la Nouvelle-Orléans avec Manon, le chevalier Des Grieux a « deux espérances » : l'une est d'« apprivoiser » les sauvages ; l'autre est de trouver, grâce à eux, un refuge chez les Anglais, « qui ont comme nous des établissements dans cette partie du Nouveau Monde » (*ML*, 197). Nous sommes en 1721 ; la Géorgie n'existe pas encore et le premier établissement dont Prévost puisse lire le nom sur une carte est Charlestown, capitale de la Caroline.[2] Pour gagner cette ville, située à 1 300 km, à 325 lieues de la Nouvelle-Orléans, Des Grieux et Manon devraient traverser les déserts des Natchez et des Alibamons, les montagnes des Apalaches et les forêts géorgiennes. Ces distances, Prévost ne les ignore pas ; toutes les cartes les lui fournissent, mais il fait parler Des Grieux, personnage romanesque mû par l'« espérance ». Ce mot si souvent employé par le chevalier réfère toujours à des visées lointaines et chimériques,[3] et son ultime espérance, qui n'a rien d'un projet ou d'un « espoir » précis, est une fragile ressource dont il se « flatte ». Ce que sait bien le chevalier, c'est qu'il doit éviter Biloxi, base française, et les comptoirs espagnols de Saint-François, Saint-Joseph ou Pensacola – dont les gouverneurs sont toujours prêts à rendre service à leurs voisins français.[4] Il doit gagner les déserts du nord puis la côte est, là où l'on rencontre la liberté, la tolérance, le droit au bonheur, mirages d'Amérique qui font « s'élargir le cœur » (*ML*, 184). Il est de ces déserteurs, de ces hors-la-loi qui ont peuplé les premières colonies anglaises. Son espérance est peut-être désespérée, mais elle a un sens.

*

2. Charlestown, ou Charlestowne, fondé en 1672, se trouve sur la carte de l'Amérique septentrionale de Delisle en 1700, où la Caroline remplace la Floride française. Port-Royal, ancienne base française, figure sur les cartes les plus anciennes, mais non comme établissement anglais.
3. Voir notre article « L'espérance chez Prévost et Voltaire » dans *Essays on the Age of Enlightenment in Honour of Ira O. Wade*, éd. J. Maccary, Droz, Genève, 1977.
4. Selon Charlevoix, cité par Prévost, les Espagnols de Saint-Joseph ne faisaient pas difficulté pour remettre les déserteurs français à leurs maîtres (*HV*, XIV, 573).

Si le récit de Des Grieux évoque en quelques phrases les illusions d'un jeune Français abusé par la publicité de la Compagnie du Mississipi, et l'espoir d'un recommencement en Caroline, l'épisode américain du *Philosophe anglais* montre mieux les connaissances de Prévost et le symbolisme géographique sur lequel il se fonde. Paul Vernière a étudié les sources d'information du romancier : cartes de Sanson, de Delisle, de Van der Aa, *History and Present State of Virginia* de Richard Beverley.[5] Cette information est, pour l'époque, très précise, et l'on ne saurait donc confondre les incertitudes des personnages du roman avec l'ignorance présumée du romancier. Ici encore, Prévost se situe dans l'optique d'un narrateur, d'un jeune Anglais débarqué un jour dans la baie de Cheasapeak, et qui entreprend de parcourir l'Amérique sur la foi de rapports incertains. Il ne peut lui prêter les connaissances d'un historien de 1731, d'un familier de la South Sea Company, d'un lecteur de gazettes. Le récit de Cleveland s'établit sur une espérance diffuse et sur de grandioses simplifications : « Cette chaîne de monts et de rochers qu'on appelle Apalaches, règne au long des colonies anglaises pendant un espace immense, et les sépare de quantité de peuples barbares qui habitent au milieu du continent » (*C*, II, 177). A l'ouest, les déserts ; à l'est, les colonies heureuses ; au centre, l'inconnu dans lequel il plonge, à la recherche d'Axminster. Et c'est ainsi qu'il remonte la Powhattan (James River), contourne la Caroline, redescend vers le sud en suivant la montagne et s'installe enfin dans la vallée perdue des Abaquis.[6] Déçu par ce que Des Grieux appelait la « triste ressource » des sauvages, il ne se sert plus d'eux que pour retrouver la côte, les établissements civilisés : « ... j'avais un autre espoir, sans lequel il y aurait eu une extrême folie à me précipiter ainsi dans un

---

5. Paul Vernière, « L'abbé Prévost et les réalités géographiques, à propos de l'épisode américain de *Cleveland* », *Revue d'histoire littéraire de la France*, juillet-août 1973, p. 626-635.
6. La vallée des Abaquis est située par Cleveland à environ cent lieues de la Caroline (*C*, II, 182) ou de la mer (*C*, II, 197), dans un lieu impossible à localiser (voir Vernière, art. cité, p. 632), peut-être en pays Cheraki.

labyrinthe inextricable. Je comptais sur les éclaircissements que je pourrais tirer des diverses nations qui se trouveraient sur notre route » (*C*, II, 221). Mais pas plus que Des Grieux, il n'atteindra la Caroline ; il a en fait franchi les Apalaches ; son destin le mène aux côtes de Floride, et c'est à Pensacola qu'il retrouve Axminster, qui lui aussi a vainement tenté de rejoindre la Caroline. Rappelons ici que le tome « américain » de *Cleveland* a paru en septembre 1731, quelques mois après *Manon Lescaut* ; les itinéraires des deux héros se croisent ; l'un et l'autre étaient mus par la même espérance : apprivoiser les sauvages et trouver, grâce à eux, un refuge en Caroline. Mais ni l'un ni l'autre ne l'ont atteinte ; elle reste pour Des Grieux un asile inaccessible, et pour Cleveland le centre invisible d'un « labyrinthe inextricable ». De ce qu'elle représente exactement, Prévost ne nous dit rien. Le périple de Cleveland se situe vers 1660-1662, au moment du rétablissement de Charles II.[7] Or en 1663, le roi accorde à la Caroline ses lettres patentes et fait publier les Constitutions, rédigées par John Locke. Prévost s'interrogera, dans l'*Histoire des voyages* (XIV, 562-563), sur cette « étrange pièce de législature » qui définissait pour la première fois une « tolérance universelle » étendue aux « Naturels du pays ». On ne peut s'empêcher de penser qu'en 1663, un autre « philosophe anglais » a repris la tâche que Cleveland avait abandonnée, et mis en forme l'espérance américaine. Mais Prévost n'écrit pas l'histoire ; il écrit les illusions, les échecs, les rêves dont se fait aussi l'histoire.

*

Dès avant 1731, il s'est intéressé, dans le milieu de la South Sea Company, aux entreprises coloniales d'Amérique ; et les premiers numéros du *Pour et Contre,* en 1733 et 1734, montrent la profondeur de cet intérêt. En journaliste, il se tourne désormais vers l'histoire

---

7. En 1659-1660 si on situe cet épisode avant le rétablissement de Charles II, mais en 1660-1662 si l'on suit la chronologie interne du roman : le voyage de Cleveland ne commence en effet qu'après la date du mariage de Louis XIV (9 juin 1660) et dure plus de deux ans (C, II, 246).

en train de se faire. Il est le premier, en France, à évoquer la fondation de la Géorgie : dès novembre 1733, il publie une lettre d'Oglethorpe datée du 20 juin précédent, lettre enthousiaste et visiblement publicitaire du fondateur de la Géorgie, qui admire la saine morale des Indiens, la vigueur poétique de leur langage et les promesses de la terre (*PC*, II, 74-80). Au milieu de l'été 1734, Oglethorpe revient à Londres, accompagné du prince Tomochichi et de la reine Chaoqui, l'un et l'autre rayonnants de simplicité, de franchise et de vertu (IV, 254-260) ; au même moment, des Suisses de Berne se rassemblent à Calais pour gagner Charlestown (IV, 260-262). Nous les retrouverons dans *Le Pour et Contre* à la fin de 1735 : ces « heureux habitants d'Ebenezer » vivent sereinement au milieu de sauvages centenaires ; serait-ce « la ville où l'on ne meurt pas » (VII, 82-83) ? Comme on le voit, en passant du roman au périodique d'information, on ne quitte pas les mythes, mais ce ne sont pas les mêmes. Prévost découvre et reproduit des fragments de réalité qu'il interprète ou livre tels quels, tantôt en moraliste, tantôt en journaliste, avec une nuance d'humour, à l'intention d'un public mal informé. Il lui faut donc réduire l'inconnu au connu : les sauvages suivent les « lumières de la nature » (II, 76), ils ont le sens de l'« honneur » ; leur « éloquence figurée » n'est pas sans rappeler celle des Latins et des Grecs, au point de fournir des arguments aux nouveaux traducteurs d'Homère (II, 77) ; et leur apologie en faveur de la vie sauvage s'insère tout naturellement dans un débat sur le luxe : « Il y a longtemps, déclare leur chef, que nous connaissons le luxe et la vanité qui infectent l'Europe... » (IV, 256). Quant à l'action colonisatrice, elle se fonde encore sur l'esprit de mission : il s'agit de « prêcher l'Évangile aux sauvages voisins » (II, 80), de leur enseigner une morale qu'ils goûtent déjà « merveilleusement » (II, 75). Est-ce à dire que Prévost partage l'enthousiasme d'Oglethorpe ? Ce n'est pas sûr. S'il défend volontiers, et même contre Voltaire,[8] ces

---

8. Dans la quatrième « Lettre philosophique », Voltaire avait évoqué la biographie de Penn de façon parfois ambiguë; Prévost prend parti pour les Quakers (*PC*, I, 245, III, 264).

missionnaires laboureurs et législateurs, il sait réduire à de justes dimensions les espoirs placés dans le ver à soie (II, 80) ou dans une longévité miraculeuse (VII, 85). Publicité, information et témoignage se juxtaposent dans un incessant « pour et contre » ; les faits sont vrais et les rêves aussi ; il suffit que l'« incroyable » soit « possible » et que l'on espère « avec raison » (VII, 83).

*

Passer du *Pour et Contre* à l'épisode géorgien des *Voyages du capitaine Robert Lade*, c'est changer de discours plus que de monde. Certes en 1744, la Géorgie existe. Elle était apparue en creux, aux confins de la Caroline, dans les songes romanesques de 1731 ; elle naissait soudainement en 1733 d'un pays « désert et inculte » ; elle forme désormais une belle province dont l'essor semble à peine compromis par les attaques espagnoles de 1739 (*RL*, VI, 154 ; *HV*, XIV, 584). Les documents cités sont, à peu de chose près, comme l'ont remarqué Joseph Ducarre et Michèle Duchet,[9] ceux du *Pour et Contre :* histoire de la fondation, voyage d'Oglethorpe à Londres, discours de Tomochichi, établissement des Suisses à Ebenezer. Mais la perspective narrative est tout autre : le narrateur est ici un colon anglais, fils de Robert Lade et compagnon d'Oglethorpe. S'il a suivi ce « directeur », dont les préoccupations religieuses ne sont pas même mentionnées, c'est avec des intentions fort precises, et « porté par un penchant particulier à mettre une grosse somme dans cette association » (*RL*, VI, 146). Aussi l'espérance est-elle désormais chiffrée : « Sans compter que l'espérance qu'on avait de tirer de la soie de la Géorgie, et d'épargner par conséquent à l'Angleterre plus de cinq cent mille livres sterling [...] était un avantage considérable... » (*RL*, VI, 146). A Augusta, on tire déjà trente boisseaux de blé d'un

---

9. Joseph Ducarre, «Une supercherie littéraire de l'abbé Prévost, les *Voyages de Robert Lade* », *RLC*, XVI, 1936, p. 465-476 ; Michèle Duchet, «*Histoire des voyages,* originalité et influence», *L'Abbé Prévost. Actes du colloque d'Aix-en-Provence*, p. 147-154 ; M. Duchet, *Anthropologie et histoire au siècle des Lumières*, Maspero, Paris, 1971, p. 89.

arpent ; dans le pays, le bœuf est à deux sous la livre, et « la bière forte à trois sous la quarte » (*RL*, VI, 154). On songe encore aux sauvages, mais pour établir des relations commerciales avec le Mississipi ; et il s'agit moins de convertir que de « lier solennellement ces Barbares » par un solide traité (*RL*, VI, 149). Le narrateur fictif est bien revenu à Londres avec Oglethorpe en 1733-1734, mais pour acheter – qui l'eût pensé ? – les pièces d'artillerie « sans lesquelles on n'est jamais sûr de contenir les Indiens dans la soumission » (*RL*, VI, 150). Dans une lettre du 27 décembre 1734, un personnage réel, le capitaine Dumbar, confirme cette politique concrète : « Que ne doit-on pas attendre de cette belle colonie lorsqu'elle sera fortifiée et soigneusement cultivée ? » (*RL*, VI, 151). C'est là « espérer avec raison ». Ce sont donc les mêmes faits que dans *Le Pour et Contre,* mais ordonnés et relatés dans une optique différente. Il n'est pas jusqu'au discours de Tomochichi qui, dans une nouvelle traduction, ne donne une impression différente : le sauvage sentimental qui demandait protection pour sa « petite famille » dans un langage pittoresque est devenu un ambassadeur « de tous les rois de la nation des Creeks », énergique et précis (*PC*, II, 78 ; *RL*, VI, 150). Sans doute pourra-t-on penser qu'en donnant la parole à des Anglais – au moment où les relations franco-anglaises se gâtent –, et à des commerçants un peu bornés, Prévost reste sur son quant-à-soi et se ménage quelques possibilités d'humour. Mais on le voit séparer nettement les espérances chimériques de jadis, mines d'or, troc, spéculation rapide, et les espoirs mesurés de l'investissement capitaliste. Cette distinction implique finalement des principes d'économie politique plus proches de la physiocratie que du mercantilisme ; et de façon inattendue, la conclusion de Lade prend, sous la plume de Prévost, les accents d'un Virgile adapté par Quesnay : « L'avenir nous apprendra s'il s'y trouve des mines, mais quoique rien n'empêche encore de s'en flatter, ce n'est pas cette espérance qui a fait naître la colonie, et l'on peut se borner aux richesses extérieures du pays, sans fatiguer la terre jusque dans ses entrailles » (*RL*, VI, 154). Cette belle envolée lyrique, aussitôt interrompue d'ailleurs par le cours des comestibles, laisse transparaître un instant, sous le discours capitaliste, un rêve de nouvelles géorgiques ; c'est bien ici le sens ambigu que prend le mot « espérance ».

*

Dans le roman – et les *Voyages de Robert Lade* restent malgré tout un roman –, la parole est cédée à un narrateur dont les intérêts, les erreurs ou les passions peuvent toujours altérer le témoignage : pour restituer l'optique d'un marin protestant, infatigable, âpre au gain, buveur de bière et marchand de canons à l'occasion, Prévost a suivi l'inspiration d'un Defoe ; il n'est pas encore historien. Dans *Le Pour et Contre*, il ne l'était pas non plus : il n'a fait que juxtaposer malicieusement des témoignages pour et contre, « sans prendre aucun parti ». La vérité du journal appartient en quelque sorte à son lecteur. Dans l'*Histoire des voyages*, il est incontestablement historien ; il parle en son nom propre et son objet est la vérité des faits : quelle que soit l'abondance des témoignages invoqués, il n'y aura qu'un seul narrateur et un seul sens. On sait que l'originalité de la méthode de Prévost se fonde précisément sur ce point : il groupe en une seule narration tous les récits que, dans un examen préalable, il a jugés dignes de foi ; qu'il en cite ou non les auteurs, il assume leur parole. C'est pourquoi dans la « Description de la Nouvelle Géorgie » qui figure au tome XIV (1757), il pourra donner la parole une dernière fois à Oglethorpe, à Dumbar, à Tomochichi, mais à l'endroit précis où elle est indispensable et significative. La « Description » s'insère elle-même dans un dispositif textuel qui lui donne tout son sens. Dernière fondée, en date de 1757, des colonies anglaises, la Géorgie fournit en effet une conclusion au chapitre XII des « Voyages, découvertes et établissements des Anglais dans l'Amérique Septentrionale ». Le sens général du chapitre est exposé en introduction : jusqu'alors, les Anglais d'Amérique pouvaient être considérés comme des « pirates » ; désormais, « leur émulation s'étant ennoblie tout d'un coup », ils deviennent fondateurs d'« établissements » (XIV, 459). Huit provinces nous donnent progressivement l'esquisse puis la réalisation d'un modèle dont l'originalité est dégagée en conclusion, dans les « Observations générales sur les colonies anglaises ». Les premières fondations restaient obérées par les erreurs du passé : régime aristocratique, discordes civiles et esclavage en Virginie, rigueur puritaine, conformisme et superstition en Nouvelle-Angleterre, « bizarres principes de religion » des Quakers en Pennsylvanie. Les principes positifs d'une entreprise coloniale sans précédent se sont dégagés empiriquement et apparaissent en pleine lumière à propos des deux provinces qu'en dépit de l'ordre chronologique, Prévost groupe en fin d'exposé : la Caroline et la Géorgie.[10] C'est donc en Caroline qu'on voit appliqués méthodiquement, dès 1663, les principes de la nouvelle colonisation, et tout d'abord la tolérance : « Les propriétaires n'eurent pas plutôt obtenu leurs Lettres, que suivant une méthode justifiée alors par le succès, ils commencèrent par ouvrir l'entrée de leurs possessions à toutes les Sectes » (XIV, 562). En second lieu, le gouvernement parlementaire : Locke rédige les Constitutions fondamentales et déduit les ordonnances civiles du principe de tolérance ; enfin un système monétaire fondé sur des billets « dont le cours est bien établi » (XIV, 569), et sur les échanges avec l'Angleterre. L'exemple géorgien permet, à partir des témoignages humains que nous connaissons, de voir fonctionner le modèle et d'en illustrer les valeurs. Ici les vues humanitaires et les vues commerciales se juxtaposent parfaitement : les fondateurs invitent en 1732 les « citoyens » les plus défavorisés d'Angleterre à s'installer en Géorgie, et tous les « patriotes » à « seconder une si charitable entreprise » (XIV, 577) ; une Compagnie se forme aussitôt avec l'aide de la Banque de Londres et de « riches particuliers » – parmi lesquels on ne trouvera pas Lade (XIV, 578). La tolérance va de soi, mais elle s'exerce surtout à l'égard des Indiens, dont on sait recon-

---

10. Prévost suit exceptionnellement l'ordre des lieux à propos de la Caroline (XIV, 561, 577) mais revient à l'ordre des temps pour citer le voyage de Charlevoix sur les côtes de Floride. Les lieux d'élection de ses premiers romans se trouvent ainsi réunis.

naître la personnalité et la dignité ; d'où un « traité d'alliance perpétuelle » et l'ambassade de « Tomakichi » à Londres, ce qui nous vaut une dernière version de son discours, « dont toutes les expressions furent soigneusement recueillies » (XIV, 581). La Constitution de la Géorgie est à la fois démocratique et patriarcale ; Oglethorpe, moins fanatique que Penn, moins théoricien que Locke, apparaît surtout comme un sage, un juge paternel et un bâtisseur de villes. Le capitaine Dumbar, dont le récit est cité, tient, au sujet des fortifications des avant-postes, des propos réalistes et rassurants (XIV, 482) : personne ici ne semble rêver ; dans un pays vierge, on trace des routes, on noue des relations, on dessine des villes et des bastions, on sème, on plante ; à peine arrivé dans un site nouveau, on « met la main au travail » (XIV, 583) ; « dégoûtés » du séjour d'Ebenezer, les Suisses se sont aussitôt installés à Augusta. Ainsi en moins de cinq ans, avec une « industrie » et une énergie sereine, les Anglais ont créé une colonie florissante. Partout, les mots de « dessein » et d'« entreprise » ont remplacé le mot « espérance », à une exception près : les « belles espérances » dont se flattaient les Anglais dans les relations de 1738 ont été remises en question par la guerre avec l'Espagne (XIV, 586). Situé dans un contexte historique, le mot s'est relativisé.

*

Qu'est-ce donc que l'espérance américaine chez Prévost ? Tout d'abord l'approche subjective d'un mythe ; et c'est pourquoi le mot apparaît essentiellement dans des contextes romanesques. L'historien rencontre des projets, des mentalités et parfois des mythes collectifs ; il peut cerner l'espace d'une espérance mais il ne l'exprime pas. Dans *Manon* et dans *Cleveland,* Prévost a exprimé des espérances diffuses et parfois folles : rêves de recommencement, de liberté, d'Eldorados ou d'Arcadies américaines, de réconciliation des peuples sous le signe de la tolérance. Mais il connaît aussi les pièges de l'espérance, cette faiblesse humaine qui fait la fortune des promoteurs et des publicistes. Des Grieux avait été dupe de la publicité faite autour des colonies du Mississipi ; l'auteur du *Pour et Contre* sait discerner dans l'ambassade d'Oglethorpe ou dans les annonces des Suisses d'Ebenezer des arrière-pensées publicitaires : les miracles du retour à la nature, des vers à soie ou des villes où l'on ne meurt pas cachent peut-être une marchandise moins noble. Il y aurait ainsi l'espérance qui « élargit le cœur », et les espérances que l'on peut monnayer. L'originalité des analyses de Prévost sur la jeune Amérique sera de montrer qu'elles ne s'excluent pas.

Par un jeu très personnel sur la polysémie du mot « espérance »,[11] il a souvent juxtaposé l'approche du mythe et des visées très précises sur un avenir immédiat. Des Grieux et Cleveland pouvaient ainsi s'élancer dans l'inconnu tout en détaillant « deux espérances » disjointes. On observe dans les *Voyages de Robert Lade* un jeu comparable : le héros évalue en livres sterling ses espérances de bon placement tout en se laissant porter par le rêve de nouvelles géorgiques. Le tout est de savoir « espérer avec raison », de fuir l'illusion des faux Eldorados, pour se livrer à la bonne espérance, qui n'exclut jamais le calcul ; c'est l'espérance de Lade ; c'est aussi celle des Virginiens, une fois qu'ils ont renoncé à spéculer sur le prix des denrées ou sur l'illusion « funeste » de la « poudre d'or », « chimère », « ridicule trésor » qui « fit rire toute l'Europe » (XIV, 465). La bonne espérance apparaît finalement comme un composé de messianisme et de prudence bourgeoise ; elle caractérise l'entreprise américaine. A l'aide de témoignages récents et très vivants, Prévost essaie en effet de montrer comment se sont conciliés, dans cette aventure fondatrice, l'esprit prophétique et l'investissement capitaliste. Les fondateurs sont souvent des missionnaires inspirés (Penn, Oglethorpe) ; ils croient trouver sur la côte Est la « Terre promise » (XIV, 505) ; ils sont accompagnés de « malheureux citoyens », de sectaires exilés, affamés de justice et de recommence-

---

11. «L'espérance chez Prévost et Voltaire», art. cité. Le mot «espérance» est chargé, chez Prévost, des valeurs attachées à la vertu théologale, et de la valeur psychologique attachée au mot «espoir», qu'il n'emploie presque pas ; il peut donc être accompagné de déterminatifs variés, et être employé souvent au pluriel.

ment ; la Bible à la main, ils prêchent les nations indiennes au nom des lois naturelles : tolérance, probité, solidarité. Mais les prophètes sont suivis et parfois précédés de puissants directeurs commerciaux ; les fonds viennent d'Angleterre et les profits, évalués au départ avec la plus grande précision, retourneront à la Banque de Londres ; cela signifie encore que le pouvoir central ne sera jamais mis en question. Ayant rendu à César ce qui appartient à César, les fondateurs sauront s'assurer, grâce à leurs vertus et aux distances, une indépendance de fait, une prospérité évidente et un contrat de société purement moral. C'est l'« observation des lois naturelles », poussée jusqu'à la « superstition » par les Quakers (XIV, 587), qui assure à la fois le respect des lois et le cours de la monnaie fiduciaire. L'or impur est renfermé dans les caves de la City ; les colons vivent de leur travail et de billets garantis par l'honnêteté générale. Le travail, la mise en valeur de la terre justifient seuls la prise de possession. Dans sa conclusion, empruntée au *Voyage historique de l'Amérique méridionale* de Don Antonio d'Ulloa (1748, traduction française de 1752), Prévost reprend la même analyse, mais dans un jugement global, qui porte sur une « nation » neuve : « Ainsi cette laborieuse Nation jouit du fruit de son travail et ne cesse de cultiver la terre, sans se reposer comme d'autres sur de vaines idées de fertilité naturelle du Pays » (XIV, 586). Ici encore, la bonne espérance se distingue des chimères, des « vaines idées », et l'investissement prudent, de la spéculation. Car il y a bien investissement et profit bancaire, mais à un autre niveau : les provinces américaines ont en partage le travail, la vertu, l'échange des marchandises et des billets ; la Banque de Londres capitalise : « Ainsi l'or et l'argent ne sortent point d'Angleterre ; et les riches habitants de Boston ont à la fois le maniement de deux fonds, celui des marchandises et de la monnaie de papier, et celui qui leur revient de la Banque, où le capital demeure toujours sans diminution » (XIV, 588). C'est en jouant sur deux tableaux et en garantissant l'espérance par une sorte de contrat d'assurance que les prophètes ont gagné leur pari. Inscrite dans le temps mesuré des calculs d'intérêt, l'espérance américaine est devenue une certitude. Comme on le voit, l'analyse de Prévost se développe en fonction d'une expérience négative dont il garde l'obsession : celle des chimères du Mississipi, des spéculations, des mirages publicitaires, des colonies imaginaires, des déportations, de l'effondrement de la monnaie de papier. Pendant trente ans, il a d'autant plus espéré de l'Amérique qu'il avait été déçu par le Mississipi. Avec les huit provinces d'Amérique, il voit l'espérance d'une nouvelle société s'inscrire dans la réalité. Et si forte est la logique profonde de cette mutation qu'il entrevoit la naissance d'une nouvelle « nation » : « Toutes ces Provinces peuvent être regardées comme une sorte de République... » (XIV, 587). Mais c'est là une autre histoire ; avec l'espérance, on ne finit jamais.

LE TEMPS NARRATIF DANS L'*HISTOIRE D'UNE GRECQUE MODERNE*

EN 1740, PRÉVOST semble explorer toutes les possibilités du roman historique. Cette année-là, il a découvert la biographie historique avec l'*Histoire de Marguerite d'Anjou* publiée en juillet, et entrepris tout aussitôt de rassembler une documentation sur Guillaume le Conquérant.[1] Il écrit pendant l'été l'*Histoire d'une Grecque moderne*, qui paraît à l'automne, puis donne à son éditeur, avant de quitter la France au début de janvier 1741, le manuscrit des *Mémoires pour servir à l'histoire de Malte*, roman composé dans les marges de l'histoire. Historiques, tous les romans de Prévost le sont à divers degrés. Souvent un héros fictif, comme Renoncour, Cleveland, Des Grieux, le doyen de Killerine ou l'honnête homme, parcourt un univers reconnaissable et daté ; les références historiques jalonnent le texte, dont on peut à la limite rétablir la chronologie interne en s'aidant de l'histoire. Parfois aussi, un personnage

---

1. Henri Duranton mentionne un emprunt de Prévost en novembre 1740, concernant des histoires médiévales (*Œuvres de Prévost*, VIII, 397). L'*Histoire d'une Grecque moderne* est sortie en octobre. Prévost quittera la France à la fin de janvier 1741 ; les *Mémoires de Malte* sortent en février.

dont l'existence historique est attestée, tel Montcal dans les *Campagnes philosophiques* ou Brenner dans *Le Monde moral*, poursuit dans les zones les plus ténébreuses de l'histoire une carrière plus ou moins réinventée. Là encore, instruit par l'exemple de la tragédie classique, Prévost s'ingénie à ne pas mettre en contradiction la carrière fictive et les données de l'histoire. Le cas de l'*Histoire d'une Grecque moderne* est plus complexe. Le narrateur est parfaitement identifiable : Charles Augustin, marquis d'Argental, comte de Ferriol, nous donne ici une relation très personnelle des faits marquants de son ambassade à Constantinople de 1699 à 1711 ; mais toute référence historique est éludée et la chronologie interne du récit n'a plus rien à voir avec l'histoire. De façon paradoxale, jamais Prévost ne s'est autant approché de l'histoire secrète – les personnages étant connus, et leurs aventures dans toutes les mémoires – et jamais il n'a traité le temps historique avec autant de liberté. Un temps purement narratif, dont il vaut la peine d'étudier le développement, soutient de bout en bout le récit.

Qu'il s'agît du comte de Ferriol et de Mlle Aïssé, personne ne semble en avoir douté en 1740.[2] L'Avertissement de Prévost, en refusant d'avance toute espèce de clé, suggérait qu'il était facile de les trouver. Cette préface, écrit-il, « ne servira qu'à déclarer au lecteur qu'on ne lui promet, pour l'ouvrage qu'on lui présente, ni clé des noms, ni éclaircissement sur les faits ni le moindre avis qui puisse lui faire comprendre ou deviner ce qu'il n'entendra point par ses propres lumières ». Mais le seul titre du roman, si l'on en croit la lettre de Didot citée par Allan Holland,[3] avait pu donner l'alarme aux héritiers et amis de Ferriol, d'Argental, d'Aydie et d'Ussé, qui obtinrent de Prévost, par la médiation du Prince de Conti, un minimum de précautions ; le nom du « chevalier D. », qui semblait désigner trop clairement Blaise d'Aydie, amant notoire de Mlle Aïssé,

---

2. Voir les réactions de Gastelier dans *Cahiers Prévost d'Exiles* 1, p. 108-109, et J.E. Gastelier, *Lettres sur les affaires du temps (1738-1741)*, éd. Henri Duranton, ouvr. cité, p. 459.
3. *Œuvres de Prévost*, IV, 7.

fut changé en celui de « comte De... » ; sans doute obtinrent-ils aussi l'Avertissement lénifiant et quelque peu hypocrite de l'abbé... Curieusement, le scandale ne porte que sur la liaison du chevalier et de Mlle Aïssé, alors qu'on pouvait s'étonner bien plus encore du rôle joué par l'ambassadeur tout au long du roman ; tout se passe comme si la mémoire de Mlle Aïssé était plus respectable que celle de son illustre protecteur... L'*Histoire d'une Grecque* permet très aisément de reconstituer l'ambassade de Ferriol. Dès la première page, nous apprenons que le narrateur est arrivé à Constantinople comme « employé des affaires du Roi » et son « ministre », après un premier séjour qui lui a permis d'apprendre la langue turque (IV, 11). Ce détail est confirmé très précisément par la lettre d'instruction au « sieur Ferriol » du 28 mai 1699 :[4] après avoir fait plusieurs séjours en Turquie, Ferriol succéda à Châteauneuf en mai 1699. Un second point de repère nous est fourni par le récit de la déposition de Mustapha II, ou plus exactement, des circonstances qui l'ont précédée. L'événement était d'autant plus connu que Ferriol l'avait relaté lui-même dans le *Recueil des cent estampes* de 1714.[5] Dans le roman, on ne trouvera rien sur la révolte du 22 août 1703, mais les noms de Mustapha et de son frère Ahmet sont cités, et l'on trouve un assez beau tableau de la confusion qui règne à Constantinople cette année-là (IV, 67-68). Pour raviver ses propres « lumières », le lecteur n'avait de toute façon qu'à ouvrir son Moréri à l'article « Mustapha II ». Le troisième épisode historique mentionné dans le roman est celui de la fête tragique de Galata en 1704, dont le narrateur rappelle qu'elle fit « beaucoup de bruit dans toute l'Europe » (IV, 97). La Motraye l'avait longuement évoquée dans ses *Voyages*, dont Prévost suit fidèlement le texte ;[6] mais il élimine tout le détail du coup d'État pour ne garder que le contexte de la fête et de l'incident diplomatique. Dernier repère historique : Ferriol est rappelé

---

4. On trouvera la transcription de cette lettre par Allan Holland dans les *Cahiers Prévost d'Exiles* 4, p. 47 et suiv.
5. Cité par Allan Holland, *Œuvres de Prévost*, VIII, 300-301.
6. Cité par Allan Holland, *ibid.*, p. 314-315.

en 1710 et regagne lentement la France en 1711. Pour un lecteur moyennement informé, il ne faisait pas de doute que le narrateur Ferriol rapportait les épisodes mémorables de son ambassade de 1699 à 1710. Il pouvait paraître plausible qu'il eût écrit ces mémoires à la fin de sa vie : la liaison de Charlotte Aïssé et du chevalier d'Aydie commença en 1720, et Ferriol mourut le 20 avril 1722 à quatre-vingt-cinq ans. Pour tous ceux qui étaient au fait de cette histoire – et vingt ans après la mort de Ferriol, sept ans seulement après la mort de Mlle Aïssé, il n'en manquait sans doute pas dans le petit monde parisien – le roman évoquait vingt ans d'une chronique relativement récente. Certes, les anachronismes devaient sauter aux yeux : on pouvait savoir que Ferriol avait acquis la petite Aïssé en 1698 quand elle avait à peine cinq ans, et qu'il avait attendu son retour en France pour en faire sa maîtresse ; mais il était permis à un romancier de réunir en un seul personnage plusieurs « esclaves » de l'ambassadeur,[7] et de rapporter à Mlle Aïssé, personnage connu et récemment disparu, les aventures d'une Grecque moderne. Prévost restitue à sa manière un portrait moral de l'ambassadeur, et le centre sur le développement d'une passion malheureuse dont il jalonne le parcours par quelques événements mémorables, survenus en 1699, 1703-1704, 1710-1711 et 1720. Or, on pourra le constater par le tableau qui suit, la chronologie interne du roman est loin de se plier à ce cadre chronologique : d'une façon inattendue, elle ne mentionne d'abord que les journées, parfois les heures ; si les semaines, les mois et, dans un seul cas, les années sont mentionnées, ces durées accumulées représentent tout au plus trois années ou quatre. Si l'on garde à la fin le sentiment d'un développement très lent, on ne prend pas conscience des vingt années écoulées, et c'est par des moyens purement narratifs que Prévost rend sensible le passage du temps.

---

7. Voir *Prévost romancier*, ouvr. cité, p. 431-432.

CHRONOLOGIE INTERNE DE
L'*HISTOIRE D'UNE GRECQUE MODERNE*

Rencontre de Théophé — début du séjour de F. à Constantinople (12) ; rencontre de Chériber, visite du sérail « sur le champ » (12) ; apparition de « Zara » ; « quelques jours » se passent (14).
Récit de Zara ; méditation nocturne (30) ; 2e jour (30), 3e jour (31), enquête chez le cadi le 4e jour (34) et méditation nocturne (37) ; fuite de Théophé le 5e jour (38) et décision de transfert à Oru (43) ; méditation nocturne (50) ; voyage aller et retour à Constantinople le lendemain (54).

(une semaine)

Séjour à Oru — « quelques semaines à la campagne » (56) ; « six semaines » de tranquillité (57) ; éducation de Théophé ; ses révélations sur Synèse (59) ; le même jour, annonce des troubles (de 1703) à Constantinople (60) et succession rapide d'événements.

(trois mois ?)

Allers et retours — 1er jour, voyage-éclair à Constantinople (61) ; fin du Livre I (64). Alerte à Oru le soir (65) ; 2e jour, voyage aller et retour à Constantinople (66), retour avant la fin de la nuit (67) ; duel de Synèse et du Sélictar ; 3e jour, voyage à la maison de campagne du Sélictar (71) ; 4e jour, rêverie mélancolique de Théophé et histoire de Maria Rezati (72) ; retour à Oru (77) ; F. séjourne trois jours à la ville, « mortelle longueur » de l'absence (78) ; retour, échange de billets avec Théophé le lendemain (79), « lettre terrible » le surlendemain (80).

(neuf jours)

Maturation du conflit — « à l'âge où je suis en écrivant ces mémoires » (80) ; progrès des exercices de Théophé (81), nouveau programme de lectures, annonce des tourments à venir (82), rétablissement de Synèse (82) ; « quelques jours », « plusieurs jours après » (83) ; maladie de F., puis de T. (84) ; intrigues et « mille discours » de Maria Rezati (85) ; six semaines entre le départ de l'amant de Maria R. (78) et le projet d'établissement de celle-ci (87) ; départ de Maria le même jour (89) ; « quelques semaines » (89) ; le Sélictar propose à T. de l'épouser (90) ; « réflexions de plusieurs jours » ; F. se propose à son tour de l'épouser, « près de deux ans » après l'avoir rencontrée (92) ; « quelques jours » se passent (93) ; refus de T.

(total de deux ans)

« *calme assez long* » — (95) ; retour du guide de Maria R., puis six semaines d'attente (95) ; l'amant de Maria se console « en peu de jours » (96) puis repart en Sicile ; « quatre mois se passent » (93) ; il revient avec Synèse (97).

(six à huit mois ?)
La fête tragique (de 1704) — déposition du vizir (98) ; fête anniversaire à Galata le même soir et enlèvement de T. (99). « Quelques événements » suivent, qui provoquent le rappel de F. ; « quelques semaines » s'écoulent avant le départ (100).

(un mois ?)
Le retour en France — escale à Livourne, rencontre du comte de M.Q. ; « huit jours » et « encore plus de huit jours » se passent (101), explosion de jalousie, conversation avec le comte l'après-midi, enquête dans la chambre de T. le soir (103), départ du comte le lendemain (106) ; délai d'un jour et départ de F. et de T. (107). Escale à Marseille après huit jours de calme à Gênes (107) ; émeute à bord, maladie de T. et rétablissement « par degrés » à Marseille (109) ; fêtes et concerts offerts à T. par M. de S. ; convalescence de T. et voyage à Paris, avec arrêt à Lyon (110).

(six mois à un an ?)
Intrigues à Paris — « affaires continuelles » de F. au retour (111) ; M. de S. passe « quelques semaines » à Paris ; T. est courtisée par M. de R. et le comte de... (112) ; collation à Saint-Cloud « un jour » (112) ; infirmités de F. (114) et retour de jalousie ; il est retenu au lit « des semaines entières » (116) ; « un mal auquel je suis condamné pour le reste de ma vie » (116) ; longues assiduités, douce société.
La gouvernante dénonce T. (117) ; « deux jours se passèrent » (118), interrogatoire de T. le soir du 3e jour ; la veuve paraît aussitôt (120) ; l'« étrange aventure » se poursuit ; puis T. quitte F., qui apprend sa mort « plusieurs mois après ce funeste accident » (121) et écrit aussitôt son histoire.

Au vu de ce tableau, on pourrait distinguer trois formes du temps : un temps historique, un temps dramatique et une durée purement narrative. Le temps historique fournit le cadre des différents épisodes que nous avons distingués : rencontre de Théophé vers 1699, séjour à Oru entre 1699 et 1704, fête tragique de 1704, retour en France en 1711, et épilogue parisien entre 1711 et 1720. Dans la première moitié de son récit, Prévost semble respecter ce cadre historique ; il évalue à « près de deux ans » l'intervalle qui sépare la première rencontre du coup d'État de 1703 ; un espace de transition de plusieurs mois (95-97) nous mène à l'événement mémorable entre tous de la fête de 1704. Après quoi, par une surprenante ellipse, il escamote les six années qui séparent l'esclandre de 1704 de la disgrâce de 1710. Les « événements » discrètement évoqués par prétérition (99) existent, et notamment l'épisode de la « folie » de Ferriol mais ils ne concernent apparemment pas l'histoire de la Grecque et sont passés sous silence ; du même coup, le scandale de la fête de Galata est désigné implicitement comme la cause du rappel de l'ambassadeur. Quant à la fin de l'histoire, elle est traitée comme un épilogue : du retour en France de 1711 à la mort de l'héroïne, anticipée de quelque dix ans, Prévost ne mentionne plus que le vieillissement progressif du narrateur.

Le temps dramatique se détache très clairement sur un fond de lente évolution. Si l'on ôte de notre tableau les quelques plages de durée lente, on constate que les deux-tiers du récit (85 pages sur 120) se comptent souvent par heures. L'histoire étant focalisée sur les relations du héros avec l'« aimable étrangère », les moments décisifs de cette relation se partagent les temps forts du récit, comme dans un drame : la rencontre, l'enquête sur le passé de Théophé et la décision du départ pour Oru prennent moins d'une semaine (43 pages) ; les intrigues à Oru jusqu'à la lettre « terrible » se développent en neuf ou dix jours (20 pages) ; la fête tragique, au cours de laquelle se révèle l'altération d'humeur de l'ambassadeur, est décrite heure par heure ; après quoi l'évolution implacable de la jalousie est illustrée par quelques scènes fortes, avec le comte de M.Q. à Livourne, avec R. et le comte de... lors de la collation de Saint-Cloud, avec la veuve et Théophé pour la scène finale. Sans doute Prévost travaille-t-il, comme la plupart des romanciers, sur quelques moments exemplaires d'une longue histoire ; mais ce qui frappe ici, c'est l'opposition entre la lenteur de l'évolution du narrateur et l'intensité des moments dramatiques. Dans une même page, après une lente maturation, on trouvera tous les signes de l'impatience, des mouvements de résolution immédiate et d'imprévisibles enchaînements, ainsi dans la succession de démarches qui précèdent le départ pour Oru :

> Je pressai au contraire son fils de le voir dès le même jour […]. Sur le champ, je fis chercher deux esclaves […]. Mon valet de chambre m'attendait avec impatience. […] je le fis appeler aussitôt […]. Je perdis aussitôt toute confiance […]. Cette chaleur fut une imprudence. […]
> J'étais seul avec elle. Je pris le moment pour lui faire l'ouverture de mon projet. (42)

Prévost a toujours cherché à articuler par de grandes scènes mouvementées une histoire qui paraît d'emblée interminable ; on le verrait en particulier avec *Le Doyen de Killerine*, qu'il vient juste de terminer en 1740 ; et il s'est toujours efforcé de donner à ces grandes scènes un caractère de soudaineté, de précipitation, d'improvisation dangereuse. Dans le cas de la *Grecque moderne*, l'impétuosité légendaire de Ferriol, son énergie, son pouvoir discrétionnaire communiquent à l'action une force exceptionnelle ; mais ses rivaux, le Sélictar ou Synèse peuvent l'égaler en obstination ; lorsqu'ils se retrouvent tous les trois à Oru, après une série d'intrigues convergentes, également furieuses ou opiniâtres, la densité événementielle atteint un paroxysme ; tous trois se rencontrent par hasard à minuit au pied du lit de Théophé, « événement imprévu » et nécessaire qui suscite la violence, l'horreur et la consternation (67-68). Ces journées et ces nuits explosives jalonnent le récit et lui communiquent cette force tragique, cette énergie que l'on a toujours reconnue à Prévost.

On peut appeler durée narrative les préparations, les intervalles de maturation que le romancier dispose de place en place pour nous donner le sentiment d'une lente évolution. Ces plages de lenteur sont relativement rares dans le récit. Si l'on cumulait toutes les indications de temps étalé, on parviendrait à un total de trois années tout au plus. On trouve en effet çà et là des intervalles mesurés en semaines, en mois, et dans un seul cas, en années. Mais ces mentions ne rendent jamais compte du temps réellement écoulé : si le narrateur parle de « près de deux années » comptées entre la rencontre initiale et la proposition de mariage (92), le texte ne fait état, au total pour cette période, que d'une trentaine de semaines. On peut donc se demander comment Prévost parvient à suggérer la lente évolution d'une liaison, jusqu'à l'exténuation des protagonistes, sans jamais recourir au temps externe ou même aux saisons. Ce ne sont plus les références chronologiques qui évoquent le cours du temps, mais tout un ensemble d'indications subjectives ; c'est le discours même du narrateur qui recrée le temps, un temps de l'effort, de la nostalgie, du vieillissement intérieur, temps qui n'a plus rien à voir avec celui de la carrière diplomatique ou avec celui de l'histoire. Cette expression du temps intérieur, qui évoque si souvent celle de Proust dans *Un amour de Swann*, est tellement liée à l'écriture du roman qu'on échoue à en dénombrer les moyens ; on peut tout au plus en énumérer quelques modalités.

La tentative de restitution, par le narrateur, de ses relations avec la Grecque repose d'abord sur une suite de constructions mentales, extraordinairement subtiles et opiniâtres, dont il se complaît à décrire le détail. Nous n'avons pas affaire, comme dans l'*Histoire du chevalier Des Grieux*, à un « jeune aveugle » qui se « précipite volontairement dans les dernières infortunes », mais à un diplomate habile et expérimenté qui élabore méthodiquement toutes sortes de « desseins », de « projets », de « systèmes », et qui tente obstinément de les mener à leur terme. On ne comptera pas moins, tout au long de cette immense entreprise de séduction, de cinq « desseins » différents, marqués de la même ingéniosité, de la même persévérance dans l'erreur. Dans un premier temps, le dessein de plaire à Théophé se déguise, se double d'une « affectation d'indifférence », tout en restant éloigné de « tous les sentiments d'amour », sinon du désir.[8] A Oru, il sera question d'un dessein déterminé de « libertinage éclairé » (48), qui entraîne des « intentions », des « résolu-

---

8. Une variante de la p. 17 (ligne 17) donne à la place de « j'oublierais tous mes desseins », « j'oublierais tous mes désirs ».

tions », des « projets » que renforce la rivalité avec le Selictar. Dans un troisième temps, la vertu de Théophé étant devenue évidente, Ferriol en vient à un « système » de bonheur, à un plan négocié avec Théophé, article par article (53, 69), à un projet de « commerce réglé » dont l'application seule paraît prêter à difficulté (81). Apparaît tout à coup le dessein tout nouveau d'épouser Théophé (92), dessein totalement déraisonnable et qui va créer une longue suite de perturbations dans le récit. Dans l'épilogue enfin, on verra se faire jour peu à peu un dessein tout aussi violent de « surprendre la cruelle Théophé au milieu de ses plaisirs » (102), dessein plus tortueux que les précédents, et qui mène à une frustration aussi cruelle puisqu'à la dernière page, Ferriol n'aura rien vu et rien su. Chacune de ces entreprises met en jeu toutes les ressources du narrateur, son imagination, sa connaissance du cœur, sa subtilité, sa détermination, il leur consacre littéralement tout son temps, un temps démesuré.

A ces constructions rationnelles s'ajoute tout un travail souterrain de la conscience. Dans l'*Histoire d'une Grecque moderne,* Prévost accorde plus d'importance que par le passé aux évolutions en profondeur, au cheminement des sentiments inavouables. C'est souvent au cours de méditations nocturnes, voire dans le sommeil ou dans les rêves que s'accomplit le travail du désir ; le réveil, au matin, voit se révéler en pleine lumière des pensées jusque-là refoulées. Ferriol se trouve au matin, après une longue méditation et des songes, plein de l'« idée » de Théophé (30). Il pourra se faire lucidement, dans la journée, une « compensation » de ses « perfections » et de ses « taches », mais l'idée de perfection l'emporte au cours de la nuit suivante (37). « L'obscurité et le silence de la nuit », qui activent la remémoration, peuvent au contraire renforcer la contradiction intérieure, provoquer la colère puis l'idéalisation forcenée ; après quoi la mémoire poursuit son œuvre au profond du sommeil, les traces se brouillent et se recomposent ; au réveil, il « brûle » de revoir Théophé (50-51). A la fin du récit, c'est encore au cours de la nuit que se réveille la passion de jalousie (115). Aux belles élaborations intellectuelles du jour succède donc, la nuit, le reclassement des souvenirs profonds. Prévost illustre ainsi la force du travail de l'inconscient, non pas d'un inconscient refoulé et inconnaissable, mais plutôt d'une mémoire active, qui creuse indéfiniment les traces de la passion.

Là où l'on attendait un bilan, un procès « instruit » (106), une mise en forme de l'histoire de Théophé, on découvre une suite d'efforts pathétiques pour éclaircir une nébuleuse de sentiments complexes. Le temps n'est plus celui du passé mis à plat ; c'est plus souvent le temps inchoatif de l'intention, de l'effort, du regret, des réflexions qui se forment, qui se décantent, qui se reforment et se superposent. Dans la même phrase on verra souvent se mêler le passé, le présent et la naissance du projet : « J'avais déjà formé ce dessein, et je n'ose encore confesser ce que mon cœur osait s'en promettre » (83). En fait, le passé, le présent et le futur sont indissociables, et Ferriol paraît installé dans une perpétuelle transition, parfois lente, parfois d'une surprenante rapidité :

> De cette disposition, qui ne fit qu'augmenter sans cesse par les réflexions de plusieurs jours, je passai sans répugnance au dessein de l'épouser ; et ce qui devait être surprenant pour moi-même après avoir passé près de deux ans sans oser m'arrêter un moment à cette pensée, je me familiarisai tout d'un coup avec mon projet jusqu'à ne m'occuper que des moyens de le faire réussir. (92)

Jamais Prévost ne s'est autant attaché à exprimer l'effort de lucidité, l'opposition permanente des vues de l'esprit et du cheminement de la passion. Le discours analytique nous ramène sans cesse à un complexe de désirs, de sentiments avoués ou inavouables, et à l'échec des analyses les plus clairvoyantes :

> ... car j'étais encore porté à me flatter que j'avais plus de part que personne à son affection, mais retenu par mes principes d'honneur autant que par mes promesses, je n'aurais pas voulu devoir la conquête de son cœur à mes séductions ; et ce que je désirais d'elle, mon bonheur eût été qu'elle eût paru le souhaiter comme moi. (64)

A travers la contexture de tous ces imparfaits se manifeste à la fois une inlassable reconstruction *a posteriori*, liée au principe des mémoires, mais aussi un tourment durable, une contradiction qui continue d'animer la narration. Cette contradiction est visible jusque dans les formules qui encadrent le récit : Ferriol mettait d'emblée le lecteur en garde contre sa propre confession, contre « une plume conduite par l'amour » (11) alors qu'à la dernière page, il se dit « guéri insensiblement de toutes les atteintes de l'amour » (121). Faut-il voir dans l'exorde une simple précaution oratoire, destinée à stimuler l'attention critique du lecteur ? ou attribuer au récit une sorte de vertu thérapeutique ? On croira plutôt que l'effort de sincérité dans l'écriture réanime la passion, que la rigueur de l'analyse et la protestation de l'amour frustré sont définitivement inséparables, au creux de la phrase.

Rendre compte du temps narratif dans l'*Histoire d'une Grecque moderne*, ce serait donc mettre à jour l'art de Prévost, sa stylistique, mais aussi sa technique de composition par progression, retours, répétitions, mises en miroir, tous les procédés qui animent ce pathétique ressassement. Contentons-nous, pour conclure, de revenir à cette impression dominante de temps peu à peu gâché, d'effritement lent d'une longue passion, à ce temps du vieillissement qui est tellement sensible dans le récit de Ferriol. Au début de l'histoire, il est plein d'énergie, de volonté de conquête ; son « goût du plaisir », son « penchant pour les femmes » sont affirmés avec superbe (11). C'est le portrait d'un jeune et brillant ambassadeur, à qui l'histoire donne alors cinquante ans ; le récit, lui, suggèrerait plutôt la maturité triomphante, la quarantaine tout au plus. Paradoxalement, cet homme à femmes n'en connaîtra plus une seule ; sa passion exclusive pour Théophé suspend la « chaleur du tempérament » et modifie le cours de ses humeurs, comme il le dit dans une page audacieuse (56-57). Une modification profonde de son être apparaît avec la proposition de mariage ; c'est alors que pour la première fois ses serviteurs s'alarment de l'altération de son visage et craignent pour sa santé (94). L'épisode de la fête tragique accroît cette impression : nerveux, désemparé, furieux et prêt à tout, il inquiète tout son entourage ; et l'on croira volontiers que Prévost nous donne ici quelques symptômes de cette « folie » de Ferriol dont La Motraye a rapporté le détail. Pour le romancier, toutefois, cette dépression n'est due qu'aux ravages de la jalousie, terrible maladie dont le cours nous est rapporté dans le reste du récit. Le vieillissement est particulièrement marqué dans les épisodes du retour. A Livourne, le comte de M.Q. prend Ferriol pour le père de Théophé (104). On pourrait alors lui donner la cinquantaine : à son âge, dit-il, l'amour n'est pas encore une « indécence » (ou un « ridicule », selon la variante de la page 110). On apprend un peu plus tard que pour la veuve ridicule, femme il est vrai, l'amour est hors de saison à soixante ans (112). Cet âge, le narrateur semble l'atteindre rapidement : la maladie survient ; tenu par ses « infirmités » à prendre ses repas chez lui, puis cloué au lit « pendant des semaines entières » (114, 116), il n'a plus l'âge de l'amour, l'état de sa santé ne lui permet plus de « former des désirs » (115) ; il cherche désormais une garde-malade et les petits plaisirs de la vieillesse :

> Je ne parlais plus qu'à elle. Je n'avais d'attention que pour ses réponses. Dans les atteintes les plus cruelles d'un mal auquel je suis condamné pour le reste de ma vie, je recevais du soulagement de ses moindres soins, et le sentiment actuel de ma douleur ne m'empêchait point de sentir quelquefois les plus délicieuses émotions du plaisir. (116-117)

On peut deviner que son mal s'aggravant, il a finalement été recueilli par sa famille, qui lui a caché quelque temps la nouvelle de la mort de Théophé. S'il est vrai que les dates n'ont jamais été mentionnées et que les références chronologiques sont bien loin de rendre compte de la vingtaine d'années écoulées, vingt ans semblent bien séparer le vieillard à demi paralysé qui écrit ses mémoires, du brillant diplomate fraîchement débarqué à Constantinople. L'écart entre le temps de la narration et le temps de l'événement est d'ailleurs souligné plus d'une fois, et il paraît nettement plus grand que dans la plupart des romans de Prévost :

> Aujourd'hui qu'en réfléchissant sur le passé, je juge peut-être beaucoup mieux qu'alors quelles étaient mes dispositions, il me semble... (64)

> A l'âge où je suis en écrivant ces mémoires, je dois l'avouer avec confusion... (80)

Le sentiment du temps écoulé, du travail de la mémoire qui restitue difficilement une évolution complexe, apparaît dans l'*Histoire d'une Grecque moderne* avec une intensité nouvelle dans l'œuvre de Prévost, mais il ne doit plus rien à la chronologie historique dont il usait dans l'*Histoire de Marguerite d'Anjou*. Il doit tout à l'art du récit mémorial. Le narrateur s'est engagé à « recueillir par écrit tout ce qu'il avait de commun avec cette aimable étrangère » ; fidèle à son propos, il a délibérément écarté de son récit tout ce qui concernait son activité publique, son rôle historique. Lorsque par exception l'événement fait une brève apparition (déposition de Mustapha, fête de Galata, rappel en France), c'est pour fournir le contexte d'une évolution intérieure du héros : l'obsession des intrigues de Cour, quand naît la jalousie ; les transports de fureur de la fête de Galata, quand il est désespéré d'avoir été refusé par Théophé. L'histoire, que Prévost a certainement bien présente à l'esprit, et qu'il a évoquée lui-même, en 1740, dans *Le Pour et Contre*, disparaît donc à peu près totalement au profit du roman ; et c'est le discours narratif qui rend compte, avec des moyens totalement originaux, du passage du temps, de la formation d'insolubles conflits, du vieillissement des personnages, de cette destruction lente du héros dont Prévost donne tant d'exemples dans ses romans, mais qui atteint avec l'*Histoire d'une Grecque moderne,* une incomparable profondeur.

MÉMOIRES POUR SERVIR À L'HISTOIRE DU CHEVALIER DES GRIEUX

LES *Mémoires de Malte* se présentent à bien des égards comme une réécriture de l'*Histoire du chevalier Des Grieux et de Manon Lescaut*. Prévost le dit à mots couverts dans son préambule :

> Dans l'âge où la raison et l'expérience rendent les réflexions sérieuses, je considère que d'un si grand nombre de mémoires et d'aventures qui ont été publiés dans notre siècle, il n'y a point un seul de ces ouvrages où l'auteur se soit proposé un autre but que d'amuser par les aventures qu'il s'attribue. Le même tour d'idées qui m'a fait faire cette réflexion me porte à me rappeler l'histoire de ma vie dans des vues fort différentes. Je les laisse à distinguer au lecteur...[1]

Les « mémoires » et « aventures » auxquels il est fait allusion ici réfèrent certainement à la longue lignée de récits engendrés par les *Mémoires et aventures d'un homme de qualité*. Que Renoncour ait cherché à « faire honneur à son esprit » par les nombreuses aventures qu'il s'attribue, on n'en saurait douter : à peu d'exceptions près, il

---

[1]. Les références renvoient au tome IV des *Œuvres de Prévost* pour les *Mémoires de Malte* (*JC*) ; à l'édition Garnier-Flammarion pour l'*Histoire du Chevalier* (*ML*), texte établi par Henri Coulet dans le premier cas, par moi dans le second.

s'est toujours donné le beau rôle, et d'ailleurs, « des événements communs intéressent trop peu pour mériter d'être écrits ».[2] La « Lettre de l'éditeur » en tête des *Mémoires et aventures* affirme en outre que le héros, Renoncour, est passé « par tous les degrés du bonheur et de l'adversité », par « les extrémités du bien et du mal, de la douleur et de la joie » ; c'est cela qui prouve en lui la qualité héroïque. Le Commandeur prend visiblement à contre-pied cette prétention : « Ce n'est ni à la douleur ni à la joie que j'invite... » Nous sommes donc invités à le prendre pour un anti-Renoncour. Le chevalier Des Grieux est certainement englobé dans la même critique ; lui aussi nous rapporte ses malheurs et ses peines, des paroxysmes de joie et de douleur ; dans la relation de ses malheurs et de ses peines, il a toujours fait preuve de « bonne grâce », il a souhaité susciter l'admiration, l'étonnement, la compassion. On soupçonnera donc chez le Commandeur le dessein de régler un compte avec le trop beau récit ; le détail de son histoire le montrera bien.

Les *Mémoires de Malte* semblent commencer là où s'achève l'*Histoire du chevalier*. Des Grieux, chevalier de Malte, devrait normalement, après la mort de Manon, entrer dans l'Ordre ; comme le Commandeur, il a reçu la croix « presque en naissant » (129) ; comme lui, il est cadet de grande famille ; si son frère aîné mourait, comme il advient au Commandeur, on le verrait très bien s'engager, par sa « propre inclination » dans cette « vocation pénible ». Après quoi il ferait ses caravanes, non sans accorder quelque chose à la lecture et à la réflexion. Bien des « Suites » ont été données à l'*Histoire du chevalier,* tant on souhaitait connaître ce qui lui arrivait après la dernière ligne ; les *Mémoires de Malte* nous donnent à leur manière une « Suite » ; mais on va voir qu'il s'agit surtout d'un recommencement.

Le Commandeur, qui tout au long du récit n'est d'ailleurs que chevalier et dont on ne sait quand il a obtenu sa commanderie, va

---

2. « Lettre de l'éditeur », *Œuvres de Prévost*, I, 9.

commencer sa carrière sous un curieux patronage, celui du commandeur d'Orbitello ; ce vieux libertin n'a jamais cherché qu'à suivre « le mouvement d'une passion aveugle, qu'il avait mis tout son bonheur à satisfaire » (129). Le plus beau est qu'il y ait parfaitement réussi et qu'il vive des jours heureux dans sa commanderie, en compagnie de sa maîtresse et de sa fille présumée. Singulier modèle pour notre héros ! Il le suivra sans hésiter, et son histoire nous amène à suivre toutes les étapes d'une « passion aveugle », comparable, dans le détail, à celle du chevalier ; on peut la représenter en cinq épisodes.

I

Le Commandeur (gardons-lui ce titre par commodité) est à ses débuts aussi chaste que le chevalier : « J'avais vu peu de femmes aimables, ou du moins mon attention ne s'était guère tournée de ce côté-là » (130). Il rencontre chez le commandeur d'Orbitello Helena, toute jeune fille de treize ou quatorze ans. « Frappé de mille charmes », il est aussitôt fasciné ; Prévost ménage cependant la vraisemblance psychologique ; la véritable révélation ne se produira que six mois plus tard :

> ... je lui trouvai plus de charmes qu'une femme n'en a jamais réunis. Ce fut l'impression d'un seul moment, et l'effet en devint tout à coup si terrible, que ne pensant pas même à m'en défendre, je m'approchai d'elle avec une avide impatience, comme si tout mon bonheur eût déjà consisté à la voir de près.

On se prend à croire que Prévost paraphrase l'épisode de la rencontre d'Amiens, avec un peu trop d'application ; l'« espèce de transport » qui s'ensuit (144), la naissance à une vie nouvelle, l'ivresse durable deviennent ici des topoï : je laisse de côté toutes les différences qui peuvent résulter des caractères, pour ne m'en tenir qu'à la relation amoureuse. Deux scènes de *Manon Lescaut* sont ici confondues, celle de la rencontre d'Amiens et celle de Saint-Sulpice, dont nous retrouvons quelques échos stylistiques. Helena est tout de suite consentante, comme Manon, dont elle reprend le langage, mêlé de quelques expressions de Des Grieux.

> *JC* — ... *s'il était vrai que j'eusse pour elle* les sentiments dont *je l'assurais*, son cœur lui disait de même qu'elle était capable d'en prendre de fort tendres, et que sans s'embarrasser des biens et des avantages que je lui faisais envisager en s'attachant à moi, elle ferait *tout son bonheur* de m'aimer et de me plaire. (151)
>
> *ML* — ... *je l'assurai* que si elle voulait faire quelque fond sur mon honneur et sur la tendresse qu'elle m'inspirait déjà, j'emploierais ma vie [...] pour *la rendre heureuse*. (59)
>
> ... *s'il était vrai que j'eusse* jamais eu quelque tendresse pour elle... (79)

La « tendre » déclaration d'Helena, prononcée avec une timidité « ingénue » et d'une voix tremblante, accentue l'effet produit par la première réponse de Manon ; elle est d'ailleurs nettement plus jeune ; mais dans un cas comme dans l'autre, cette innocence est un peu suspecte, et l'ami du Commandeur, Perés, pourra remarquer un peu plus tard que nous n'avons pas affaire à une « vestale » (148).

2

Le Commandeur enlève aussitôt Helena en voiture ; toute prudence étant oubliée, on se retrouve époux « sans y avoir fait réflexion » :

> La force de l'occasion, ou plutôt la faiblesse de deux cœurs passionnés, nous fit oublier le projet que je venais de communiquer à Helena, et que je lui avais fait approuver. Nous nous trouvâmes en un moment au-delà des bornes que nous nous étions imposées... (154)

Là encore, nous pouvons avoir l'impression d'une paraphrase un peu lourde : il faudra en général cinq ou six lignes pour dire ce que *Manon Lescaut* disait en une courte phrase. Mais l'intention est différente : dans les *Mémoires de Malte,* l'accent est mis sur l'égarement, sur la faiblesse, sur l'illusion, et bientôt sur le caractère dépravé de la liaison. Le Commandeur trompe délibérément Helena avec ses promesses de mariage ; bien plus que Des Grieux, il est attaché à sa réputation sociale et à sa carrière. Il n'a en vue qu'une affaire de galanterie et ses aventures n'auront rien de glorieux. Lorsqu'il les raconte à ses amis, il est obligé d'en déguiser les aspects les plus douteux (156) ; il ne s'est engagé qu'au récit de ses fautes (149), et il le fait. Ayant séduit Helena, il l'installe donc dans une petite maison, où ils passent trois semaines heureuses, comme les amants de la rue Vivienne. Les rêves de retraite délicieuse du Commandeur évoquent ceux du chevalier :

> J'avais un jardin, un bois, un ruisseau, et tout ce qui fait le charme d'un cœur amoureux dans la solitude. Il me restait assez d'argent pour me procurer des livres... (160)

A Des Grieux, il manquait l'argent et Manon ; tous les plaisirs sont ici réunis ; le Commandeur est très riche et peut s'abandonner totalement au plaisir. En véritable libertin, il s'est fait une « espèce de philosophie » voluptueuse (162, 166) ; il oublie toute dignité, jusqu'à se déguiser en femme pour satisfaire aux caprices de sa maîtresse ; Des Grieux, lui, avait tout au plus accepté de jouer l'enfant de chœur lors de la « ridicule scène » chez le vieux G... M... Tous les égarements du Commandeur sont soulignés rigoureusement :

> Ceux qui ont éprouvé l'empire d'une passion violente savent avec quelle impétuosité le cœur se détermine sur les moindres apparences de justesse et de raison. (164)

Rien ne nous sera donc épargné des sophismes et des caprices de la passion : le Commandeur ne cherche pas à se « faire honneur » de ses succès amoureux.

3

C'est alors qu'Helena semble le trahir ; elle cède aux reproches de son père naturel et disparaît, laissant derrière elle, comme Manon, un petit billet : « Les vœux qu'elle formait pour ma consolation furent la plus cruelle partie de cette affreuse lettre » (167). Animé d'un mortel dépit, le héros passe par tous les mouvements de fureur, de haine et d'amour qui caractérisaient, selon Des Grieux, les « passions violentes » (134). Déçu, éclairé par les conseils de Pérés, il prend le parti de se renfermer dans l'ordre de Malte, où il prononce ses vœux deux mois plus tard. Il entre donc dans la carrière ecclésiastique, comme Des Grieux sur les conseils de Tiberge, et sans bien comprendre ce qui se passe en lui : « ... c'est le mystère de ma vie le plus obscur et le plus funeste » (175).

On notera au passage le caractère surprenant de cette confidence ; on avait cru jusque-là que le héros s'applaudissait de sa brillante carrière ; pour obtenir une commanderie, il a bien fallu qu'il prononce ses vœux ; le regretterait-il ? Toujours est-il que sa carrière ecclésiastique n'est pas beaucoup mieux engagée que celle du chevalier.

4

Le voici profès depuis six semaines, retiré dans la maison de l'Ordre et décidé à y vivre en véritable chevalier hospitalier. C'est alors que survient Helena, comme Manon à Saint-Sulpice ; elle arrive à six heures du soir et surprend son chevalier dans sa chambre. A l'instant, il est reconquis :

> Quel moment ! On meurt de joie, dit-on, on meurt de la violence d'une passion qui jette le désordre dans tous les sens ; non l'on ne meurt de rien, puisque je fus capable un instant de soutenir ce qui se passa dans mon âme. (176)

Des Grieux se révélait incapable d'exprimer le désordre de son âme (79) ; le Commandeur reprend une phrase de Robert Challe – « On ne meurt point de douleur... »[3] – pour exprimer, cette fois-ci, un bonheur immédiat et total ; Des Grieux avait connu de ces moments où l'âme succombe à la joie (176). Ce qui domine dans

---

3. *Les Illustres Françaises*, Les Belles Lettres, Paris, 1959, t. I, p. 58.

cette scène, c'est l'irruption du plaisir. Avec une tranquille insolence, le narrateur la mène jusqu'à ses ultimes conséquences : le Commandeur est pris d'un « transport » ; Helena se déshabille aussitôt et les voilà au lit. Par malheur surviennent Perés et le commandeur de Zuniga ; Helena est obligée de se cacher sous les draps, au risque d'étouffer... Les inconséquences du héros sont développées en quelque sorte sur scène, et sa duplicité devient évidente. Perés le remarque une fois : « Cependant la droiture, la franchise, ses deux qualités les plus chères, paraissaient être celles qui me manquaient particulièrement » (178). Tiberge aussi aurait pu le noter chez son ami ; mais le propre du Commandeur est de jouer toujours sur les deux tableaux, et de mentir sans cesse. Sa mauvaise foi, contrairement à celle du chevalier, éclate au grand jour, ainsi que ses motivations les plus troubles. Il va jusqu'au bout de la honte ; le sentiment de l'amour est lui-même atteint. Il a pu se déguiser, il fuirait aussi bien aux Indes ; il envisage une fois de combattre son rival Junius en lui soufflant ses maîtresses (180). Perés en est scandalisé, autant que l'avait été Tiberge :

> ... reprenant tous les degrés par lesquels j'étais parvenu au bord du précipice où il me voyait prêt à tomber, il se reprocha amèrement d'y avoir contribué par l'approbation qu'il avait donnée à mes faiblesses... (205)

Dans *Manon Lescaut* aussi, l'image du précipice apparaissait à plusieurs reprises, mais plutôt sous l'aspect de chutes brutales et imprévues ; ce qui pouvait sembler accidentel et dramatique devient dans les *Mémoires de Malte* irrémédiable et dérisoire.

5

Ce qui aggrave son cas, c'est que sa maîtresse ne lui a jamais été infidèle. Enlevée par son père, elle ne l'avait pas réellement trahi. Elle est ensuite enlevée par des corsaires et emprisonnée au Maroc, bien malgré elle. Son troisième malheur est plus involontaire encore : atteinte de la petite vérole, elle est totalement défigurée et c'est sous l'apparence d'un terrible « fantôme » qu'elle réapparaît aux yeux de son amant (216). Le narrateur évoque alors une sorte d'infidélité radicale : « Quelle ressource contre une inconstance si peu volontaire ? » (217). Tiberge avait pu, dans un moment de colère, souhaiter à son ami de n'étreindre un jour qu'une « ombre » ; c'est le sort qui advient au Commandeur. La fin de l'amour, qui n'avait jamais été envisagée dans *Manon Lescaut,* est du même coup décrite avec une rigueur implacable. Manon attendait de son amant la seule fidélité de cœur (169), et le Commandeur lui-même pouvait se permettre « une infidélité où le cœur n'aurait point de part » (180). Il éprouve désormais que l'amour, sans l'adhésion du corps, n'est plus rien : une simple passion, liée au souvenir du plaisir, et rien de plus. Après quoi le temps fera son œuvre et la passion même disparaîtra. « On ne meurt de rien » : cette conclusion qui transparaissait dans *Manon Lescaut* s'impose désormais avec une évidence cruelle.

*

On a pu voir à travers l'histoire du Commandeur les épreuves et la fin d'une grande passion, selon les grandes scènes et la division ternaire de *Manon Lescaut.* On a vu aussi comment dans le traitement des « désordres de l'amour », Prévost faisait preuve d'un désenchantement et d'un réalisme nouveaux, qui sont propres à ses romans de 1740, l'*Histoire d'une Grecque moderne* et les *Campagnes philosophiques.* Le traitement des caractères met en évidence la même tendance.

Helena est loin d'avoir l'esprit, le charme irrésistible et la culture de Manon ; l'attachement que lui porte le Commandeur ne l'empêche pas de constater ses limites. Fille illégitime élevée par une mère galante, elle garde les traces d'une éducation « peu réglée » (154) ; elle ignore les délicatesses du « sentiment » ; elle ne connaît qu'un amour instinctif et un peu animal, et les « perfections de son âme » se réduisent à une « douceur » un peu passive (218). C'est en vain que son amant se berce de l'espoir de prolonger le commerce amoureux par un échange sentimental ou culturel : il découvre un peu tard qu'elle n'a malheureusement rien à dire. Victime de ses parents, de son milieu, de son existence aventureuse, elle est destinée à devenir la proie des hommes. Rien en elle ne laisse attendre l'admirable redressement moral de Théophé ; à cet égard, les *Mémoires de Malte* forment la contre-épreuve de l'*Histoire d'une Grecque moderne ;* le Commandeur n'a même pas la générosité de Ferriol, et Helena est abandonnée à elle-même, un peu comme Maria Rezzati. Plus qu'aucune créature de Prévost, elle illustre le malheur de la condition des femmes quand rien ne les protège. Sans soutien familial, sans fortune, elle n'a pour elle que sa beauté et les caprices d'un amant fortuné ; quand elle les perd, elle ne possède plus rien.

L'ami du Commandeur, Perés, est une sorte de Tiberge militaire. Il est loyal ; il a renoncé à l'amour, comme Tiberge l'avait fait (55) ; mais l'exemple qu'il propose au Commandeur est très équivoque : il a choisi le parti de la galanterie sans amour, des aventures un peu misérables et dont il a pris le parti de rire. Il peut lui arriver, comme à Tiberge, de se repentir d'avoir contribué à la déchéance de son ami par son « aveugle amitié » ; mais on croira difficilement qu'il ait pris une maîtresse pour éprouver comme lui les douceurs de l'amour, et garder ainsi une chance de l'influencer (206). Des Grieux avait conseillé à Tiberge d'avoir moins de scrupules que « la plupart des évêques et des autres prêtres » ; Perés apparemment a suivi ce conseil, comme tous les chevaliers de Malte. S'il a gardé le sens de l'honneur, on voit mal de quelle morale il pourrait se réclamer. C'est pourquoi ses interventions répétées sont sans grande efficace. Il use souvent du style de Tiberge, mais c'est pour conseiller à son ami un peu plus d'habileté dans le double jeu. Son argumentation prouvera seulement que l'essentiel est de garder les apparences, et qu'il n'y a de morale que sociale.

Le Commandeur est sans doute le personnage le plus énigmatique du roman. Il n'a pas le lyrisme et la gravité du chevalier Des Grieux. Sans doute est-il plus âgé au moment où il rédige ses mémoires. Parvenu à « l'âge où la raison et l'expérience rendent les réflexions sérieuses » (129), il jette sur ses aventures passées un regard un peu froid et désabusé. Il éprouve certainement encore un vif plaisir à évoquer ses succès amoureux ; il garde une certaine fierté de cette passion, dont il tient à souligner qu'elle est restée vivante jusqu'au jour de la rupture (241) ; en cela, il rappelle le chevalier. Mais on le voit surtout content d'avoir su tirer son épingle du jeu. A plusieurs reprises, il a été suspect d'apostasie (204, 214), comme avait pu l'être Prévost en 1730-1733, et il s'attache avec complaisance à décrire les étapes de sa réhabilitation. S'il n'est pas devenu comme Prévost aumônier du Prince de Conti et familier de l'Enclos du Temple, c'est tout comme... Il est de plus très noble et très riche : 40 000 livres de revenu (219), c'est la fortune ; à peu près de celle du fils G... M... dans *Manon Lescaut*... Quand à la fin de la scène de rupture avec Helena, il lui signe un chèque de dédommagement fort substantiel, et dont il donne le montant en toutes lettres, on le sent assez fier de lui – et c'est là sans doute un des endroits où apparaît le mieux l'ironie du romancier. On croyait pouvoir lui attribuer, au début de son récit, de la gravité ; il s'efforce encore, à la fin de ses aventures, de faire honneur à sa raison ; mais on voit bien que la laideur d'Helena a été le seul motif de sa nouvelle sagesse. Les rires de Perés ont ponctué à plusieurs reprises le récit ; il est aisé de sentir que le narrateur ne les désapprouve pas ; on le voit même tout à fait solidaire de son ami quand celui-ci entame, devant le grand maître de l'Ordre, le détail plaisant de leurs exploits :

> A peine nous eut-il fait connaître de quoi il était question, que Perés se chargeant de lui répondre, commença toute l'histoire de nos amours, en donnant un tour badin à des aventures dont la plupart n'étaient pas assez sérieuses pour en recevoir un autre. (221)

C'est ce qui fait qu'on discerne, dans la narration du Commandeur, un humour un peu sarcastique dont l'équivalent se retrouverait aujourd'hui chez Kundera : « Risibles amours » est un titre qui pourrait convenir à cette bizarre confession. Prévost a peut-être voulu donner à l'*Histoire du chevalier Des Grieux* une « Suite » ; il lui donne en réalité une fin, car au-delà des *Mémoires de Malte*, il n'y a plus rien. La belle passion s'est enlisée ; seuls survivent le sens de l'honneur ou de la gloire, avec la suffisance, la bonne conscience et l'hypocrisie dont Prévost les crédite habituellement. Il avait donné avec l'*Histoire du chevalier* un « Tout pour l'amour » ; il esquisse maintenant, avec une cruelle ironie, un « Tout pour la carrière », et son roman s'achève avec les applaudissements du public autour du libertin parvenu.

On n'en conclura pas que Prévost ait renié l'*Histoire du chevalier*. Une découverte récente d'Allan Holland nous rappelle qu'en 1742, il publiait une nouvelle édition de son chef-d'œuvre, minutieusement corrigée ;[4] tout semble prouver que les corrections sont de sa main. Il n'est pas sûr qu'il ait relu son roman, la plume à la main, dès 1740 ; mais il est évident qu'il en gardait en mémoire les plus belles cadences et le ton inimitable. Les *Mémoires de Malte* tracent autour de l'inoubliable récit du chevalier un contrepoint ironique, mais frappé d'infirmité. Le Commandeur sauve sa raison, sa fortune et sa carrière ; sa lucidité retrouvée fait merveille ; il n'est pas sûr que Prévost, comme tout lecteur, ne lui ait pas préféré la sublime illusion du chevalier.[5]

---

4. *Manon Lescaut de l'abbé Prévost, 1731-1759. Étude bibliographique et textuelle*, Slatkine, Genève, 1984, p. 87-101.

5. Dans un article publié en 1972 dans *French Studies* (« Deux moments dans l'œuvre de l'abbé Prévost : *Manon Lescaut* et *La jeunesse du Commandeur* », vol. XXVI, p. 405-420), Renée Quinn a développé la parenté qui unit ces deux romans ; elle a mis en valeur la dégradation du sentiment religieux, du sentiment amoureux, du rôle de Mentor, en soulignant que la *Jeunesse du Commandeur* jouait un rôle d'exorcisme par rapport à *Manon Lescaut*. En poursuivant ce parallèle, j'ai tenté de répondre aux questions posées par Renée Quinn.

LE RÉCIT PRÉVOSTIEN DANS L'*HISTOIRE DES VOYAGES* : LA BELLE MARINA

L E GRAND problème posé par l'*Histoire des voyages* est celui de la participation exacte de Prévost à sa rédaction. On sait qu'il s'agit d'une vaste entreprise de traduction : traduction de la collection anglaise de John Green dans les sept premiers tomes, puis traduction et compilation des voyageurs étrangers ou français dans les tomes suivants. L'énormité de l'entreprise elle-même oblige à se demander si Prévost a réellement traduit tous ces textes, ou s'il a revu et mis en forme des traductions littérales confiées à des tâcherons. Cependant, le lecteur de l'*Histoire des voyages* garde l'impression d'entendre une seule voix, un seul style, ce style « nombreux » que Meusnier de Querlon regrettait de trouver trop souvent dans un ouvrage de caractère historique.[1] Plus encore, la maîtrise d'ouvrage assumée par l'auteur se traduit à chaque instant par des choix, des découpages d'extraits, des mises en perspective qui sont le fait d'un auteur, et non d'un simple directeur d'édition. Le seul procédé des « liaisons », auquel Prévost attribuait déjà dans *Le Pour et Contre* une importance capitale, devient ici la texture même de l'exposé

---

1. Cité par Jean-Paul Mas dans son édition des Avertissements de l'*Histoire des voyages*, *Œuvres de Prévost*, VII, 406.

historique. Et le fait est que cette immense histoire n'a jamais été attribuée qu'à Prévost et à lui seul : on ne lui connaît pas de collaborateur. Jean-Paul Mas avait retenu, pour l'édition des *Œuvres de Prévost*, les avertissements et avant-propos dont Prévost était visiblement l'auteur unique ; et conformément aux principes de l'édition, il avait exclu du corpus le récit même de l'ouvrage, qui consistait en traductions. Je voudrais montrer ici, ou tenter de montrer, comment Prévost travaille, conçoit, compose, rédige au fil des pages, comment il parvient à être constamment présent dans un texte qui n'est pas de lui, et ceci à propos d'un épisode du tome XII, ce volume dans lequel il a pu enfin suivre intégralement la méthode qu'il s'était proposée depuis le début.

Le personnage de Marina, Mexicaine de grande famille, captive et compagne de Cortez, traductrice du général lors de la conquête du Mexique et traductrice de l'empereur Montezuma, tient une place minime dans le texte du tome XII, mais une grande place dans les notes, que l'on peut pour la plupart attribuer à Prévost ; Marina tient aussi une place remarquable dans l'iconographie du volume, puisqu'elle est l'héroïne de la dernière planche réalisée par Cochin pour l'*Histoire des voyages*: « Marina et autres femmes données à Cortez ». Mais avant d'aborder son histoire, il nous faut dire un mot de la stratégie intertextuelle du tome XII. Un avant-propos particulièrement substantiel marque la volonté de Prévost d'intervenir dans l'ordre même de l'*Histoire des voyages* et dans le choix des sources. Il nous donne donc, dans une bibliographie critique très personnelle, la liste des textes qu'il utilisera dans ce volume consacré aux « premiers voyages, découvertes et établissements des Européens en Amérique » : Pierre Martyr d'Anglerie, Oviedo, Gomara, Herrera, Benzoni, Las Casas, Diaz del Castillo et Solis.[2] Le

---

2. Liste des ouvrages cités par Prévost selon les termes et l'orthographe de son Avant-Propos : Pierre Martyr de L'Anglerie, *Décades océanes* (1516, trad. fr., Bâle, chez Jean Rebel, 1533) ; Goncale Fernand Oviedo et Valdez, *La Historia general y natural de las Indias* (Séville, 1535) ; François Lopez de Gomara, *Historia general de las Indias* (Anvers, 1544, rééd. Paris, Michel Sonnius, 1587) ; Antoine Herrera, *Historia general de los hechos de los Castellanos en las islas y tierafirma del mare oceano* (Madrid,

premier cité, Pierre Martyr, réunit apparemment toutes les qualités de l'historien parfait : « Le mérite de l'Auteur [...] et la simplicité même de son style, où rien ne paraît donné à l'imagination ni au dessein de surprendre par l'éclat du merveilleux, ont acquis à cet Ouvrage une réputation distinguée » (45, VIII).[3] Mais Martyr n'a pas l'exactitude d'un « témoin oculaire ». Oviedo, lui, est un témoin direct, mais à la fois inexact et bigot : « car il prend à témoins, Dieu, l'Empereur Charles son maître, & tous les honnêtes gens du monde, qu'il a suivi les plus rigoureuses lois de la vérité » (45, X). Il y a peu de fond à faire sur Lopez de Gomara, dont l'érudition fait illusion (45, XII-XIII) ; par contre Jérôme Benzoni est un témoin parfaitement équitable, or : « de toutes les qualités qui forment les bons historiens, cette égalité dans l'estimation des vertus & des vices, passe, avec raison, pour la plus difficile & la plus rare » (45, XV). Antoine Herrera est « l'Historien des Indes » par excellence, et celui qui embrasse la totalité des événements : c'est visiblement sur lui que reposera le fond du récit, malgré le fait qu'il est trop ouvertement favorable aux Espagnols. Las Casas, « homme de bien » aigri par l'injustice des Espagnols, prend avec trop de chagrin et d'amertume la défense des Indiens : son jugement restera suspect.

1601, trad. fr. des trois premières Décades en 1660 et 1671) ; Barthelemi de Las Casas, *Relacion de la destruycion de las Indias occidentales per los Castellanos* (Séville, 1552) ; Bernard Diaz del Castillo, *Historia verdadera de la conquista de la nueva Espana* (Madrid, 1632 ; Prévost précise : « Nous n'en avons pas de traduction ») ; Fernand Cortez, *Cartas de D. Hernando Cortes, Marques del Valle, de la conquista de Mexico* ; Antoine de Solis, *Historia de la conquista de Mexico* (Madrid, 1684, trad. fr. de La Guette, Paris, 1691).

3. Nous donnerons les références dans l'édition in-12 de Didot (numéro de tomaison en chiffres arabes, suivi de la page). L'index très complet de Chompré au tome XVI de l'édition in-4° (t. 61-64 de l'édition in-12), en particulier à l'entrée « Cortez », permet de retrouver rapidement les principaux passages. L'index déclare à propos de Marina (qui n'a pas d'entrée distincte) : « Il fait la paix avec les Indiens : présent de femmes qu'il en reçoit, & passion qu'il prend pour une d'entr'elles. Planche ou vue des figures de ces femmes, *ibid*. La Flotte aborde à Saint Jean d'Ulua, 262. Faveur d'une femme indienne nommée Marina, auprès du Général. Elle sert d'interprète avec les Indiens. » Chompré, qui suit de près les sollicitations du texte, parle bien d'une histoire de « passion ».

Diaz del Castillo ne raconte que la prise de Mexico par Cortez, avec rudesse, mais avec bonne foi (45, XXI). Antoine de Solis enfin est un classique, un historien dont la réputation est « bien établie » : c'est donc avec Herrera, celui qui fournira la trame du récit. Prévost s'étant proposé, depuis le début de son entreprise, de fondre en une seule narration tous les récits des voyageurs, pris dans l'ordre chronologique, il utilise pour la conquête du Mexique un récit de base (le plus souvent Herrera), qu'il complète par des textes seconds (Diaz, de Solis), tout en recourant au besoin à des sources limitées mais sûres (Martyr, lettres de Cortez). On comprend que tout l'art de l'historien repose ici sur les raccords, « ces liaisons historiques qui ont été négligées par les Anglais ».[4] Le plus souvent, Prévost suit un auteur jusqu'à la fin du développement chronologique : ainsi Herrera pour l'année 1492 (« C'est Herrera qu'on suit », 45, 76) ; mais dans les cas d'interprétation délicate, il peut fondre ensemble plusieurs textes. C'est le cas pour la « Découverte et conquête du Mexique » par Fernand Cortez (3e partie, Livre V, tome 46, pages 220 et suiv.). Le texte de base est ici Solis (page 221), complété par Herrera (pages 224-226) et par Diaz del Castillo (page 229), parfois par Cortez lui-même ; Prévost précise sa démarche dans une note :

> Malgré le parti qu'on a pris de suivre Diaz del Castillo & Solis, on n'a pu se dispenser de faire observer qu'un Ecrivain tel qu'Herrera, ne s'accorde point avec eux. Castillo fut témoin oculaire, mais on peut le soupçonner d'avoir favorisé Cortez. Herrera est un Historien sincère & judicieux ; mais il peut être soupçonné d'avoir travaillé sur des mémoires infidèles : source d'incertitude, trop ordinaire dans l'Histoire. (46, 231)

Il lui arrivera souvent de signaler qu'il utilise deux sources à la fois, pour les fondre en un seul récit. Sans tenter de donner ici une édition critique de son texte, entreprise d'autant plus délicate que Prévost transforme continuellement son texte de base, constatons que

---

4. Jean-Paul Mas, *Œuvres de Prévost*, VIII, p. 402.

le plus souvent, pour des raisons pratiques, il utilise un texte qu'il complète, parfois d'une phrase (avec référence en note), plus souvent par de longues additions infrapaginales. C'est ainsi que l'histoire de Marina va se développer en marge du récit principal, qui est ici celui de Solis.

Parti en mars 1519 à la conquête du Mexique, Fernand Cortez s'empare de Tabasco ; Diaz del Castillo, qui fut blessé dans ce combat (46, 251) devient ici la source principale. Cortez se livre alors à un carnage des Indiens à Cinthla : « On trouva sur le Champ de bataille plus de huit cens Indiens morts... » (46, 259). Après quoi l'on fait la paix « de bonne foi », et le Cacique de Tabasco offre à Cortez « vingt femmes indiennes, pour faire du pain de Maïs à ses Trouppes ». La note 46 poursuit le récit :

> Ce fut le prétexte qui les fit recevoir ; mais il est certain que Cortez prit de l'inclination pour une de ces Femmes, qu'il fit baptiser sous le nom de Marina, & dont il fit sa Maîtresse. Elle étoit, suivant Diaz, d'une beauté rare & d'une condition relevée. Son Père étoit Cacique de Guazacoalco, Province Mexiquaine. Divers incidens l'avoient fait enlever, dans ses premières années, à Xicalongo, Place forte sur la frontière d'Yucatan ; & par une autre injure de la fortune, elle avoit été vendue au Cacique de Tabasco. Elle avoit la mémoire si heureuse, & l'esprit si vif, qu'elle apprit en peu de tems la Langue Castillane, ce qui la rendit fort utile à ses nouveaux Maîtres. Cortez en eut un Fils, qui fut nommé Dom Martin Cortez, & qui devint Chevalier de Saint Jacques, en considération de la noblesse de sa mère. Solis relève ici quelques méprises d'Herrera, & l'accuse de ne s'être pas assez attaché à la Relation de Diaz. Liv. 1. Chap. 21. (46, 260-261)

Après quoi Prévost revient au récit principal, tiré de Herrera et de Solis, qui eux aussi nomment Marina, mais plus tard :

> ... le hasard fit remarquer qu'une des Femmes, qu'on avoit amenées de Tabasco, qui avoit déjà reçu le Baptême sous le nom de *Marina*, s'entretenoit avec quelques uns de ces Indiens. C'est de ce jour que Solis compte sa faveur auprès du Général, & que par ses services autant que par son esprit & sa beauté, elle acquit sur lui, dit-il, un ascendant qu'elle sut conserver. (46, 262)

Prévost a donc placé aussitôt après le massacre des Indiens cet épisode de réconciliation ; et comme le rôle de Marina lui paraît à la fois discret et important, il tire de Diaz (et hors de son contexte) une brève biographie qui lui permet d'anticiper sur le récit et de mieux en faire comprendre le sens. Il s'agit d'abord de justifier Cortez de cette sorte de rapt : Marina était passée de mains en mains avant de rencontrer un bon maître qui s'éprend d'elle à l'instant ; et il justifie en même temps Marina du rôle plutôt équivoque qu'elle va jouer par la suite : nous en restons pour l'instant à une histoire d'« inclination ». Rien ne sera dit des mœurs des soudards espagnols, sinon dans une autre note élégamment formulée : « Ces Vainqueurs Espagnols ne se piquoient pas de continence » (46, 534). Nous apprenons pourtant incidemment que le « don » de femmes est chose courante pendant cette guerre : le cacique de Zampoala offre un peu plus tard à Cortez « huit belles filles, entre lesquelles étoit une de ses Parentes, qu'il lui proposa d'épouser » ; Cortez refuse le mariage pour raison de religion ; on baptise les Indiennes, après quoi :

> Cortez prit pour lui la Nièce du Cacique, qui fut nommée Catherine, & les sept autres furent données à sept de ses Officiers [Herrera. Chap. 14]. Il paroît que *Marina* n'en conserva pas moins son ancienne faveur. (46, 322, note 81)

Cette dernière remarque, qui ne s'appuie sur aucune source (la formule « il paroît » ayant le sens de « il est vraisemblable ») se trouve justifiée par l'importance croissante du rôle de Marina dans la suite du récit. C'est elle en effet qui va dénoncer la première tentative de soulèvement des Indiens, lors de l'arrivée de Cortez à Cholula, à l'automne 1519 : l'histoire commence comme un épisode des *Mémoires d'un homme de qualité,* ou de l'*Histoire d'une Grecque moderne :*

> Une vieille Indienne d'un rang distingué, qui avoit lié une amitié fort étroite avec Marina, la prit un jour à l'écart. Elle plaignit le misérable esclavage où elle étoit réduite ; & la pressant de quitter d'odieux Etrangers, elle lui offrit un Asyle secret dans sa Maison. Marina, tou-

LA BELLE MARINA 285

ANNALES DE L'EMPIRE.

Figure I.   Tom. XII, N.° XI.

Exemple d'écriture inca (48,110) :
« En 1417, Chimalpupuca (B) succéda à Huicilihuitel, son père. Il conquit par les armes (C) les villes de Texquiquiac (D), et celle de Chalco (E) qui étoit fort grande. Quelques années après, Chalco se révolta (G), et cinq Mexicains furent tués (I) dans la sédition. Les habitants de Chalco brisèrent quatre canos (H). Chimalpupuca régna dix ans (F), qui sont marqués par les compartiments de la marge A, dont chacun vaut un an, suivant la Roue. Dans l'original mexicain, les compartiments étaient peints en bleu. » (Réf. dans l'éd. in-4° : t. XII, fig. XI.)

jours dévouée à Cortez, feignit d'être retenue par la violence, entre des gens qu'elle haïssoit. Elle prit des mesures pour sa fuite. (46, 408)

Marina se saisit alors par la ruse du projet de soulèvement des Indiens, qu'elle dénonce à Cortez. Il en résulta une « boucherie » dont il paraît bien difficile d'excuser les Espagnols ; mais Prévost, peut-être soucieux de ménager le rôle de Marina, ajoute avec une sérénité qui touche à l'inconscience : « Ce qui paroît certain par tous les témoignages, c'est que le nombre des Morts ne se monta qu'à six mille. Diaz, Chap. 13 ; Solis, Chap. 7 ; Herrera, Liv. 7, chapitre 2 & 3 » (46, 416, note 34). Le rôle de Marina ne se limite heureusement pas à cet épisode de trahison : c'est elle qui va traduire le discours de l'empereur indien Montezuma, qui nous sera donné entièrement en note avec ce commentaire de Prévost :

> Quoique la plûpart de ces Pièces soient ordinairement fort suspectes, on a déjà remarqué que celles-ci paroissent d'un autre ordre, parce qu'elles tirent une espèce d'authenticité de leur ressemblance dans tous les Historiens, qui doivent les avoir tirées d'une source commune. (46, 438, note 43)

Le discours qui nous est donné d'après Solis et Herrera repose donc sur la traduction de Marina, devenue source première : Herrera, Diaz, Gomara et Solis n'ont pu utiliser qu'une transcription de cette traduction. Vient ensuite l'épisode fameux de la captivité de Montezuma, captivité que l'Empereur accepte de façon inattendue : « Cet événement a l'air si fabuleux, qu'on ne s'y arrêteroit point, s'il n'étoit vérifié par tout ce qu'il y a de certain dans l'Histoire… » (46, 462, note 54). Qui a pu se saisir de l'esprit de l'Empereur au point de lui faire accepter l'inacceptable ? Herrera (mais est-ce bien lui ?) l'a nommée, c'est Marina :

> Cette habile Interprète saisit l'occasion pour l'embarrasser par de nouvelles allarmes ; et feignant de craindre que son discours ne fût entendu des Espagnols, elle lui répondit qu'il étoit en danger s'il résistoit à des gens dont il connoissoit la résolution, & qui étoient assistés d'un secours extraordinaire du Ciel… (46, 464)

On ne saura jamais si Marina a trahi son Empereur par amour pour Cortez, ou si, dans une occasion désespérée, elle a exercé la vertu de conciliation, si souvent appréciée par Prévost. C'est grâce à elle encore que Montezuma accepte durablement, et comme spontanément, sa détention : « C'étoit Marina qui lui avoit inspiré ce sentiment, par l'ordre même de Cortez, qui n'avoit pas cessé d'emploïer l'adresse pour le retenir dans sa prison » (46, 475). Autrement dit, le triomphe de Cortez sur Montezuma, sans violence et sans trahison, cette sorte d'ascendant qu'il exerce sur l'Empereur, ou cet « esprit d'étourdissement, qui tenoit à la fois de l'admiration, de la terreur & du respect » (46, 473) qui s'empare des Indiens, doit beaucoup à Marina, fidèle compagne du Conquistador et parfaite interprète de sa politique ; et c'est Prévost qui nous le fait comprendre, par la disposition du récit, le choix des sources et les commentaires dont il les accompagne en notes. Mais il est un autre document qui nous montre bien en quoi cette présentation du rôle de Marina donne son sens à l'ensemble du Livre V, et c'est la planche hors-texte de Cochin.

Charles Nicolas Cochin a illustré, on le sait, 9 volumes in-4° de l'*Histoire des voyages,* soit un total de 65 planches, inventoriées par Christian Michel.[5] Ce commentaire illustré est particulièrement abondant dans les premiers volumes (tomes I à VII, de 1746 à 1749). Après quoi Cochin fait son voyage en Italie, d'où il revient ébloui, autant par les peintres italiens que par les ruines antiques. A son retour, il se consacre à la « grande manière », il tend à rassembler dans une illustration allégorique l'essentiel d'un discours philosophique ou littéraire.[6] Et c'est alors qu'il revient à l'*Histoire des voyages,* pour quelques planches qui n'ont plus rien à voir avec ses premières illustrations : il avait accepté en 1746 d'illustrer par des dessins parfois pittoresques, mais précis et techniques, des textes essentiellement scientifiques. Or quand il illustre le tome XII de

---

5. Christian Michel, *Charles-Nicolas Cochin et le livre illustré au XVIIIe siècle,* Droz, Genève, 1987, cat. n° 65.
6. *Ibid.,* p. 88, 104, 108.

Prévost, c'est pour lui donner, en guise d'adieu pourrait-on dire, deux belles gravures, de style noble et allégorique. La première ouvre le tome XII : il s'agit de la planche introductive, « Premiers Indiens qui s'offrent à C. Colomb » (tome XII, n° X, « Cochin inv. & del., L. Lempereur sculp. »). Elle répond parfaitement à la longue note de l'Avant-Propos, dans laquelle Prévost évoquait l'image du Nouveau Monde à travers les mythes anciens (note 1). La seconde planche inaugure la conquête du Mexique, et c'est « Marina et autres femmes données à Cortez » (tome XII, n° XVI, « C.N. Cochin filius inv., C. Baquoy sculp. »). Cette planche illustre apparemment la courte phrase du texte : « ... le Cacique de Tabasco fit accepter à Cortez vingt Femmes indiennes ». Mais elle dit en réalité, de façon allégorique, beaucoup plus. Il faut la lire comme un récit qui se développe de gauche à droite. Au loin, proches des rochers, deux caravelles rappellent le début de l'invasion espagnole ; sur le rivage, deux pauvres cabanes et un groupe de six femmes qui étalent leur petit trésor : des couteaux, des peignes, des colliers, des sonnettes. L'une d'elles se désole, la tête entre les mains, une autre semble la consoler, tandis qu'au milieu du groupe, deux autres femmes agitent des sonnettes. Si l'on se reporte à la première planche de Cochin, on constate qu'il s'agit ici d'une sorte de rappel des débuts de l'invasion : les Indiens (et maintenant les Indiennes) ont été séduits par les cadeaux des Espagnols, et notamment des sonnettes, qui les plongent dans une sorte de ravissement. Herrera avait constaté chez les Indiens cette passion pour les sonnettes (45, 62), sans savoir qu'elles étaient pour eux un élément important du culte religieux.[7] Au centre de la composition, une douzaine de femmes nues aux longs cheveux sont présentées à Cortez et à ses officiers par deux hommes, également nus. Celle que les deux hommes (le cacique de Tabasco et peut-être le père de la jeune femme) font avancer en premier est visiblement Marina ; elle porte au cou, au bras et au-dessous du genou des bracelets qui signalent

---

7. Le Musée national de Bogota conserve une collection de ces clochettes d'or, qui jouaient un rôle important dans la prière et le dialogue avec les dieux.

Premiers Indiens qui s'offrent
à Christophe Colomb.

sa « condition relevée ». Cortez, richement vêtu à l'espagnole, s'avance vers elle avec un mouvement d'intérêt nettement marqué, mais non sans gravité : c'est un père noble plus qu'un amant. Les trois officiers qui l'entourent semblent intéressés sans plus par cette scène peu banale. La droite de la figure est occupée, de façon assez énigmatique, par un groupe d'adolescents dansant autour d'un hamac, sous un couvert d'arbres majestueux ; et dans ce hamac repose un très jeune enfant. Si l'on suit le développement du récit allégorique, on doit comprendre que la gauche représentait l'histoire antérieure (invasion, séduction) et que la droite représente l'avenir : dans le hamac on doit deviner l'enfant de Cortez et de Marina, le futur chevalier de Saint Jacques, Martin Cortez. Le message délivré par Cochin est simple : dans la première planche, les Espagnols découvraient dans le Nouveau Monde les premiers hommes, de bons sauvages aisément enchantés par la musique des sonnettes ; c'était un paradis, et Cochin semblait retrouver, pour graver l'Indien idéal, les traits d'Adam peint par Michel-Ange à la Sixtine. Et dans la seconde planche, il représente la réunion des Deux Mondes sous le signe de l'amour : de l'union de Cortez et de Marina naîtra une nouvelle race, naïve, vigoureuse et chrétienne. Derrière Martin Cortez, on verrait aussi bien se profiler Garcilaso de La Vega, né d'une princesse inca et d'un conquistador du Pérou.[8] Or on peut, sans crainte, supposer entre Cochin et Prévost un accord profond : nul doute que pour les quelque soixante planches déjà réalisées, ils n'aient collaboré étroitement ; mais le soin avec lequel Cochin illustre, dans ses deux planches, deux passages qui doivent tout à la plume de Prévost – la note 1 de l'Avant-Propos du tome XII et la note sur Marina – prouve sa complicité avec l'auteur. Quand on songe aux traits de barbarie, aux massacres, aux pillages qui constituent l'arrière-plan du livre V, on doit

---

8. Garcilaso pourrait être aussi une source du récit, à propos du Pérou : Prévost connaît ses *Commentaires royaux,* mais ne leur fait pas grand crédit. Poète autant que chroniqueur, Garcilaso devait enchanter au contraire Mme de Graffigny dont les *Lettres péruviennes,* en 1747, sont très lues.

MARINA ET AUTRES FEMMES DONNÉES A CORTEZ.

considérer que Prévost et Cochin ont décidé conjointement de donner à cette partie de la conquête de l'Amérique un autre sens et une autre conclusion.

Il s'agit tout d'abord de dégager la figure d'un bon conquistador, Fernand Cortez. Sa prodigieuse audace, son « génie guerrier » (46, 525), son sens diplomatique, son aversion pour la violence inutile, son désir de créer un grand empire donnent toute sa valeur à la conquête du Mexique. Au besoin, Prévost cesse de suivre Herrera et Diaz del Castillo, quand ils critiquent son orgueil démesuré ; et il donne raison en note à Gomara et Solis, qui « s'efforcent de laver leur Héros de cette tache » (46, 539 ; même interprétation en 46, 478 et 559). Et de Montezuma, son adversaire, il donne une image tempérée, légèrement ironique, comme de ces rois un peu débiles qu'il a souvent évoqués dans ses romans. La fin de Montezuma est rapportée dans un style qui peut nous paraître du pur Prévost :

> ... si l'on se rappelle que dans un si long commerce avec des Chrétiens, Motezuma [*sic*] n'avoit pu manquer de lumières, on sera porté à croire que l'endurcissement dans lequel il mourut, venoit moins de son attachement pour ses Dieux, que des transports de fureur qui avoient obscurci sa raison. (46, 559)

La conclusion, on pourrait dire la clausule du développement, est claire : « ... l'on ne sera point surpris que la politique d'un Barbare ait été déconcertée par celle du plus actif & du plus adroit de tous les hommes » (45, 562).

*

Cette conclusion est très différente de la vision que des « philosophes » avaient pu donner de la conquête du Mexique. Fontenelle dans ses *Dialogues des morts,* Voltaire, Diderot, Mme de Graffigny, Marmontel, Raynal ont toujours exécré la conquête espagnole, marquée des signes de la barbarie, du fanatisme, du despotisme. Curieusement, Prévost donne de la Conquête une image nuancée, on pourrait presque dire consensuelle : dans cette *Histoire* quasiment officielle, patronnée par Maurepas, et à laquelle le Père Charlevoix apporte sa caution, il s'efforce de ménager la religion tout en condamnant le fanatisme des Espagnols, de rappeler l'énergie des conquistadors sans cacher leurs excès, de se démarquer de ses sources dès qu'elles donnent dans l'exagération : « Laissons, écrit-il, aux Histoires Espagnoles ce qui commence à prendre un air fabuleux » (46, 290-291). Contre le génie exalté de l'Espagne, dont il s'est toujours méfié, il tente d'imposer, en s'appuyant sur les plus « mesurés », les plus judicieux des historiens espagnols (Herrera, Solis), un récit tempéré, équilibré, qui soit le produit d'un seul jugement, le sien. Et sans doute est-ce une entreprise étonnante que celle qui consiste à réduire en un unique récit une infinité de relations, qui seront toutes de ce fait tronquées et dénaturées ; mais à travers ces relations contradictoires, il essaie de retrouver l'origine du récit, la voix authentique d'un premier témoin sincère et raisonnable. S'il rencontre ce témoin idéal, fût-il « rude et grossier », comme il le dit de Diaz de Castillo (45, XXI), il lui cède l'initiative ; et par exception, si le style prouve en faveur de la bonne foi, il donne le témoignage dans sa version ancienne, ainsi à propos de Benzoni, qui l'a enchanté : « Son récit porte un air de vérité, qu'on ne peut mieux lui conserver, qu'en le donnant dans les termes de Chauveton, son vieux traducteur » (49, 197). De là aussi sa sympathie pour Marina, l'interprète qui sut si bien faire comprendre Cortez à Montezuma, Montezuma à Cortez, et rapporter les discours de l'un et de l'autre, dans leur style d'origine.

La présence de Prévost dans le récit des *Voyages* est comparable à ce qu'elle était dans *Le Pour et Contre* : sans prendre apparemment aucun parti, il laisse parler les uns et les autres, mais peu à peu, il assimile les discours, les transforme, les réduit à une seul voix qui est la sienne, tout en laissant au lecteur la liberté d'interpréter le document d'origine.[9] Dans l'*Histoire des voyages,* il fond toutes les

---

[9]. Voir à ce sujet les développements très éclairants de Shelly Charles dans *Récit et réflexion : poétique de l'hétérogène dans « Le Pour et Contre » de Prévost, Studies on Voltaire,* vol. 298, 1992.

relations en une seule conquête de l'univers, en un seul récit unanimiste dont il est finalement le seul narrateur. Jean-Paul Mas concluait : « Dans l'*Histoire*, Prévost emprunte énormément sans toujours citer ses sources. De sorte qu'il n'est pas aisé de dire s'il parle en son propre nom. »

Le paradoxe est qu'en empruntant sans cesse, Prévost s'approprie tous les textes et assume la totalité de la narration. Voici donc la compilation la plus extraordinaire qu'on ait jamais vue, faite de textes disparates, de dates et de provenances diverses, découpés, dispersés, recomposés, mis bout à bout dans un ordre chronologique imprévu et selon une finalité qui n'est pas la leur. Et le plus étonnant est que cette compilation ait pris forme et sens, et qu'elle ait été lue comme une encyclopédie des voyages ; on aurait pu dire aussi comme une *Bibliothèque universelle des voyages*.[10] Or cet ouvrage fait d'une infinité de pièces hétéroclites, Prévost le domine malgré tout de sa haute stature ; et sans doute faut-il pour juger cette œuvre qui est bien de lui dans sa totalité, reprendre la belle parole de Mme d'Aiguillon à l'abbé : « Vous pouviez faire mieux cet ouvrage, mais personne ne pouvoit le faire aussi bien ».[11]

---

10. On notera que l'*Histoire des voyages* est la première collection à rassembler sous forme de réductions et dans un ordre chronologique un aussi vaste corpus culturel.

11. Cité par Bernard d'Héry dans son « Essai sur la vie de l'abbé Prévost » en tête des *Œuvres choisies* de 1810.

A L'ENSEIGNE DU *LION D'OR*

JUSQU'EN MAI 1940 s'élevait, au 26 de la rue Française à Calais, un hôtel du XVIIe siècle, devenu par l'injure du temps Entrepôt réel des douanes.[1] Cet hôtel de facture très classique, composé de trois ailes sur une cour intérieure, fermée sur la rue par le bâtiment du gardien et la porte cochère, donnait sur une rue étroite qui descendait en pente douce vers les fortifications de la citadelle. La rue Française, ainsi nommée depuis l'époque ancienne où Calais était ville anglaise – elle le fut jusqu'en 1558 – joignait la porte Royale et la porte de Boulogne, à l'est de la ville et le long des remparts. D'autres hôtels plus ou moins décrépits marquaient encore qu'elle avait été plus tard le lieu de séjour d'Anglais à leur tour exilés, entre autres Lady Emma Hamilton, maîtresse illustre de l'amiral Nelson, qui mourut en 1815 dans cette pauvre rue, face au

---

1. Pour l'intelligence de cette histoire, je rappelle qu'un entrepôt réel des douanes conserve « réellement » les marchandises saisies, tandis qu'un entrepôt fictif est constitué sur parole du propriétaire et de façon purement administrative (décret du 28 décembre 1926, art. 162-181). A l'époque dont je parle, l'Entrepôt réel ne contenait plus qu'une vieille guimbarde de contrebandier dans le style Nouvel Orléans, et dont nous eûmes vite fait de créer une fiction.

n° 26. Un peu plus haut dans la rue se rencontrait la rue Leveux, qui descendait vers le port, parallèlement à la rue Royale. Tout ceci reste très présent dans ma mémoire : dans l'Entrepôt des douanes, dont mon père était le vérificateur,[2] j'ai passé une partie de mon enfance, entre 1933 et 1940 ; au collège de la rue Leveux, j'ai fait mes premières études. Face au collège s'élevait au milieu du XVIIIe siècle l'hôtel du *Lion d'Argent*, l'un des plus confortables de la ville. Il avait été tenu, de 1740 environ à 1764, par Louis-Guillaume Grandsire (1703-1774) ; Hogarth lui avait donné ses lettres de noblesse par une illustration des années 40. Mais l'hôtel brûla en 1765 ; Dessin en profita pour bâtir rue Royale un magnifique *Hôtel d'Angleterre*, qui passa à l'époque pour le plus bel hôtel d'Europe et fut célébré par Sterne dans son *Sentimental Journey*.[3] Tout cela fut détruit en une semaine de mai 1940 : du collège, du *Lion d'Argent* et de l'hôtel de la rue Française, il n'est pas resté une pierre. Sur ce site définitivement dévasté, je me plais à construire une histoire. Avant 1740, il y eut un premier hôtel, datant peut-être du XVIIe siècle, construit dans la rue la plus connue des Anglais, et qui s'appelait peut-être le *Lion d'Or*.[4] Entrant dans la cour des diligences, on reconnaissait les grandes remises, et sur la gauche, l'aile hôtelière ; dans cette aile, une grande cuisine pavée de pierre, une première salle et la « chambre » des hôtes, où se prenaient les repas ; au fond de cette « chambre », une pièce fermée, plus petite, le discret « cabi-

---

2. Comme on le comprend, le vérificateur règne à la fois sur le fictif et le réel, et c'est en quoi, dans cette conclusion, je me sens un peu l'héritier de mon père. Cela dit, rien ne me prédestinait à étudier Prévost ; à dix ans, dans mon cabinet de qualité, je me souviens d'avoir lu *Eugénie Grandet*, *Han d'Islande*, *Notre-Dame de Paris*, *Arsène Lupin*, *Bibi Fricotin* et *Les Pieds Nickelés*, mais pas une ligne de Prévost.
3. Je remercie mon collègue R.J. Merrett de m'avoir signalé l'édition Gardner D. Stout de *Sentimental Journey* (University of California Press, Berkeley et Los Angeles, 1967) et surtout l'édition L.P. Curtis des *Letters of Laurence Sterne* (Clarendon, Oxford, 1935), qui donne sur l'hôtel du *Lion d'Argent* toutes les précisions nécessaires (voir en particulier les notes 6, p. 168 ; 6, p. 175 ; 4, p. 177-178).
4. Les archives municipales de la ville de Calais ne semblent garder aucune trace d'un hôtel antérieur à 1740 (recherche effectuée par le directeur des archives en avril 1995).

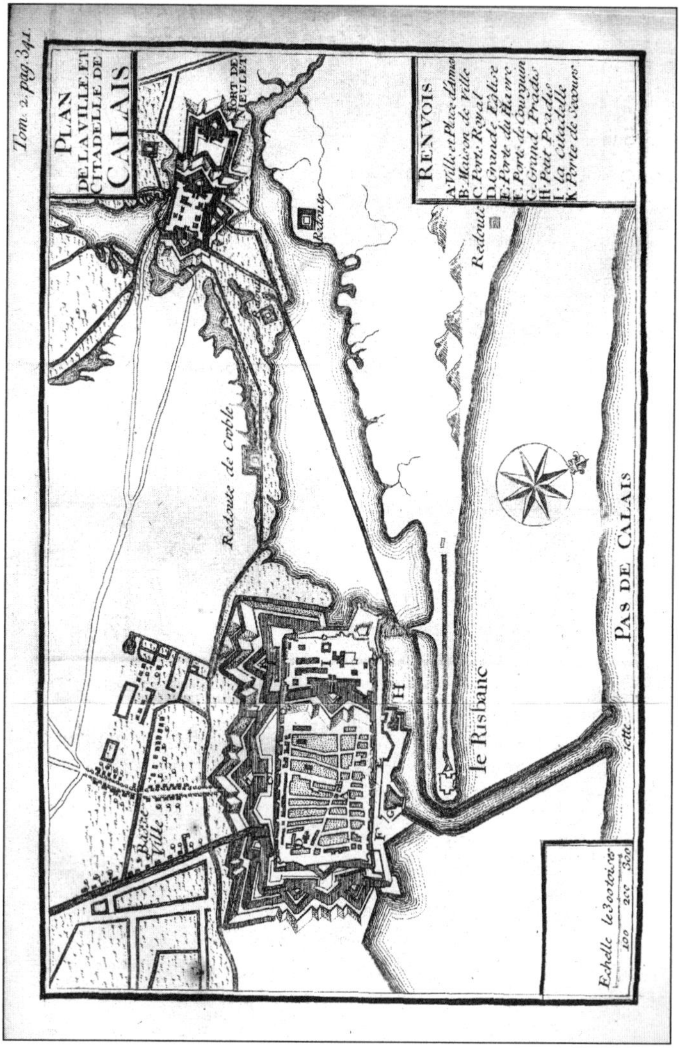
Tom. 2. pag. 341.
PLAN DE LA VILLE ET CITADELLE DE CALAIS
FORT DE NIEULET
Redoute
Redoute de Crable
Redoute
RENVOIS
A Ville et Place d'Armes
B Maison de Ville
C Port Royal
D Grande Eglise
E Porte du Havre
F Porte de Courgain
G Grand Pradis
H Petit Pradis
I la Citadelle
K Porte de Secours
Basse Ville
le Risbanc
Jette
PAS DE CALAIS
Echelle le 300 toises
100 200 300

net », qui devait accueillir les personnes de qualité. Dans ce cabinet où j'ai lu mes premiers romans, j'imagine sans peine qu'un homme de qualité nommé Renoncour et son disciple Rosemont se sont retrouvés pendant l'espace d'une soirée, pour entendre le récit du chevalier Des Grieux. Et peu importe au fond qu'en 1731, Prévost n'ait peut-être connu ni Calais ni le *Lion d'Or*.[5] Comme dit Rousseau en de semblables circonstances : « Je sais bien que le lecteur n'a pas grand besoin de savoir tout cela ; mais j'ai besoin, moi, de le lui dire ».

*

C'est donc à Calais qu'à leur retour d'Angleterre, en 1716, l'Homme de qualité et son disciple Rosemont rencontrent Des Grieux ; Renoncour invite aussitôt le chevalier dans son hôtellerie : « Nous logeâmes, si je m'en souviens bien, au *Lion d'Or* ». Un homme de qualité et le fils d'un duc ne peuvent loger que dans le meilleur hôtel. La ville est pour eux sans grand intérêt ; on le savait depuis le tome V des *Mémoires d'un homme de qualité* : cherchant un prétexte pour retenir son élève avant de prendre une décision sur son avenir, Renoncour lui a fait visiter les fortifications ;[6] quoi de plus

---

5. Rien ne prouve que Prévost soit passé à Calais avant 1728 ; mais rien ne prouve le contraire non plus : il est allé au moins une fois en Hollande, et pourquoi pas par mer ? Il faut rappeler que, sur sa vie entre 1712 et 1721, nous ignorons pratiquement tout. Il est passé en Angleterre vers le 22 novembre 1728 : par Calais peut-être, ce serait le plus simple ; mais peut-être aussi par la Hollande, puisqu'il part sous la protection du chapelain de l'ambassade de Hollande à Paris. En janvier 1734, en revanche, on est sûr qu'il revient en France par Calais ; voir le témoignage de « Ravanne » (Gautier de Faget) dans ses *Mémoires* : « Il sortit de Londres pour se retirer à Calais, où il s'arrêta incognito pour employer ses amis à lui ménager sa paix avec l'ordre monastique dont il avoit secoué le joug » (cité dans *Manon Lescaut*, p. LXIX). Un texte cité par Harrisse (lettre à Duclai de Bamières, s.l.n.d., du début de 1734, citée dans *L'Abbé Prévost. Histoire de sa vie et de ses œuvres*, Calmann-Lévy, 1897, p. 227-228) nous le montre à Aire-sur-la-Lys et Saint-Omer, donc venant très probablement de Calais.

6. *MHQ*, I, 374 ; je cite d'après l'édition des *Œuvres de Prévost*. La visite des fortifications de Calais est décrite dans la *Nouvelle Description de la France* de Piganiol de

important, pour un futur duc, que de voir les défenses d'une ville réputée « imprenable » ? On ne saura pas ce que le disciple a pensé de l'histoire de Manon, qui était tellement « prenable ». Ce *Lion d'Or* fait en tout cas très bon effet. Dans le préambule du récit, il fait contraste avec la « mauvaise auberge » de Pacy, qu'une correction de 1753 transforme tout au plus en « mauvaise hôtellerie ».[7] A Pacy, la disposition des lieux est réduite à peu de chose : cour intérieure et « chambre » où sont les gardes et le chevalier, « enseveli dans une rêverie profonde » et très taciturne. Deux hôtelleries marquent ainsi tout l'espace qui sépare la « qualité » de la déchéance ; le chevalier échappe à l'espace sordide qui environnait Manon, et sa confession, située dans le décor confortable du *Lion d'Or*, aura plus de style que si elle se fût faite dans une misérable auberge.

*

Les auberges ou hôtelleries ne sont pas rares dans *Manon Lescaut*. L'histoire des amants commence à Amiens dans la cour d'une hôtellerie providentielle : tout y favorise les amants, les femmes qui se retirent, la facilité de la rencontre, le fait que le maître de l'hôtellerie est un ancien cocher du père de Des Grieux. Quand Pasquier illustrera la scène en 1753, il montrera la cour intérieure et son pavillon d'entrée, couronné d'aimables feuillages à la Boucher. Il y a donc des hôtels heureux. L'auberge de Saint-Denis en est un

---

la France (1718), troisième édition, 13 vol., t. II, p. 364 et suiv. ; c'est également Piganiol qui nous donne le plan le plus détaillé de la ville pour l'époque qui nous intéresse.

7. Dans l'édition de 1753, Prévost a remplacé partout « auberge » par « hôtellerie » ; même remarque pour le texte des *Mémoires d'un homme de qualité* en 1756, à quelques exceptions près ; pour les auberges « pitoyables » d'Espagne (I, 123), c'est le terme d'« hôtellerie » qui est préféré ; à plus forte raison, et dès 1731, pour *Cleveland*, roman de style plus relevé. Les mots « auberge » et « hôtellerie » étaient à peu de chose près équivalents vers 1730 : dans son *Séjour à Paris* (1727), Nemeitz énumère les « hôtelleries » de Paris et ajoute dans la foulée : « L'on trouve, dans toutes ces auberges, beaucoup d'étrangers avec lesquels on peut se lier, et comme elles tiennent ordinaire pour la plupart, on a l'occasion de s'informer de tout ce qu'on veut savoir » (éd. A. Franklin, sous le titre de *La Vie de Paris sous la Régence*, Plon,

autre : on s'y embrasse tendrement sous l'œil attendri des hôtes, et l'on y devient époux sans y avoir fait réflexion ; un mois plus tard, l'hôtelier et ses domestiques se souviendront encore de ces « pauvres enfants » qui s'aimaient tant. Et puis il y a l'auberge de Chaillot, où l'on trouvera refuge au temps de l'infortune ; et c'est le même regard indulgent sur l'amour clandestin : « on ne fut pas surpris de voir Manon en habit d'homme, parce qu'on est accoutumé, à Paris et aux environs, de voir prendre aux femmes toutes sortes de formes... »[8] L'hôtel, c'est l'anonymat assuré, la facilité des rencontres, l'indulgence pour toutes les surprises de l'amour ; c'est aussi l'écoute de ces inconnus qui apparaissent et s'en vont.

L'*Histoire du chevalier* fut sans doute écrite par Prévost en février 1731 dans l'auberge du Ness, dont il évoque l'étrange atmosphère dans une nouvelle du *Pour et Contre* :

> On voit arriver à Amsterdam et descendre dans une hôtellerie du Ness une dame dont la figure autant que l'équipage annonce une personne de distinction. Plusieurs domestiques qui la suivent s'empressent autour d'elle. Un homme assez bien mis, mais qu'on ne prend à la physionomie que pour son premier domestique, lui donne la main, prend soin de la faire loger commodément [...]. Un séjour de trois mois que j'avais fait dans la même hôtellerie, m'avait mis en liaison avec quelques autres étrangers qui s'y trouvaient logés. Ce que j'appris de mes nouveaux voisins, et plus que tout le reste, leur douceur et leur politesse, me firent naître quelque désir de les voir.[9]

1897, p. I). Beauzée rappelle dans les *Synonymes françois* (1770) que les auberges sont destinées à ceux qui ne prennent pas leur repas chez eux, alors que les hôtelleries sont destinées « aux étrangers qui passent » (art. « Cabaret, Taverne, Auberge, Hôtellerie »). Féraud considère que « hôtellerie » est bon là où « auberge » serait trop bas ; mais en 1787, ces deux termes ont été remplacés par « hôtel » (*Dictionnaire critique de la langue française*, art. « Hôtellerie »).
    8. *MHQ*, I, 403.
    9. Édition des *Contes singuliers* du *Pour et Contre* par Pierre Berthiaume, *Œuvres de Prévost*, VII, 256 ; conte réédité par J. Hellegouarc'h dans les *Nouvelles françaises du XVIIIe siècle*, Bibliothèque classique du Livre de Poche, 1994, 2 vol., t. I, p. 213 et suiv.

On s'interroge sur ces inconnus, sur ce baron qui s'éclipse à plusieurs reprises, sur l'inquiétude de la dame ; il disparaît, elle se suicide, et le baron revient, désespéré, dans un habit misérable ; on n'en saura jamais plus. Rencontres de fortune, confidences ébauchées, destins croisés sans que le dernier mot soit dit, c'est aussi le secret des hôtelleries. Parfois, un récit commence, non sans réticences. L'Ode XXVII du Livre I d'Horace évoquait, elle aussi, cette situation ; le vers placé en épigraphe de *Manon Lescaut*, véritable *incipit* d'une confession difficile, introduit au récit du chevalier ; et des amis compatissants sont là pour les écouter. Tous nos narrateurs sont en quelque sorte logés à la même enseigne.

*

Les narrateurs de Prévost sont d'infatigables voyageurs, et l'on ne saurait s'étonner de trouver dans leurs récits des auberges, des hôtelleries, de simples cafés, toujours propices aux rencontres les plus imprévues. L'Homme de qualité a fréquenté l'auberge française de Vienne et le traiteur Viklof, ce qui lui permet en quelque manière de connaître l'Autriche... Partant avec son disciple pour le Grand Tour, il ne manque pas, en cours de route, de profiter des petites expériences d'auberge pour instruire son élève, à Bordeaux, à Vittoria, à Madrid ; comme si l'auberge offrait en raccourci un spectacle de la vie. Dans les grands romans, l'auberge est propice aux rencontres spectaculaires : c'est dans une hôtellerie de Bayonne que Cleveland rencontre son propre grand-père et même le roi d'Angleterre, Charles Ier : la « chambre » de l'hôtel devient alors un « temple ». Tout juste arrivé d'Irlande, le Doyen de Killerine croise dans une hôtellerie de Dieppe des protestants déguisés qui cherchent à s'enfuir en Angleterre : on ne peut qu'admirer comme lui « la bizarrerie de cette rencontre » ; mais ce n'est rien en regard de l'auberge de Saint-Denis où, par hasard ou presque, tous les membres de sa famille se retrouvent : bruit de carrosse, effroi inexprimable, belle-sœur qu'on cache dans une chambre éloignée pour qu'elle n'entende rien, « labyrinthe » dont on se tire de plus en plus mal, « excès de trouble », suivi de « quantité d'expédients » et de « torrents de pleurs », que ne voit-on pas dans un hôtel ? Tant que Ferriol était en Turquie, il n'avait rien à craindre ; à peine arrivé à Livourne, il suffit qu'à la table d'hôte, un beau ténébreux courtise Théophé pour que son univers chavire : l'hôtel italien fait regretter le sérail turc. Le Commandeur de Malte, lui, résiste mal au charme adolescent d'Helena, mais si le hasard les loge à Ancône dans la même hôtellerie, alors la tentation est trop forte, son « mauvais génie » fait le reste, et les voilà tous les deux sur les routes : Prévost ne se cache plus de revenir à *Manon Lescaut* et de récrire toujours la même scène ; le bonheur commence à l'hôtel. Et ainsi de suite : Montcal rencontre sa future femme dans une hôtellerie de Dunkerque, et sa future maîtresse dans une « hôtellerie publique » d'Irlande : l'une est en route pour l'exil, l'autre a tué son père et s'enfuit déguisée en homme : c'est aussi dans les auberges que commencent les problèmes.[10] De cette rapide revue, on peut conclure déjà que l'hôtellerie est le lieu privilégié de l'aventure ; souvent elle y commence, parfois elle y finit, comme au *Lion d'Or*. Chaque inconnu y est en puissance lourd d'un destin ; chaque femme y est plus ou moins aventurière, cachée, déguisée en homme, prête à fuir de cruels persécuteurs. Dans l'hôtel se rencontrent encore toutes sortes de personnages que la morale sociale sépare d'ordinaire ; rien n'empêche un homme de qualité d'y croiser un escroc, un officier général d'y rencontrer une pauvre folle ou une fillette mal surveillée par sa mère. Ce choc des classes sociales que Prévost a découvert avec tant d'étonnement à Londres, que ce soit au théâtre, dans les cafés ou à la promenade, on croirait que, pour les Français, il n'existe qu'à l'hôtellerie. Non pas que l'opposition de classes y disparaisse totalement ; après tout, il existe une

---

10. *MHQ*, I, 56-57 (Vienne), 120 (Bordeaux), 123 (Vittoria), 124 (Madrid) ; *C*, II, 75 (Bayonne) ; *DK*, III, 25 (Dieppe), 195, 196, 200, 201 (Saint-Denis) ; *GM*, IV, 101 (Livourne) ; *JC*, IV, 154 (Ancône) ; *CP*, IV, 249 (Dunkerque), 266 (Irlande). Rappelons enfin l'adresse de l'Homme de qualité à Vienne : « Je me logeai dans une auberge française, à l'enseigne du Lion d'or » (I, 56)...

différence entre les mauvaises auberges et les bonnes hôtelleries. On se trouve un peu comme en Chine où, d'après l'*Histoire des voyages*, il existe des « hôtelleries publiques » pour les fonctionnaires de l'Empereur, et de « misérables auberges, composées de roseaux et de nattes » pour les missionnaires.[11] Toujours est-il qu'une société se connaît d'abord par ses hôtels ; et l'incomparable index des matières de l'*Histoire des voyages* nous en donne déjà le soupçon :

> Hôtellerie singulière, XIX.22. Autre Hôtellerie, 23. Excellente hôtellerie, 359. Quantité d'Hôtelleries, XX.83. Hôtelleries sur une route, 102. Comment traité dans les hôtelleries d'un canton de la Chine, 196. Prix modique du logement dans les hôtelleries, 202. Hôtelleries & lits chinois…

D'hôtellerie en hôtellerie, on parcourt le monde de la Chine au Mexique. Où que ce soit, l'aventure est toujours possible et le spectacle de l'humanité est à portée des yeux.

*

Pour que l'hôtellerie révèle toute son importance, il y faut un observateur. Après tout, on trouve chez Scarron, chez Lesage, des cabarets pittoresques et des auberges mal famées. Chez Prévost, l'hôtellerie (et l'on comprend que le mot remplace peu à peu celui d'« auberge ») n'est pas un lieu de bamboche, mais une chambre d'échos du monde moral. Un peu comme chez Steele, mais en plus élégant. Voyez le *Spectateur anglais* :

> Il n'y a point de Rendez-vous public, où je ne me trouve ; quelquefois je me glisse au milieu d'un Cercle de Politiques dans le Caffé de GUILLAUME, & j'écoute avec une grande attention tout ce qui se dit dans ces petites Assemblées. Quelquefois je fume une pipe au Caffé de CHILD ; et lors qu'on me croit le plus occupé à la lecture du *Pos-*

---

11. *Histoire des voyages*, éd. in-12, XX, 50. L'index (tome 62 de l'édition in-12, tome XVI de l'édition in-4°) comporte quinze mentions d'hôtelleries diverses, les plus pittoresques appartenant à la Chine et au Mexique.

tillon, je prête l'oreille à tous les raisonnemens qui se font à chacune des tables qu'il y a dans la chambre. Le Dimanche au soir, je passe au Caffé de S. JAQUES...[12]

Ces cafés qui sentent la pipe et la bière ne sont pas du goût de notre auteur ; mais l'idée d'un spectateur attentif au théâtre du monde lui est familière. Prévost se donne volontiers comme un observateur solitaire, cantonné dans la marge. Il se complaît à cette situation ; c'est pourquoi, entre autres, il s'est nommé d'Exiles : exilé à Exiles, ou à Calais, ou à Amsterdam, retiré du monde, exilé même dans l'hôtel où il observe les autres. Une scène curieuse du *Monde moral* montre le narrateur à l'écoute des convives dans une hôtellerie d'Alençon, non loin de la Trappe. A douze cents pas de l'hôtel, on croit avoir découvert une mine d'or, et chacun, à la fin du repas, se livre à des plans de bonheur : l'un souhaite rassembler tous les plaisirs des sens, l'autre se protégera du monde dans son hôtel particulier, tel rêve d'un sérail peuplé de filles de Circassie, et tel autre, qui parle le dernier, consacre toute son affection à un aimable neveu qui est en fait sa maîtresse ; cet « amant d'une fille publique » déguisée en homme n'est pas le moins fou de tous.[13] Le narrateur se tait ; il vient de visiter la Trappe.

De cet observateur qui se tait, on pourrait dire qu'il est revenu de tout. Il a connu les passions, les rêves, les utopies ; et pourtant, il est encore au bord de la vie ; un rien suffirait à le jeter hors de son refuge ; mais alors c'est le tourbillon : Renoncour redevient amoureux, ou souffre pour sa nièce ; l'honnête homme est projeté dans les intrigues ; l'abbé Brenner court les routes de Hongrie, en tâchant de protéger sa princesse ; et c'est pourquoi encore l'Homme

---

12. *Le Spectateur* de Steele et Addison (1711), éd. fr. de 1722 (Wettstein, Amsterdam, 6 vol.), t. I, Premier Discours, p. 4.

13. *MM*, VI, 308-310 et notes, VIII, 487-488 ; la scène a lieu à proximité d'Alençon (seule ville nommée), vraisemblablement à Mortagne, qui n'est guère qu'à une quinzaine de kilomètres de la Trappe, ou à Laigle, distant de 20 km. On y avait trouvé des gisements de cuivre ; des recherches de minéraux aurifères furent menées vers 1716, en divers lieux de France, au moment où le Régent se préoccupait de rétablir les réserves en or du royaume.

de qualité, ce veuf inconsolé qui revient de Turquie, d'Italie, d'Angleterre, est si propre à entendre Des Grieux, retour d'Amérique. Nul ne séjourne à Calais, lieu de transit un peu morne ; on arrive, on repart, mais d'un jour à l'autre, la vie a peut-être changé.

*

Nous voici revenus à l'hôtel de la rue Française, où se logent les Anglais du Grand Tour et les Français rentrés d'exil, parfois aussi un Français tout juste ébloui par l'Angleterre. Quelle que soit la difficulté du lien entre les six premiers tomes des *Mémoires d'un homme de qualité* et *Manon Lescaut*, on se souviendra que Prévost écrit d'affilée, en janvier-février 1731, les tomes V à VII, l'histoire du retour en France. Sans que Des Grieux connaisse l'Angleterre, un contraste implicite se développe entre ce que sont les passions en Angleterre et ce qu'elles sont en France, entre le monde moral anglais et la morale française en crise. Juste avant d'aborder à Calais, Renoncour développe avec « effusion » une superbe apologie de l'Angleterre, pays du libéralisme économique, de la liberté politique, du sens civique, de la tolérance et de l'esprit de réformation ; ce n'est point « la force, ni l'autorité, ni la naissance » qui règlent la distribution des richesses, mais le mérite et l'effort.[14] Ce plaidoyer dépasse en fermeté et en audace ceux qu'un Montesquieu ou un Voltaire développent à la même époque. Voltaire, qui a visité l'Angleterre de mai 1726 à l'automne 1728, juste avant Prévost, renonce à écrire des « lettres anglaises » sur la vie quotidienne en Angleterre, et attend 1734 pour publier des « lettres philosophiques » ; la civilisation anglaise entre alors dans une magistrale démonstration idéologique qui oublie à chaque instant la réalité de la vie anglaise. Montesquieu séjourne à Londres entre novembre 1729 et avril 1731, sur les traces de Prévost en quelque sorte ; mais en grand voyageur aristocrate, il ne garde, dans ses carnets de

---

14. *MHQ*, I, 273. L'audace de Prévost s'explique mieux si l'on songe qu'au début de 1731, il pensait faire carrière à l'étranger sous le nom de Prévost d'Exiles.

voyage, que des remarques dédaigneuses sur ces Anglais grossiers, peu sociables, irrespectueux et souvent impolis, avides et corrompus ; et c'est après coup, comme Voltaire, qu'il fait entrer le régime politique anglais dans une vaste construction dont à première vue l'Angleterre n'était pas digne.[15] Prévost, dans le tome V des *Mémoires d'un homme de qualité*, regroupe hâtivement des impressions de voyage à l'état brut : il admire l'énergie véritablement romaine, la hardiesse, le courage physique d'un peuple élevé durement, et qui permet à un noble de faire le coup de poing avec un crocheteur ; il décrit l'ardeur à vivre, le goût du plaisir, l'indépendance à l'égard des préjugés, l'audace des prostituées qui s'affichent sous le nom de leur noble protecteur ; il apprécie sur la scène la force tragique, « l'énergie des expressions », et dans les journaux la saveur des petites annonces, des faits divers, du romanesque quotidien ; il aime voir se rencontrer au café « un ou deux mylords, un chevalier baronnet, un cordonnier, un tailleur, un marchand de vin et quelques autres gens de même trempe » qui fument ensemble et parlent des nouvelles du jour.[16] Cette franchise, cette humanité, ce goût des vertus solides valent toutes les morales du monde. Prévost s'est efforcé d'atteindre le « génie anglais », comme il a essayé, à la même époque, de définir le « génie allemand ». En regard, l'histoire du chevalier pourrait illustrer le malheureux génie d'un jeune Français délicat, sensible, fidèle, aux manières exquises, au parler incomparable, enchaîné par les préjugés et les usages d'un autre temps. Et puis rêvons encore : à la fin du siècle, une autre Manon, serveuse de café, épousera l'ambassadeur d'Angleterre à Naples, avant de devenir la maîtresse de l'amiral Nelson et de mourir rue Française dans son hôtel privé.

---

15. Voir les notes sur l'Angleterre dans l'édition Caillois (*Œuvres complètes*, Pléiade, Gallimard, 1956), t. I, p. 875 et suiv., et les Pensées 767, 889, 1531 dans l'édition Desgraves (Robert Laffont, Bouquins, Paris, 1991). On sait, depuis les travaux de Robert Shackleton, que l'essai sur la constitution anglaise (*Esprit des lois*, XI, 6), fut mis en chantier dès 1733.
16. Voir *MHQ*, I, 235-253, et notamment les rencontres de café, p. 247.

Dans l'œuvre de Prévost, la liberté anglaise pourrait s'opposer au libertinage français : d'un côté, la force provocante des passions et du plaisir, de l'autre, les jeux secrets. Prévost a pressenti les ressources du libertinage cynique, et refusé celles du sacrilège ; mais il n'ignore rien des appels du désir, rien non plus des contraintes de la morale et de la religion. D'où une sorte de jeu entre le désir et les interdits dans un espace libertin dont l'hôtel pourrait être le modèle. L'imagerie traditionnelle nous le fait voir en moine bénédictin ; tout au plus devrait-on le voir en marge de l'Ordre, déployant une minutieuse stratégie pour se créer un enclos de liberté – comme on dit l'Enclos du Temple. En mettant bout à bout les bribes de biographie dont nous disposons, on pourrait tout aussi bien établir un dossier libertin de notre abbé, et cela donnerait une autre vie : en Hollande, il ouvrit un café « où il attira beaucoup de fainéans par quelques jolies filles et de petites comédies qu'il composoit » (d'après Gastelier) ; il séduisit la fille de son patron anglais et lui fit un enfant (épisode Mary Eyles) ; il enleva sa maîtresse à un colonel, se ruina avec elle et s'enfuit en Angleterre (épisode Lenki Eckhardt) ; en 1740, trois femmes le réclamaient comme leur mari (d'après Mme de Graffigny) ; en 1749, une notice de la police est plus nette encore : « C'est un libertin qui prend le titre d'aumônier du prince de Conti et qui a plusieurs maîtresses. La Damonville a été la sienne pendant longtemps ».[17] Comme il est en

---

17. On trouvera le témoignage de Gastelier dans l'édition Duranton des *Lettres sur les affaires du temps* (ouvr. cité), tome IV-1, p. 105. L'épisode anglais est évoqué dans *Manon Lescaut*, p. LII, note 1. Voir le jugement de Mme de Graffigny dans la *Correspondance de Mme de Graffigny*, Voltaire Foundation, Oxford, t. 3, 1992, p. 69 : « Il y avoit une lettre de cachet contre lui pour des libelles qui courent depuis quelque tems, et pour trois femmes qui le reclament comme leur mari ». Il faut évidemment réduire la portée de cette formulation : l'exagération plaisante est habituelle chez Mme de Graffigny ; mais elle pense sans doute à des mères abusées qui demandent une pension, et Prévost se préoccupe bien, quelques mois plus tard, de l'établissement de Mme Dumas, enfin mariée (*Manon Lescaut*, p. LXXI). Le texte du

même temps bénédictin en titre et condamné au double jeu, cela donne exactement ce qu'on appelle en France un libertin. Le libertinage que Prévost évoque dans ses romans n'est pas celui de la provocation, de la séduction délibérée et du scandale, comme il le devient chez Crébillon ou chez Duclos, mais celui du dédommagement secret. L'amour y est volontiers illicite, clandestin : Des Grieux et Manon, déguisée en homme, se cachent à Chaillot ; la belle Irlandaise un peu folle et l'aide-de-camp Montcal passent des jours et des nuits de plaisir au milieu de la guerre d'Irlande ; le Commandeur de Malte et la jeune Helena entretiennent une longue liaison sans que la carrière du Commandeur en souffre pour autant. Il suffit qu'on se déguise, qu'on protège son secret, qu'on sauve la face et le « titre », comme dit la police. Il me semble que, pour Prévost, le plaisir en est plus grand. Le thème de l'hôtellerie s'accompagne, dans *Manon Lescaut*, de toutes sortes de jeux et de comédies secrètes. Il s'agit d'abord de tromper toute surveillance (celle de Tiberge ou d'un vieil *Argus*), puis de jouer devant un vieillard la comédie des frère et sœur, dont « les chairs se touchent de bien proche », d'enchaîner une série d'équivoques dont G... M... est de plus en plus la dupe ; pour s'évader de prison, on échangera les vêtements, quitte à oublier une culotte. Le suprême plaisir est toujours de défier le regard, de faire l'amour à l'insu des autres en simulant l'enfance et ses plaisirs furtifs, sous les yeux abusés des vieillards. Il serait facile de retrouver, dans tous les romans de Prévost, le thème de l'inceste.[18] L'hôtellerie est encore une image de la maison familiale, mais c'est aussi le lieu de l'envol amoureux ; dans la cour est une diligence, une calèche attelée et prête à s'envoler, pourvu qu'on « fouette au bout du monde ». La voiture fermée à deux places réalise dans sa perfection l'espace de liberté entrevu à

---

bulletin de police (BN, n.acq.fr. 10783, f° 49) a été édité par Peter Tremewan dans les *Cahiers Prévost d'Exiles*, 1 (« Quelques témoignages », p. 119).

18. Sur le thème de l'inceste, voir *Prévost romancier*, ouvr. cité, p. 39, 142-143, 233-234, 434-435 ; également *L'Abbé Prévost. Labyrinthes de la mémoire*, ouvr. cité, p. 52-56.

l'hôtellerie ; ici les deux corps n'en font plus qu'un, la nuit se tait, les interdits disparaissent et Cécile s'abandonne à son étrange amant.

*

Il serait en même temps injuste de réduire cette œuvre immense à un dévoilement des interdits. Prévost s'efforce, comme Malebranche dans *La Recherche de la vérité*, de déployer tout le spectre des sentiments et de l'imaginaire, et l'aventure individuelle, chez lui, n'est jamais close : toute vie est un voyage. Cécile aimait innocemment celui en qui elle ne pouvait imaginer un père ; détrompée, elle ne peut s'empêcher de l'aimer et en meurt ; mais elle se jette dans l'amour divin avec la même passion. Comme l'écrit si bien Mme de Graffigny : « A l'article de la mort elle tourne l'amour pour son père en amour de Dieu, et part pour le ciel comme une fusée ».[19] Manon disparaît aussi dans un élan d'amour, et Sélima, tandis que Théophé meurt en silence après un long martyre. Il n'est pas de destinée qui ne puisse un jour se renverser ; et souvent la pécheresse, l'odalisque se révèle une sainte, tandis que la belle âme se voit compromise. A un moment où l'autre, le procès s'inverse, et l'on soupçonne Des Grieux d'égoïsme forcené, tandis que la jeune libertine gagne l'absolution. Misères et splendeurs, l'œuvre déploie toute la complexité de la vie. Seul Balzac peut-être atteint à une telle générosité de compréhension. Bien avant la *Dame aux camélias* de Dumas, il pressent, dans *Splendeurs et misères des courtisanes*, la profondeur de *Manon*, à travers l'alliance des contraires. La seule phrase dans laquelle il rappelle le roman de Prévost évoque le convoi de Pacy et contient en elle-même un curieux oxymore :

> Aussi le panier à salade, perfectionné par le génie de la police de Paris, a-t-il fini de servir de modèle pour la voiture cellulaire qui transporte les forçats au bagne et par laquelle on a remplacé l'ef-

---

19. Lettre à Devaux du 9 janvier 1741, éd. citée, t. 3, p. 69.

froyable charrette, la honte des civilisations précédentes, quoique Manon l'ait illustrée.[20]

Effroyable et illustre, la charrette résume en quelque sorte la misère et la splendeur de Manon, et ce contraste de beauté et d'horreur qui avait tant frappé l'Homme de qualité. D'autres contrastes pouvaient fasciner Balzac : celui de la jeune amoureuse et du vieil aristocrate cousu d'or, G... M... ; celui de Des Grieux et de l'infâme Lescaut, esquisse de policier véreux ; et puis celui de l'ultime bonheur de Manon, adorant son chevalier comme Esther son Lucien, et passant comme une ultime et radieuse apparition avant d'être arrêtée. Il y a chez Prévost comme chez Balzac de la démesure, une ambition de cerner la comédie humaine dans sa totalité grandiose et dérisoire ; le *Monde moral*, chantier interrompu, témoigne encore, à travers ses échecs, de ce dessein gigantesque. J'y verrais passer, de place en place, des *illusions perdues*, des *scènes de la vie de province*, une *physiologie du mariage*, et dans les aventures folles de l'abbé Brenner, une première *incarnation de Vautrin* : cet abbé déguisé qui abandonne ses fonctions pour servir le prince Rakockzy, qui recueille la petite princesse de Transylvanie pour la rétablir sur le trône, qui l'entraîne dans une course sans fin à travers la Hongrie et la Roumanie avant de se prendre de passion pour elle, qui spécule sur les fonds de son maître et finit par se suicider à la Bastille, c'est un peu Carlos Herrera, un peu seulement, je l'admets.

*

Pareille ouverture sur l'homme et sur le monde étonne encore aujourd'hui. A l'époque de Prévost, le roman s'enferme : dans Paris, dans les salons, dans la mondanité, dans le présent, dans les raffinements du langage. Les sociétés les plus closes deviennent le

---

20. *Splendeurs et misères des courtisanes*, premier chapitre (« Le panier à salade ») de la troisième partie : « Où mènent les mauvais chemins ». Ce chapitre liminaire fait donc figure de préambule, comme la scène de Pacy dans *Manon Lescaut*.

modèle de la société en soi. Avec Prévost, rien de semblable : dans ses romans souffle le vent du large. On découvre l'Europe, le Moyen Orient, les îles de la Méditerranée, puis l'Amérique, l'Afrique. Ce que le monde connu ne révèle pas, l'utopie le découvre : l'utopie archaïque des protestants de Sainte-Hélène, l'utopie manquée des Abaquis de Cleveland, l'utopie poétique des Nopandes, ou l'établissement vacillant de Junius, renversé par un certain « Didero ». Le reste de l'univers sera raconté dans l'immense geste de la conquête du monde, l'*Histoire des voyages*. Je ne suis pas étonné que Prévost envisage le monde depuis un port, réel ou rêvé. Qu'il ait imaginé les départs pleins d'espérance, et les retours endeuillés. Qu'il raconte le départ des émigrants suisses pour l'Amérique :

> Calais est rempli depuis quelques semaines de Bernois qui s'y rassemblent, pour attendre le vaisseau anglois qui a ordre de les transporter. Un voyageur françois qui s'est trouvé logé dans cette ville avec les chefs de la colonie, fait une description charmante de leur esprit & de leur politesse.[21]

Plus tard viendra le récit de leur réussite en Géorgie ; d'autres sont partis du Havre pour le Nouvel Orléans, qui n'ont pas connu la même chance. Je ne suis pas surpris non plus que les héroïnes de Prévost soient si souvent des étrangères, ou des Françaises exilées, comme si le fait de vivre hors de leur pays leur donnait un charme, une liberté, une indépendance qui leur est refusée chez elles : les femmes qu'ont connues Renoncour, Cleveland, Montcal, Ferriol, le Commandeur de Malte ou l'abbé Brenner étaient toutes étrangères ; la famille du Doyen de Killerine est irlandaise. L'article déjà cité du *Pour et Contre* insiste sur la beauté et le courage de deux dames bernoises : « En effet, c'est une chose étrange qu'avec tant de charmes & beaucoup de bien, elles puissent se résoudre à quitter leur patrie, pour habiter une région déserte... » Mais quelle surprise d'entendre deux dames suisses parler de leurs rêves dans un hôtel de Calais ! Et puis voici qu'à feuilleter un tome de l'*Histoire des*

21. *PC,* IV, 261.

voyages, on découvre dans les notes une belle Indienne promise à un conquistador, et qui s'impose à lui par son esprit et son don des langues. D'elle et de Fernand Cortez naîtra peut-être la génération des justes, de ceux qui écriront la véritable histoire du monde.

*

Dans l'hôtellerie, les histoires naissent et s'échangent ; à la vérité nul n'est tenu : demain l'étranger sera parti. Et en même temps, tout paraît vrai, tout sort d'une réalité complexe, chargée d'humanité comme dans la bonne auberge de *Jacques le fataliste*. Le caractère le plus fascinant, peut-être, de l'œuvre de Prévost est l'équivoque qu'elle entretient entre la vérité (historique ou journalistique) et la fiction. Ses romans fourmillent de détails authentiques, de lieux bien réels, de personnages dont l'existence est connue, de faits attestés. On croit lire un roman, alors que Prévost cite la *Gazette de France* ; l'histoire la plus romanesque des *Mémoires d'un homme de qualité*, celle du Prince de Portugal, est racontée en 1722 par la Princesse Palatine, et l'histoire de Rosambert sort tout droit d'une chronique pieuse. L'histoire de Ferriol, dans la *Grecque moderne*, s'insère si bien dans le récit de La Motraye que le roman sourd insensiblement de l'histoire. D'où un effet très particulier au roman prévostien : le lecteur voudrait en savoir plus, avoir la preuve que les personnages ont existé, que le roman trouve quelque part sa conclusion dans l'histoire. Cette illusion continuée joue plus encore avec *Manon Lescaut* : on n'a jamais cessé de chercher des chevaliers Des Grieux authentiques, et plus encore des Manon ; l'une a sa tombe au Nouvel Orléans, l'autre a sa rue dans un village proche d'Arras où elle est née ; quant à l'hôtellerie d'Amiens, elle est retrouvée depuis longtemps.[22] Ne parlons pas des effets d'autobio-

---

22. L'exemple le plus remarquable de ce mirage est le livre de Marion Vandal, *Le Mystère de Manon Lescaut* (France-Empire et Québec Edition, 1982). L'auteur, à partir de documents authentiques de diverses provenances (reproduits dans l'édi-

graphie. On les a souvent tournés en ridicule ; et il est vrai que plus d'un a cru lire naïvement dans l'*Histoire du chevalier* celle de son auteur, Harrisse le premier. Mais on aurait tort de négliger ces éclairs autobiographiques, car ils ne surviennent pas au hasard ; Prévost les dispose de place en place pour intriguer, pour faire plus authentique, ou comme il le dit d'une façon proprement machiavélique dans l'Avant-Propos du *Doyen de Killerine*, « par quelque vue d'intérêt propre » : des auteurs un peu suspects peuvent en effet souhaiter que « certains faits obscurs ou équivoques auxquels ils ont eu part, soient expliqués dans un sens honorable pour eux-mêmes et pour leur parti ».[23] Ces faits-là, souvent, j'aurais aimé les trouver. Maintenant encore je donnerais un petit écu pour savoir quand Prévost a déserté, ou quand il jouait des comédies en Hollande, quand et pourquoi il s'est retrouvé prisonnier de ses vœux bénédictins, et comment il a assuré l'immense entreprise de l'*Histoire des voyages*. Et je ne parle pas de cette correspondance probablement considérable, et dont il ne reste que trente-huit lettres.[24] On ne peut manquer de croire qu'elle changerait totalement notre lecture de Prévost. Mais ce n'est pas sûr. L'effet pervers du romanesque prévostien est de nous faire croire à une réalité qui doublerait le fictif, puisqu'il a tenté, lui aussi, de faire concurrence à l'état-civil. Et comme à défaut d'éclaircir tous ces mystères, je me suis laissé circonvenir par son œuvre, il n'est pas tout à fait étonnant que je me retrouve dans l'hôtel du *Lion d'Or*, à la fois bien réel

---

tion française), construit l'histoire d'un chevalier Des Grieux et d'une Manon Lescaut pourvus de tous leurs papiers, tout en confessant qu'il s'agit d'un « roman ». L'hôtellerie d'Amiens figure dans l'édition Garnier de *Manon Lescaut*, d'après une photographie du XIXe siècle qui laisse un peu perplexe (planche IX).

23. Avant-Propos du *Doyen de Killerine*, III, 13. L'intérêt de cette réflexion a été souligné naguère par Peter Tremewan dans son introduction aux *Mémoires d'un honnête homme* (VIII, 441) ; comme le rappelait Peter Tremewan à cette occasion, Prévost tenait surtout à se disculper de l'accusation de libertinage.

24. Harrisse rapporte que, selon une tradition familiale, cette correspondance aurait été brûlée dans la cour du notaire par un héritier déçu. Il est évident qu'il vaudrait mieux, avant d'affirmer quoi que ce soit, retrouver le testament de Pré-

(comme l'Entrepôt) et fictif, pour écouter Des Grieux (ou l'abbé peut-être ?) me raconter son histoire dans le cabinet particulier où j'ai lu mes premiers romans. Prisonnier de son œuvre, peut-être suis-je devenu, sans m'en apercevoir, un des personnages de Prévost.

vost. L'abbé est mort près de Saint-Firmin le 25 novembre 1763, et une lettre du 30 avril donne à penser qu'il se sentait lui-même menacé dès cette date (VII, 565). D'après François-Ambroise Didot, qui était bien informé, car sa mère était voisine de Prévost à Saint-Firmin, des scellés auraient été posés à sa mort (*MM*, VI, 479) : sur sa chambre à Saint-Firmin ? sur ses papiers ? sur requête de sa famille ? de ses voisins bénédictins ? J'ai consulté les archives notariales de Senlis pour Catherine de Genty, les archives notariales d'Hesdin, les catalogues d'insinuations du département de la Seine, le tout sans succès ; mais j'ai pu mal chercher. Il reste qu'une biographie comme celle de Prévost et le portrait qui en résulte, se composent de quelques traits, de quelques dates sur un fond illimité d'indétermination.

TABLE

LA VIE

Antoine Prévost d'Exiles	11
Les vies de Prévost au XVIIIe siècle	25
Le dossier bénédictin de Dom Prévost	47

LE SIÈCLE

Trois « philosophes » de 1734 : Marivaux, Prévost et Voltaire	63
Prévost et le génie allemand	75
Prévost et Diderot : les rendez-vous manqués	89
De Prévost à Sade	101
Prévost et le problème du libertinage	115

L'IMAGE DE MANON

L'allégorie païenne dans *Manon Lescaut*	131
Manon et les filles de joie	139
Les figures de *Manon Lescaut* en 1753	151
Manon sur la scène	177
Manon avec ou sans camélias	189
Le spectre et la mort chez Prévost	209

LE TEMPS

Prévost romancier et journaliste	225
Prévost et l'Espérance américaine	239
Le temps narratif dans l'*Histoire d'une Grecque moderne*	253
Mémoires pour servir à l'histoire du chevalier Des Grieux	267
Le récit prévostien dans l'*Histoire des voyages* : La belle Marina	279
A l'enseigne du *Lion d'Or*	295

par Achevé d'imprimer
avec les films fournis,
en septembre 1995
IMPRIMERIE LIENHART
à Aubenas d'Ardèche

Dépôt légal septembre 1995
N° d'imprimeur : 7861